Marcus B. Klöckner

9/11 – Der Kampf um die Wahrheit

Heise

Reihenherausgeber: Florian Rötzer, München, fr@heise.de

Lektorat: Dr. Michael Barabas
Copy-Editing: Susanne Rudi, Heidelberg
Herstellung: Birgit Bäuerlein
Umschlaggestaltung: Hannes Fuß, www.exclam.de
Druck und Bindung: M.P. Media-Print Informationstechnologie GmbH, 33100 Paderborn

Bibliografische Information der Deutschen Nationalbibliothek
Die Deutsche Nationalbibliothek verzeichnet diese Publikation in der Deutschen Nationalbibliografie; detaillierte bibliografische Daten sind im Internet über http://dnb.d-nb.de abrufbar.

ISBN 978-3-936931-71-6

1. Auflage 2011

5 4 3 2 1 0

Marcus B. Klöckner
studierte Soziologie, Medienwissenschaften und Amerikanistik an der Philipps-Universität in Marburg. Herrschafts- und Medienkritik kennzeichnen seine Arbeit als Journalist und Autor. Für Telepolis verfasste er unter anderem die Artikel »Terror und die deutschen Medien« und »Dem Phantom Bin Laden auf der Spur«.

»And let's remember that those charged with protecting us from attack have to be right 100 percent of the time. To inflict devastation on a massive scale, the terrorists only have to succeed once. And we know that they are trying every day. That is why we must address the source of the problem. We must stay on the offensive to find and defeat the terrorists wherever they live, hide and plot around the world. If we learned anything from Sept. 11 it is that we cannot wait while dangers gather.«

Condoleezza Rice, 8 April 2004 (US-amerikanische Sicherheitsberaterin 2001 - 2005

»It has been said that the intelligence agencies have to be right 100 percent of the time and the terrorists only have to get lucky once. This explanation for the devastating attacks of September 11th, simple on its face, is wrong in its value. Because the 9/11 terrorists were not just lucky once: They were lucky over and over again ... When you have this repeated pattern of broken protocols, broken laws, broken communication, one cannot still call it luck. If at some point we don't look to hold the individuals accountable for not doing their jobs properly then how can we ever expect for terrorists not to get lucky again?«

Mindy Kleinberg, 31. März 2003
(verlor ihren Mann im World Trade Center, war Mitglied im 9/11 Family Steering Committee, Kritikerin des 9/11 Commission Report).

Inhaltsverzeichnis

1 Einleitung

Zehn Jahre nach dem 11. September 2001: Die Formel vom Krieg gegen den Terrorismus ist in den demokratischen Staaten zu einem kollektiven sprachlichen Markierungspunkt für ein neues Feindbild geworden. Der internationale Terrorismus, kriegerische Islamisten, Al Qaida, und »Schurkenstaaten«: Sie bilden im 21. Jahrhundert die große Gefahr für die zivilisierte, demokratische Welt. Nahezu überall auf der Welt gibt es Terrorgruppen, Terrorzellen und »Schläfer«. Sie verfolgen ein Ziel: einen Krieg gegen die moderne Zivilisation, einen Krieg gegen die Gottlosigkeit, einen Krieg gegen die moralisch verkommenen Subjekte der westlichen Staaten. So lautet zumindest der politische und massenmediale Tenor. Mandats- und Funktionsträger in Deutschland und in anderen demokratischen Staaten warnen nunmehr seit einer Dekade immer wieder vor der Gefahr des Terrors. Die Losung von Experten aus Politik und Medien lautet: Die Frage ist nicht *ob*, sondern nur *wann* wieder ein Terroranschlag geschehen wird. Jeder verübte oder vereitelte Terroranschlag rund um den Globus, ob in Indien, Großbritannien, Spanien, Bali, Irak, Afghanistan, in Deutschland (Kofferbomber/Sauerlandbomber) oder eben in den USA, scheint sich nahtlos in ein größeres Gesamtbild einzufügen, das die Existenz des sogenannten internationalen Terrorismus dem Betrachter deutlich vor Augen führt. Vom »Schuhbomber« über den »Unterhosenbomber« bis hin zu »Paketbombern«: Die Terroristen lauern, Sicherheit gibt es nur noch bedingt, so vermitteln es die Medien.

Doch es gibt eine andere Wahrheit, eine andere Wirklichkeitskonstruktion.

War der 11. September vielleicht eine Geheimoperation, die eine skrupellose Elite aus dem US-amerikanischen Machtestablishment befohlen hat, wie es Kritiker des »offiziellen 9/11« seit zehn Jahren behaupten?

Staatsterror, synthetischer Terror, Kriegsanlasslüge und verdeckte Kriegsführung sind die Schlagwörter der Akteure, die glauben, dass Osama Bin Laden entweder gar nicht der Drahtzieher der Anschläge war oder aber er die Anschläge allenfalls durch Unterstützung seitens einer US-Tiefenpolitik durchführen konnte.

Das »andere 9/11« entstand aus vielen Fragen. Zunächst stellten die Skeptiker ihre *unanswered questions* leise für sich im Internet und schließlich auch in der Öffentlichkeit. Es waren weitestgehend »einfache« Menschen, denen die Verlautbarungen aus Washington, aber auch die Kommentierungen der Medien nicht geheuer vorkamen. Irgendetwas war faul, glaubten sie. Aber was? Sie stellten simple, grundlegende Fragen, z.B. bezüglich der Attentäter: Wie konnten 19 Attentäter die Geheimdienste der USA und der Welt überlisten, und die USA mit einer Terrorwelle überziehen? Warum versagte eigentlich die Luftabwehr gleich vier Mal an einem Tag? Was war mit den Augenzeugen am und im World Trade Center, die von Explosionen sprachen? Warum wurden die Zeugen von den politisch Verantwortlichen, aber auch von Vertretern der Medien nicht entsprechend wahrgenommen? Wurden die Gebäude etwa gesprengt?

Die Erklärungen der Verantwortungsträger in Washington, wie sie an die Medien weitergeleitet wurden, erschienen den Zweiflern konstruiert und fragwürdig. Demnach sind Pech und Pannen aufseiten des hochgerüsteten und milliardenschweren Sicherheitsapparats der USA in Kombination mit gerissenen Attentätern, die von einem intelligenten Chef-Bösewicht in den Kampf geschickt wurden, für den 11. September verantwortlich. Kein Inside Job, keine Regierungsverschwörung.

Der scheinbar umfassenden Berichterstattung der etablierten Medien, die das Bild einer überforderten, wehr- und machtlosen Supermacht weiterzeichneten, schenkten die 9/11-Skeptiker keinen Glauben. Über das Internet, das für sie ein Sprungbrett in den öffentlichen Meinungskampf war, organisierten sie einen »Infowar«, einen Informationskrieg gegen die »Gleichschaltung« der Massenmedien. Sie wollten Antworten. Sie wollten Aufklärung. Sie forderten die Medien auf, endlich kritisch zu recherchieren.

Aber für die großen Medien waren die alternativen Lesarten ein Stein des Anstoßes. Am liebsten wäre es ihnen wohl gewesen, wenn sie die Skeptiker schlicht hätten ignorieren können.

Doch längst war der 9/11-Skeptizismus auch in der breiteren Bevölkerung angekommen. Hinter vorgehaltener Hand diskutierten bereits Durchschnittsbürger über Ungereimtheiten und offene Fragen und schließlich konnten sich auch die etablierten Medien dem Thema nicht mehr verschließen. Im Dauerfeuer der Kritik, sah sich im September 2003 das Nachrichtenmagazin *Der Spiegel* veranlasst, eine Titelstory über die alternativen Wirklichkeitsdeuter zu publizieren. Darin ließen die *Spiegel*-Autoren keinen Zweifel, dass sie von den Theorien, Behauptungen und Anschuldigungen der Skeptiker so viel hielten, wie ihre Kollegen aus anderen etablierten Medien schon in früheren Veröffentlichungen bekannten: nichts! Problematisch für die sich im Aufbau befindende 9/11-Bewegung war, dass die »Recherchen« der etablierten Journalisten die Hauptthesen der Skeptiker als unhaltbar bewerteten. Doch nicht nur das: Die Zweifler und Skeptiker sollen, nach Aussagen der großen Medien, auch noch genau die Fehler gemacht haben, die sie den Mainstreammedien vorwarfen: nämlich Schludrigkeiten, Manipulation und eine selektive Aufbereitung von Sachverhalten (Details, die den eigenen Thesen widersprechen, würden ignoriert).

Während in der *Spiegel*-Titelstory wenigstens in Ansätzen auf die Thesen der Skeptiker eingegangen wurde, stach der überwiegende Teil der mainstreammedialen Veröffentlichungen zum Thema durch einen extrem aggressiven Journalismus hervor, der darauf abzielte, die unbequemen Fragesteller mundtot zu machen.

Die Medienkritik führte jedoch nicht zu einer Eindämmung des »Wahrheitsflächenbrands«, das Gegenteil war der Fall: Die Bewegung wurde stärker, immer mehr Personen, darunter auch zunehmend prominente Persönlichkeiten, traten in den Kreis der Zweifler ein. Der Zulauf, den die Bewegung verzeichnen konnte, hatte auch damit zu tun, dass die Auseinandersetzung der großen Medien mit den Thesen der Skeptiker zu einseitig war, die Skeptiker immer wieder gegen die angeblichen Widerlegungen der Medien argumentierten und die Medien wieder in eine Politik des Ignorierens übergegangen waren.

Und heute? Was ist aus dem sogenannten 9/11 Truth Movement geworden?

Zehn Jahre nach dem 11. September gibt es ein weitverzweigtes Netzwerk an 9/11-kritischen Webseiten und Gruppierungen. Innerhalb der Bewegung gibt es Netzwerke von Gleichgesinnten, die sich mit den verschiedenen Thesen auseinandersetzen. Das Spektrum der Skeptiker umfasst nach einem kontinuierlichen Aufbau Schüler wie Studenten, Professoren der Theologie genauso wie Professoren der Physik, Journalisten wie Piloten, Politiker wie ehemalige Geheimdienstleute, Hausfrauen wie Polizisten, Feuerwehrleute wie Rentner und so weiter. Anders formuliert: Die Gegenöffentlichkeit zu den Ereignissen des 11. Septembers ist schon seit Jahren kein Randphänomen mehr. Zehn Jahre nach dem Terror vom 11. September haben sich die Thesen des 9/11 Truth Movement in der Mitte der Bevölkerung etabliert (siehe auch Kapitel: *Statistisches zum Wahrheitskampf*).

Ungeachtet der Ausbreitung des 9/11-Skeptizismus in weiten Teilen der Gesellschaft, wurde es dennoch bisher vernachlässigt, publizistisch das Tauziehen der Wahrheitsbewegung mit den großen Medien um die Deutungsmacht der Anschläge genauer nachzuzeichnen. Journalisten, Autoren, aber auch Wissenschaftler schweigen zu dem Phänomen weitestgehend. Dieses Buch soll die Lücke schließen.

Um aufzuzeigen, was es mit dem 9/11 Truth Movement auf sich hat, werden daher im ersten Kapitel des Buchs die verschiedenen Gruppierungen der Wahrheitsbewegung vorgestellt. Die Thesen der Skeptiker spielen aber für uns eine eher untergeordnete Rolle, da diese in entsprechenden Publikationen bereits detailliert nachzulesen sind. Es wird nicht darum gehen, diese oder jene These als »wahr« oder »falsch« zu identifizieren. Es geht in dem Buch nur am Rande um »die Wahrheit«. In erster Linie geht es um das Phänomen der Gegenöffentlichkeit und deren »Wahrheitskampf« als solches.

Im Vordergrund steht daher, wie die Skeptiker in den Kampf um die Meinungshoheit eingetreten sind, welche Ziele sie verfolgen, wer die bekanntesten Vertreter der Bewegung sind, was diese denken und wie sie vorgehen. Mit anderen Worten: Dieses Kapitel liefert einen komprimierten historischen Überblick zum Kampf um die Geschichtsschreibung des 11. Septembers in Bezug auf die Bewegung. Dies ist zugleich auch das Ziel des Buchs.

Anschließend wird das 9/11 Truth Movement in ein analytisches Licht gerückt. Dabei werden das Verhalten der Bewegungsmitglieder, die unterschiedlichen Aktionen des Truth Movement in der Öffentlichkeit sowie der Begriff *Verschwörungstheorien* näher betrachtet. Des Weiteren werden die Filmbeiträge aus der Bewegung mit filmischen Darstellungsformen aus dem Lager der etablierten Medien verglichen und zusammenfassend ausgewertet.

Ein Buch, das sich mit dem Kampf um die Wirklichkeit des 11. Septembers auseinandersetzt, muss aber auch näher auf die Medien als Gegenspieler des 9/11 Truth Movement eingehen.

Im zweiten Teil des Buchs steht daher die Auseinandersetzung mit einem Zeitungs-, einem Magazinartikel und einem Fernsehinterview aus den großen Medien, die sich um die 9/11-Skeptiker drehen, im Vordergrund. Die für die Analyse ausgewählten Beiträge markieren exemplarisch den Umgang der großen Medien mit der Gegenöffentlichkeit des 11. Septembers. Etablierte Medien haben u.a. durch Gebrauch einer der radikalsten sprachlichen Waffen, nämlich die der öffentlichen Psychiatrisierung von Akteuren, die sich am politischen Diskurs beteiligen wollten, versucht, gegenläufige Meinungen zur offiziellen Version der Anschläge zu unterdrücken. Sie unterstellten den Skeptikern psychische Probleme, ihre Zweifel beruhten u.a. angeblich auf einer Nichtverarbeitung der Ereignisse des 11. Septembers. Journalisten verwandelten sich plötzlich in Psychologen.

Das Verhalten der großen Medien ist besonders deshalb zu kritisieren, da die Skeptiker – wohlgemerkt zunächst einmal ungeachtet von der Stimmigkeit ihrer Thesen – durch ihre alternativen Veröffentlichungen aufgezeigt haben, dass Journalisten aus den großen Medien grundlegende historische, für die Bewertung der Anschläge möglicherweise nicht unwesentliche Elemente kategorisch ausgeklammert haben. Dass es in der Geschichte immer wieder politische Verschwörungen gab, dass es Staatsterrorismus gab, dass es Operationen unter falscher Flagge gab, dass in Europa mit hoher Wahrscheinlichkeit Staaten im Rahmen einer *Strategie der Spannung* Terror gegen die eigene Bevölkerung verübten,[1] kurz: dass »Terror-Verschwörungen« auf staatlicher Ebene durchaus realistisch sind – durch Missachtung dieser Tatsachen, die für eine mehrdimensionale Bewertung von 9/11 grundlegend sein können, haben die großen Medien die 9/11-Wahrheitsbewegung sogar mit aufgebaut. Es entbehrt nicht einer gewissen Ironie, dass die Gegenöffentlichkeit wahrscheinlich erst durch den berühmten blinden Fleck des Mediensystems entstanden ist. Denn Medien, die umfassend berichten, braucht eine Gegenöffentlichkeit nichts hinterherzutragen.

In einem Urteil des Bundesverfassungsgerichts heißt es:

> [...] Eine freie Presse, nicht von der öffentlichen Gewalt gelenkte, keiner Zensur unterworfene Presse ist ein Wesenselement des freiheitlichen Staates; insbesondere ist eine freie, regelmäßig erscheinende politische Presse für die moderne Demokratie unentbehrlich. Soll der Bürger politische Entscheidungen treffen, muss er *umfassend* [Hervorhebung durch den Autor (MBK)] informiert sein, aber auch die Meinungen kennen und gegeneinander abwägen, *die andere sich gebildet haben* [Hervorhebung MBK] [...]. In ihr [der Presse, MBK] artikuliert sich die öffentliche Meinung ...[2]

Diese Aufgabe haben die Mainstreammedien in Sachen 9/11 nicht erfüllt. Auf die berichterstatterische Schieflage haben die Skeptiker mit einer Art Untergrundjournalismus geantwortet. In Deutschland waren es im Wesentlichen Mathias Bröckers, Gerhard Wisnewski, Andreas von Bülow und Andreas Hauß, die den Leitmedien entgegentraten und die Thesen von einer angeblichen Inszenierung der Anschläge publik machten. In Frankreich verfasste Thierry Meyssan einen umstrittenen Bestseller zum »Pentagon-Mysterium« und in den USA wurde ein junger Radiomoderator mit Namen Alex Jones zur lautesten Stimme der Skeptiker.

- Wer sind diese Personen?
- Was hat es mit ihrem Zweifel auf sich?
- Was genau ist das 9/11 Truth Movement?
- Was möchte die Wahrheitsbewegung erreichen?

---

1) Vgl. Daniele Ganser: NATO – Geheimarmeen in Europa, Orell Füssli Verlag, März 2008

2) Zitiert nach Hans Herbert von Arnim: Das System. Machenschaften der Macht, Droemer Verlag 2001, S. 199–200 (Stichwort: »*Spiegel*-Urteil«, siehe auch: *http://de.wikipedia.org/wiki/Spiegel-Urteil*)

Auch zu den Medien müssen Fragen gestellt werden:

- Warum sind die großen Medien so brachial gegen die Skeptiker vorgegangen?
- Welche Strategien ergriff die Qualitätspresse, um ihre Deutungshoheit zu sichern?
- Warum will der mediale Mainstream eigentlich den Begriff *Verschwörungstheorien* negativ besetzt sehen?

Fragen, die in den folgenden Kapiteln beantwortet werden.

Let's roll ...!

Teil I
Das 9/11 Truth Movement

2 Akteure

2.1 Alex Jones
Die lauteste Stimme der Gegenöffentlichkeit

Alex Jones ist ein US-amerikanischer Radiomoderator und eine Symbolfigur innerhalb der Truther-Szene. Wer Jones reden hört, erkennt schnell: Der Mann sagt, was er denkt. Bildlich ausgedrückt: Jones ist der Pitbull unter den alternativen Journalisten. Der stämmige Mann aus Texas hat sich durch seine herrschaftskritische Berichterstattung einen Namen gemacht.

Anerkennung im Internet fanden zunächst vor allem seine Interviews, die er mit Politikern führte, denen er vor laufender Kamera kritische Fragen stellte, die sie nicht zu beantworten gewohnt waren. Die Harmonie, wie sie sonst allzu häufig bei Interviews zwischen Journalisten und Politikern vorherrscht, gibt es bei Jones nicht – zumindest nicht dann, wenn der Texaner glaubt, dass er einen Interviewpartner vor sich hat, der nicht »sauber« ist. Grob gesagt, konzentriert sich der Journalismus des Alex Jones auf den Kampf gegen die Machtelite dieser Welt. Hört man Jones reden, dann wird klar, dass bei ihm Journalismus und persönliche Meinung Hand in Hand gehen. Jones ist nicht neutral. Jones ist nicht zurückhaltend. Aber diesen Anspruch erhebt er auch nicht. Der 37-Jährige, der mit seiner eigenen Radio-Show (The Alex Jones Show) in Austin/Texas jede Woche on air ist und mehrere Internetseiten[1] betreibt, glaubt fest daran, dass eine skrupellose Machtelite dabei ist, unsere freiheitliche Gesellschaftsordnung abzuschaffen. Gegen sie führt Jones den »Informationskrieg«. Es liegt nahe, dass sich einer wie Jones nicht mit den journalistischen Alltagsthemen beschäftigt, wie man sie täglich in den großen Medien verfolgt. Für ihn steht die Nachricht hinter der Nachricht und wenn möglich noch die Nachricht hinter der Nachricht hinter der Nachricht im Fokus seiner Aufmerksamkeit. Kurz: Dort, wo Verschwörungen am Werk sind oder zumindest am Werk sein könnten, dort, wo die Mächtigen das Licht ausschalten, um unbeobachtet ihren »Geschäften« nachgehen zu können, dort schaltet Jones

---

1) *www.infowars.com*, *www.prisonplanet.com*

das Licht wieder an: wenn möglich gleich das Flutlicht. Wie das aussieht, hat Jones bewiesen, als er im Auftrag eines britischen Journalisten, der für den TV-Sender Channel 4 eine mehrteilige Reihe über Verschwörungstheorien machen sollte, in ein versteckt gelegenes Areal in Kalifornien eindrang und dort bewaffnet mit einer kleinen Videokamera ein bizarres Ritual filmte, dem die Elite seines Landes beiwohnte.[2]

Doch Jones, man kann es erahnen, vertritt auch in Bezug auf 9/11 eine andere Meinung als der mediale Mainstream. Bereits am 25. Juli 2001 soll der Texaner in seiner Internetsendung den Verdacht ausgesprochen haben, dass kriminelle Subjekte des US-amerikanischen Establishments durch einen selbst inszenierten Terrorismus eine Art Faschismus in den USA einführen wollen.[3]

> Ihr müsst euch im Klaren sein [AJ zu seinen Zuschauern, Anmerkung MBK], dass, wenn Terrorismus stattfindet [in den USA], dann wissen wir, wen wir zur Verantwortung ziehen müssen ...Wenn es Terrorismus geben wird, dann kommt er von dieser Regierung [Bush-Regierung], und wenn es eine Bedrohung von außerhalb geben sollte, wie beispielsweise Bin Laden, der ein bekannter Mitarbeiter der CIA in den 80er-Jahren war, dann ist das nur eine Täuschung. [...] Meldet Euch beim Weißen Haus [AJ wieder zu seinen Zuschauern] und sagt denen dort, dass wir wissen, dass die Regierung Terroranschläge plant, wir wissen, dass die Regierung beim Oklahoma City Bombing und bei dem [ersten] Anschlag auf das World Trade Center ihre Hände im Spiel hatte, wir wissen, dass Oberbefehlshaber vorhatten, Flugzeuge in die Luft zu sprengen [...] Wenn Ihr das tut, dann werden wir Euch dafür verantwortlich machen, weil wir wissen, das Ihr dahintersteckt, oder aber, wenn Ihr irgendeine terroristische Gruppe instrumentalisiert, wie beim ersten Anschlag auf das WTC, dann wissen wir ebenfalls, wen wir zur Rechenschaft ziehen müssen [...].[4]

Mit diesen Worten, heißt es, habe Alex Jones bereits vor den Ereignissen des 11. Septembers auf einen bevorstehenden Akt von Staatsterrorismus hingewiesen.

Seit dieser Zeit ist Jones einer der aktivsten Meinungsmacher gegen die offizielle Auslegung der Anschläge. Im Jahre 2002 veröffentlichte er eine Dokumentation mit dem Titel: »9-11: Road to Tyranny«. Darin vertritt er die These, dass Teile der US-Regierung für die Anschläge verantwortlich zu machen sind. Es folgten weitere Dokumentationen, in denen immer wieder

---

2) Google it! »Bohemian Grove«

3) *http://video.google.de/videoplay?docid=-1842533073215360246&q=alex+jones+%2B+predicting*« [02.05.2007]

4) ebd.

der Aufbau von überwachungsstaatlichen Strukturen mit einem vom Staat selbst inszenierten Terror in Verbindung gebracht wird.

Neben seiner Tätigkeit als Filmemacher ist der Texaner nach wie vor als Radiomoderator tätig. In seinen Sendungen interviewt der in Dallas geborene viele 9/11-Skeptiker und diskutiert mit ihnen den Status quo ihres Kampfs um die Wahrheit.

Jones verstand rasch, dass für den Infowar des 9/11 Truth Movement der persönliche Austausch unter den Gleichgesinnten eine wichtige Rolle spielen würde. Im Sommer 2006 organisierte der US-Aktivist das *American Scholars Symposium* unter dem Motto: *9/11 und die Neo-Con Agenda* in San Francisco, eine Konferenz, auf der die wichtigsten Persönlichkeiten aus der Bewegung zu Gast waren und ihre neuesten Erkenntnisse, Thesen und Meinungen vorstellten. Jones sagte im Vorfeld der Konferenz:

> Die kriminellen Eliten, die unsere Regierung unter Kontrolle haben, planten und führten die Anschläge des 11. Septembers aus, um einen Vorwand zu schaffen, dass sie uns unserer Freiheiten berauben und Amerika in einen Polizeistaat verwandeln können. Auf dieser Konferenz werden wir ein für allemal aufzeigen, was am 11. September tatsächlich geschehen ist.[5]

Das Symposium war aus Sicht des Veranstalters ein Erfolg. 1200 Personen nahmen daran teil. Besonders der Auftritt des Hollywood-Schauspielers Charlie Sheen sorgte unter den Teilnehmern für Aufsehen, weil Sheen die erste bekannte Hollywood-Größe war, die sich öffentlich als 9/11-Skeptiker bekannte. Exklusiv in der *Alex Jones Show* outete sich der Schauspieler aus Blockbuster-Filmen wie *Platoon* und *Hot Shots* als Zweifler. Zwischenzeitlich hat Jones weitere Doku-Filmprojekte realisiert (z.B. *Terrorstorm* und *Endgame*), mit denen er seine Zweifel an 9/11 und seine Kritik an der Machtelite fortführt.

2.2 Andreas Hauß
Die Geschichte des 11. Septembers gegen den Strich lesen

Wer auf der Homepage des *Instituts für Medienanalyse* landet, merkt schnell: Hier werden die Veröffentlichungen der großen Medien genauer unter die Lupe genommen. Hinter dem *Institut für Medienanalyse* steht Andreas Hauß, ein studierter Germanist und Historiker, der zusammen mit Mathias Bröckers ein Buch über die Unstimmigkeiten zum 11. September geschrieben

5) *www.infowars.com*

hat. Auch er misstraute den Terroranschlägen schon früh, was er auf seiner Homepage mit deutlichen Worten zum Ausdruck brachte.

Hauß greift in der Regel Meldungen der Medien auf und verlinkt diese entweder mit oder ohne Kommentar auf seiner Seite. Dabei greift Hauß auf viele unterschiedliche Quellen zu. Von konservativem Mainstream bis zu alternativen Newsseiten verlinkt Hauß lesenswerte Artikel, die als abschreckendes Beispiel für einen unkritischen Journalismus oder als gutes Beispiel für einen aufklärerischen Journalismus dienen. Die Themen, mit denen sich der bekennende 9/11-Skeptiker vorzugsweise auseinandersetzt, liegen überwiegend im politischen Bereich. Seit dem 11. September konzentriert sich Hauß vor allem auf die mediale Berichterstattung zu den Terroranschlägen. Intensiv recherchierte er über das Internet und veröffentlichte Meldungen, Artikel, Aussagen und Kommentare zu 9/11, die in den großen Medien nahezu völlig untergingen oder ignoriert wurden. In vielen seiner kommentierenden Darstellungen wird sein Markenzeichen deutlich: Eine durch Bissigkeit, Ironie und Sarkasmus geprägte Sprache:

> Was geschah am 11.9. im Bundeskanzleramt? Schröder versammelte innerhalb von 10 Minuten seine engsten politischen Mitarbeiter, Doris rief verheult aus New York an, und Fischer kam im Jogginganzug rein. Somit passierte in Deutschland mehr als in den USA, wo Bush weiter Ziegengeschichten las, Rumsfeld weiter Kaffee trank usw.[6]

Unter der Überschrift »BBC klärt 9/11 auf« weist Hauß auf die Schwachstelle einer BBC-Meldung hin:

> »Das FBI ist sich sicher, die 19 Flugzeugentführer, die für den 11. September verantwortlich waren, identifiziert zu haben«, so die Meldung der BBC. [Darauf Hauß:] »Ja dann. Hätte der BBC-Hermann […] geschrieben, das FBI habe die Hijacker identifiziert, könnte man sinnhaft nachfragen: Wie? Womit? usw. Aber die BBC sagt nur, daß das FBI überzeugt davon sei, identifiziert zu haben. Nach Belegen für die ÜBERZEUGUNG lässt sich zwar auch fragen, aber das wäre recht sinnlos. Weil A daran glaubt, daß B den C ermordete, und weil das von der BBC berichtet wird, war das so: C wurde von B gemeuchelt. Englische Kriminalliteratur war früher mal etwas komplizierter aufgebaut.«[7]

---

6) *http://www.medienanalyse-international.de/911archiv.html* [11.02.2008]
7) *http://www.medienanalyse-international.de/911archiv.html* [11.02.2008]

Auch die deutschen Medien werden mit Kritik überzogen. Die Überschrift »Nächtliche Belästigung durch das ZDF« bezieht sich auf einen Artikel, der sich mit einer im ZDF ausgestrahlten Dokumentation befasst, die kurz vor dem fünften Jahrestag der Terroranschläge die Ereignisse des 11. Septembers zu rekonstruieren versucht:

> »Eine vollkommen unkritische, nicht den leisesten Zweifel aufkommen lassende [...] Bildchenshow. Ohne Scham spekulierend und reimend (z.B. wer wie das jeweilige Cockpit geentert habe), völlig unbeleckt von auf Anhieb erkennbaren Unstimmigkeiten (warum die Abfangjäger von OTIS [eine sich in der Nähe befindende Luftwaffenbasis, Anmerkung MBK] nie in New York ankamen und die von Langley [in Langley ist ebenfalls eine Air Force Base, Anmerkung MBK]) nicht in Washington. Ein übler Vorgeschmack auf die Kanonade, die uns am und um den fünften Jahrestag erwarten wird.« [Es folgt ein Zitat aus der Dokumentation:] »Fünf Jahre nach den Anschlägen sind wohl alle Details der mörderischen Verschwörung erfasst.« [Und darauf Hauß:] »Ach was. Die Filmemacher haben noch nicht einmal verstanden, wer für die Luftraumüberwachung zuständig ist und wer welche Verantwortung trägt. Für Sechsjährige besteht ein Auto auch aus vier Rädern und viel Blech drumrum. Viel Blech.«[8]

Und zwischendurch erinnert sich Hauß mit einem »Einwurf« am Rande an Osama Bin Laden:

> Nur mal nebenbei: wer war nochmal dieser Osama Bin Laden? Hat der die Vogelgrippe, ist er beim Tsunami weggespült worden, oder wurde er bei der CIA zum Abteilungsleiter befördert? Man hört nix mehr.[9]

Die angeführten Beispiele sollen ausreichen, um die Skepsis zu verdeutlichen, die Hauß der Berichterstattung des medialen Mainstreams entgegenbringt. Doch Hauß beobachtet nicht nur die Medien mit einem kritischen Auge. Auch gegenüber den 9/11-Skeptikern äußert er sich mit Kritik. In seinen Veröffentlichungen distanziert sich der Medienanalyst immer wieder mit Nachdruck von den Thesen bestimmter 9/11-Skeptiker, die an die »Eine-Rakete-schlug-ins-Pentagon-ein«-Version glauben. Ausgemachter Unsinn ist das für Hauß. Außerdem lenkten seiner Meinung nach die endlosen Diskussionen um zu kleine Löcher im Pentagon und angeblich fehlende Flugzeugteile (Hauß präsentiert auf seiner Seite viele Fotos zum Anschlag auf das Pentagon)[10] nur von den entscheidenden Fragen ab, dass nämlich die Abfangjäger

---

8) ebd.
9) *http://www.medienanalyse-international.de/911archiv.html* [11.02.2008]
10) *http://www.medienanalyse-international.de/falschespuren3.html* [11.02.2008]

an jenem Dienstag nicht in der Lage gewesen sein sollen, rechtzeitig aufzusteigen und die entführten Flugzeuge abzufangen, ist für Hauß der Zugang zur Aufklärung des Verbrechens. Den Merkwürdigkeiten um das Versagen der Luftabwehr ging Hauß in einem langen Artikel nach.[11] Sein Fazit lautet, dass die These von »Pleiten, Pech und Pannen« im US-amerikanischen Luftabwehrsystem nicht haltbar ist. Mit Lügen, Desinformation, verdrehten Fakten, einem Verschweigen von wichtigen Sachverhalten und unter Rückendeckung einer sich durch Kritiklosigkeit auszeichnenden Untersuchungskommission sei der Öffentlichkeit das Versagen auf eine Weise erklärt worden, die in sich nicht stimmen könne. In einem seiner Artikel lässt sich Hauß auf die offizielle Version ein und knüpft mit einem Gedankenspiel an diese an. Er fragt seine Leser, wie es sich wohl verhielte, wenn sie selbst die Terroristen wären, mit dem brillanten Verstand eines genialen Verbrechers ausgestatten seien und vorgehabt hätten, die Anschläge vom 11. September auszuführen. Seiner Ansicht nach hätten sie dank ihres überlegenen Verstands viele Kleinigkeiten, die ihnen zum Verhängnis hätten werden können, beachten müssen. Dann fragt Hauß:

> Wie um alles in der Welt konnten Sie [aber, MBK] jemals davon ausgehen (denn Sie hatten dies nun wirklich nicht in der Hand), dass der Himmel über dem meistbeflogenen und bestbewachten Teil der Supermacht USA genau so lange für Sie und Ihre Zwecke geöffnet bleiben würde, wie Sie es brauchen? Wie schaffen Sie das ohne Komplizen in der obersten Führung der Luftsicherheit? Sie können die »Pleiten-Pech-Pannen«-Reaktion der Luftabwehr nicht vorher austesten. Ist es nicht blanker Kretinismus, z.B. davon auszugehen, dass Sie, NACHDEM das WTC schon zweimal getroffen wurde, weitere satte 40 Minuten zur Verfügung haben würden, um an der nur 10 Meilen entfernten Andrews AFB vorbei völlig ungestört ins Pentagon zu stürzen? Wie konnten Sie vermuten, dass Rumsfeld als Verteidigungsminister (nachdem Bush um 9.05 h nicht nur die Lage, sondern auch deren Bewertung erfuhr: »America is under attack!«) untätig beim Frühstückskaffee mit Senator Cox sitzen bleiben würde, statt mit Abfangjägern und Raketen die Hauptstadt zu schützen?[12]

Kurz vor dem siebten Jahrestag der Anschläge, am 9. September 2008, hat Andreas Hauß eine Strafanzeige in Sachen 9/11 bei den deutschen Behörden erstattet. Für Hauß, so äußerte er sich in einem Gespräch mit dem Autor, ist es unverständlich, dass bei einem Mord an 12 deutschen Staatsbürgern die

---

11) *http://www.medienanalyse-international.de/schluesselfrage.html* [17.10.2009]
12) ebd.

zuständigen deutschen Ermittlungsbehörden den Widersprüchen an der offiziellen Version nicht nachgehen. Die Recherchen und Vorbereitungen, die notwendig gewesen seien, um die Anzeige zu verfassen, »waren sehr zeitintensiv«, sagt Hauß. Die Strafanzeige wurde gestellt »wegen des Verdachts auf gemeinschaftlich begangenen Mord, Körperverletzung, unterlassene Hilfeleistung, Bildung einer terroristischen Vereinigung und Gefährdung des internationalen Luftverkehrs sowie weiterer in Betracht kommenden Straftaten«, heißt es in der Anzeige. Er habe sich, so erläuterte Hauß, bei seiner »juristischen Intervention« in Sachen 9/11 auf einen Aspekt der Anschläge konzentriert: den der ausgebliebenen Luftabwehr.

> Grundlage der Erwägungen und Anschuldigungen ist die Feststellung, daß in 100 Jahren Luftverkehr international nahezu identische Prozeduren für Luftnotfälle entwickelt wurden. Die Sicherheit des Luftverkehrs wird einerseits durch die zivile Luftüberwachung mittels Fluglotsen, andererseits mittels militärischer Sicherheitsmaßnahmen bewerkstelligt. In den USA sind das in großer Kooperation die 20 ARTCCs (Luftleitzentralen) der FAA und das NORAD, vertreten im Nordosten durch das NEADS mit Zugriffsmöglichkeit auf 7+1 Geschwader der Luftwaffe (AFB) bzw. Nationalgarde (ANG), hier Otis, Langley und Andrews. Hier werden rund um die Uhr an allen Tagen des Jahres alarmstartbreite Abfangjäger samt Personal für Luftnotfälle vorgehalten. Was in Deutschland gilt, gilt NATO-weit und wird in den USA bzgl. Technik, Präzision, Geschwindigkeit noch überboten [...].[13]

Die Strafanzeige hat Hauß bei der Staatsanwaltschaft in Offenburg gestellt, da drei der deutschen Opfer des 11. Septembers laut Hauß im Zuständigkeitsbereich dieser Staatsanwaltschaft gelebt haben. Konkret richtet sich die Anzeige gegen:

- Pete Zalewski, Glenn Michael (ARTCC Boston Center)
- Stacey Taylor, Richard Kettell (ARTCC Cleveland)
- unbekannte ATCs des Washington Center (Leesburg, Virginia – KZDC)
- Ben Sliney, FAA HQ Herndon Va.
- Senior Airman Stacia Rountree
- Tech Sergeant Shelley Watson
- Master Sergeant Maureen Dooley
- Jeremy Powell
- Lieutenant Colonel Kevin Nasypany
- Lt. Col. Dawne Deskins

13) *http://www.medienanalyse-international.de/911strafanzeige.html* [19.10.2009]

- Otis ANG Commander Quenneville und sein Kollege General David Wherley von der Andrews AFB und der Langley AFB
- Lt. Col. Timothy Duffy
- Maj. Daniel Nash
- Lt. Col. Brad Jackson
- Lt. Col. Steve O'Brien
- Captain Charles M. Leidig
- Brig. General Montague Winfield
- George W. Bush
- Donald Rumsfeld
- Paul Wolfowitz

In einem Antwortschreiben der Staatsanwaltschaft Offenburg, das Hauß auf seiner Webseite veröffentlicht hat, heißt es:

> Ihre bei der Staatsanwaltschaft Offenburg eingereichte Strafanzeige gegen Pete Zalewski u.a. habe ich zuständigkeitshalber an die Frau Generalbundesanwältin beim Bundesgerichtshof in Karlsruhe abgegeben.[14]

Doch es kam wie es vorauszusehen war: Die Staatsanwaltschaft lehnte Hauß' Strafanzeige ab. Gut vier Wochen später hieß es in einem entsprechenden Schreiben:

> Die Hintergründe und Umstände der Anschläge des 11. September 2001 in den Vereinigten Staaten von Amerika sind im Rahmen der beim Generalbundesanwalt wegen der Anschläge anhängig gewesenen Ermittlungsverfahren und zweier Strafverfahren vor dem Hanseatischen Oberlandesgericht Hamburg umfassend ermittelt und geprüft worden. Dabei wurde die Verantwortung der terroristischen Vereinigung Al Qaida für die Planung und Ausführung der Anschläge zweifelsfrei festgestellt.[15]

Gegenüber dem Autor erklärte Hauß, dass die Begründung an der Realität vorbeigehe. Der 9/11-Skeptiker sagte, dass bei den Verfahren in Hamburg auf Hintergründe und Umstände der Tat eingegangen worden sein mag, aber bei den Verhandlungen seien doch niemals die Hintergründe und Umstände *zweifelsfrei* geklärt worden. Das sei geradezu absurd. Wenn überhaupt bisher Hintergründe und Umstände ermittelt und geprüft worden seien, dann bestenfalls von der 9/11-Kommission in den USA und nicht vor einem deutschen Gericht. Und wie mangelhaft die 9/11-Kommission gearbeitet habe, dass wüsste man mittlerweile ja ganz gut.

---

14) ebd.
15) ebd.

Trotz der abgewiesenen Anzeige beweist Hauß einen langen Atem in Sachen 9/11. Auch zehn Jahre nach dem 11. September zweifelt Hauß an der offiziellen Version der Anschläge und beobachtet weiterhin die Berichterstattung der Medienwelt zum »War on Terror«, um diese für seine Leser zu analysieren.

2.3 Andreas von Bülow
Ehemaliger Bundespolitiker glaubt nicht an offizielle Version

Der ehemalige Bundesforschungsminister (SPD) Andreas von Bülow ist der wohl prominenteste deutsche 9/11-Skeptiker. Seine Zweifel an den Terroranschlägen in den USA beruhen auf einer langjährigen Auseinandersetzung mit Geheimdiensten und deren verdeckten Operationen. Bereits 1998 veröffentlichte Bülow, der für die SPD im sogenannten Schalk-Golodkowski-Untersuchungsausschuss saß, ein Buch, worin er die Machenschaften der Geheimdienste diskutierte. Während seiner Ausschusstätigkeit bemerkte der promovierte Jurist, dass immer wieder versucht wurde, die Untersuchungen zu blockieren, sobald es um die Tätigkeit der westlichen Geheimdienste ging, während hingegen bei der Auseinandersetzung mit den Ost-Geheimdiensten Tür und Tor geöffnet wurden. Durch dieses merkwürdige Verhalten, so Bülow in seinem Buch, sei ihm, angeregt durch eigene Recherchen, das wahre Ausmaß der kriminellen Tätigkeiten der Geheimdienste bewusst geworden. Seine langjährigen Recherchen in Sachen Geheimdienste ließen Bülow ein über 600-seitiges Buch verfassen, das in die Welt der Geheimdienstoperationen eindringt und ein

> [...] erschreckendes Gemälde der systematischen operativen Verschränkung geheimdienstlicher verdeckter Operationen mit der weltweiten organisierten Kriminalität, dem Drogenhandel, aber auch dem Terrorismus.[16]

aufzeigt. Bemerkenswert sind hierbei vor allem die möglichen Verstrickungen der Dienste in Morde und Terroraktionen, wie sie in den letzten Dekaden verübt worden sind und die Bülow in seinem Buch erkannt haben will. Vom Mord an Olof Palme über den Anschlag auf den Papst bis hin zum Oklahoma City Bombing und dem ersten Bombenanschlag auf das World Trade Center 1993: Bülow spricht Auffälligkeiten an, die seiner Meinung nach für geheimdienstliche Bewegungen bei den Anschlägen sprechen. Es waren diese gewagten Schlussfolgerungen, die Teile des medialen Mainstreams dazu veranlassten, vornehmlich negative Kritiken über das Buch zu äußern.

---

16) Bülow, Andreas von: Im Namen des Staates, Piper Verlag, München. 1998. S. 12

Trotz des Verrisses wurde *Im Namen des Staates* zu einem Erfolg. Interessant: Wenn man bedenkt, dass das Buch 1998 erschienen ist und Bülow bereits zu diesem Zeitpunkt vor einer künstlich erzeugten Gefahr vonseiten sogenannter muslimischer Fanatiker warnt, gewinnt sein Werk noch einmal einen retrospektivischen Wert. Bülow wies an mehreren Stellen auf die afghanischen Kämpfer hin, die von der CIA in den 80er-Jahren ausgebildet und instrumentalisiert wurden:

> Aus der gesamten muslimischen Welt wurden [...] Söldner mit vorgeblich fundamentalistisch-islamistischer Mentalität ausgesucht und angeworben. Wenn heute in westlichen Berichten von der übergroßen fundamentalistischen Gefahr aus der muslimischen Welt die Rede ist, dann kommt sie personell nicht zuletzt aus der Ecke der CIA-Freiheitssöldner in Afghanistan, die nach ihrer Rückkehr nach Pakistan, in die Länder des Nahen Ostens oder Nordafrikas nun nach weiteren, sichernden Aufgaben suchen und heute noch suchen [...] Mit hoher Wahrscheinlichkeit stehen einige der Kämpfer auch heute noch indirekt im Solde der amerikanischen Dienste zum Beispiel in ethnischen Auseinandersetzungen im Kaukasus [...]. Ein erheblicher Teil des in westlichen und israelischen Diensten stehenden fundamentalistischen Terroristenpotentials stammt aus dieser Rekrutierung. Die CIA trainierte die Kämpfer teils in den USA, teils in besonderen Lagern in Pakistan.[17]

Und weiter hinten in seinem Buch wird Bülow noch deutlicher:

> Dass der Popanz der muslimisch-fundamentalistischen Bedrohung der abendländischen Welt herbeikonstruiert wird, diese Vermutung drängt sich geradezu auf. In der Zeit von 1979 bis 1991 wurden für die Kämpfe in Afghanistan 5000 Saudis, 3000 Jemeniten, 2000 Ägypter, 2800 Algerier, 400 Tunesier, 370 Iraker, 200 Libyer und jede Menge Jordanier von den westlichen und pakistanischen Geheimdiensten angeworben [...] Wenn jetzt die Veteranen dieser Auseinandersetzung nahezu in allen muslimischen Staaten ihr extrem kriminelles Unwesen treiben, so werden die USA diese Verantwortung schultern müssen. Und es spricht einiges dafür, dass das Treiben ebenso geduldet, wenn nicht gefördert wird, wie das der altfaschistischen und exilkubanischen Terrornetzwerke in der Vergangenheit.[18]

Gerade die Aussage »... geduldet, wenn nicht gefördert wird ...« lässt erahnen, dass Bülow auch zu den Anschlägen des 11. Septembers eine andere Meinung vertreten würde als die Kommentatoren und Leitartikler der großen Medien.

---

17) Bülow, Andreas von: S. 209–210
18) ebd. S. 418

Mit einem Interview im *Tagesspiegel* 2002 begann für den Juristen dann ein Öffentlichkeitskampf in Sachen 11. September. »Spuren wie von einer trampelnden Elefantenherde« betitelten die beiden Interviewer des *Tagesspiegels*, Stephan Lebert und Norbert Thomma, ihr Interview und bezogen sich dabei auf eine Aussage, die der ehemalige Minister für Forschung und Technologie während des Gesprächs machte. Für Bülow waren die Spuren, die die Flugzeugentführer hinterließen, mit denen einer Elefantenherde zu vergleichen:

> Sie zahlten mit Kreditkarten auf ihren Namen, sie meldeten sich bei ihren Fluglehrern mit Klarnamen. Sie hinterlassen Mietwagen mit arabischen Fluganleitungen für Jumbojets. Sie nehmen auf dem Weg in den Selbstmord Testamente und Abschiedsbriefe mit, die dem FBI in die Hände fallen, weil sie falsch verstaut oder adressiert waren. Da wurden Spuren wie bei einer Schnitzeljagd gelegt, denen man ja folgen soll![19]

Kurzum: Bülow machte in dem Interview auf das aufmerksam, was schon seit Monaten hinter vorgehaltener Hand gesagt wurde, nämlich, dass das Verhalten für Terroristen, die einen Anschlag planten, merkwürdig war.

Bereits in seinen ersten Aussagen des Interviews greift Bülow das Spannungsverhältnis zwischen Skeptikern und Medien auf, indem er seinen Unmut über eine seiner Meinung nach viel zu einseitige Berichterstattung zum Ausdruck bringt:

> Ich wundere mich, dass viele Fragen nicht gestellt werden. Normalerweise ist es bei einer solch schrecklichen Geschichte so, dass verschiedene Spuren und Beweise auftauchen, die dann kommentiert werden, von den Ermittlern, von den Medien, von der Regierung: Ist da was dran oder nicht? Sind die Erklärungen plausibel? Diesmal ist das überhaupt nicht der Fall. Das fing schon wenige Stunden nach den Attentaten in New York und Washington an.[20]

Zuvor hatte sich Bülow bereits in *konkret*[21] kritisch gegenüber den Terroranschlägen geäußert und nach dem Interview im *Tagesspiegel* sprach er auch in der *Oberhessischen Presse*[22] über seine Thesen. Mit seinen öffentlichen Stellungnahmen machte Bülow deutlich, dass er den eingeschlagenen Kurs nicht verlassen würde. Kurze Zeit später veröffentlichte der Geheimdienstkenner ein entsprechendes Buch, in dem er seine Thesen zum 11. September genauer

19) *Der Tagesspiegel*, 13. Januar 2002
20) ebd.
21) *konkret*, 12. Dezember 2001
22) *Oberhessische Presse*, 5. April 2002 (Interview mit dem Autor)

darlegte.[23] Und nun trafen die Angriffe der großen Medien gegen die Skeptiker des 11. Septembers auch Bülow. Im *Spiegel* wurde er als gelangweilter Pensionär dargestellt und der Investigativ-Journalist Hans Leyendecker von der *Süddeutschen Zeitung* bezeichnete ihn als durchgeknallt. Bei einem Auftritt in der Sendung *Menschen bei Maischberger* 2003 wollte Bülow sein Buch vorstellen und den Zuschauern des öffentlich-rechtlichen Fernsehens die Thesen der Skeptiker näher erläutern. Doch dazu kam es nicht: Die Moderatorin Sandra Maischberger gestaltete ein mehr als fragwürdiges »Interview« mit Bülow. Bülow ließ sich auf die teils persönlichen Anfeindungen der Moderatorin nicht ein, verhielt sich sachlich, Maischberger bescheinigte ihm in dem Interview, dass sie ihn »nicht für komplett verrückt«[24] halte. Da Bülow in seinem Buch auch über eine mögliche Rolle des israelischen Geheimdiensts im Zusammenhang mit den Anschlägen nachdachte, traf ihn die Antisemitismus-Keule. Bülow wehrte sich gegen die Vorwürfe (zur Auseinandersetzung mit einer entscheidenden Passage in Bülows Buch, anhand derer man ihm Antisemitismus vorwarf, siehe Kapitel: *ARD-Interview: Sandra Maischberger mit Mimik, Gestik und Semantik gegen Andreas von Bülow*).

In seinem Buch »Die CIA und der 11. September« knüpft der ehemalige Politiker an die Thesen vom »Terrorismus unter falscher Flagge« an, wie er sie bereits in seinem vorangegangen Buch vertreten hat. Er greift die unterschiedlichen verschwörungstheoretischen Ansätze im Kontext von 9/11 auf und entwirft dabei, wie die anderen Skeptiker, eine alternative Lesart, die auf eine verdeckte Geheimdienstoperation schließen lässt. Bülow setzt sich jedoch nicht nur mit den einzelnen Auffälligkeiten und Unstimmigkeiten der offiziellen Version auseinander, sondern bindet seine These in einen größeren politischen Kontext ein. Als ehemaliger Politiker, der auch mit Polit-Strategen der US-amerikanischen Außenpolitik in Kontakt gekommen ist (z.B. Zbigniew Brzeziski), setzt Bülow die Terroranschläge in Zusammenhang mit fragwürdigen außenpolitischen Zielen der USA:

> Schon bald stellte sich heraus, dass die Administration in Washington sehr wohl sehr viel früher sehr viel mehr gewusst hatte als behauptet. Vor allem aber wurde schnell klar, dass die Kriege sowohl gegen Afghanistan als auch gegen den Irak lange vor dem 11. 9. 2001 geplant und ins Auge gefasst worden waren...Doch die Pläne...zielen auf die Sicherung eines Jahrhunderts globaler amerikanischer Weltherrschaft, die Eindämmung der Milliardenvölker Chinas und Indiens, die Verhinderung des Aufstiegs konkurrie-

23) Bülow, Andreas von: Die CIA und der 11. September, Piper Verlag München, 2003
24) Interview mit Sandra Maischberger, siehe Kapitel »Die Medien«

> render Gegenmächte auf dem eurasischen Kontinent und schließlich den Zugriff auf die Lagerstätten des Öls, den knapper werdenden Rohstoff von strategischer Bedeutung, und die damit verbundene Finanzmacht.[25]

Für die großen Medien wurde Bülows Buch zu einem roten Tuch. Sein 9/11-kritisches Werk wurde vom medialen Mainstream gnadenlos kritisiert. Aber wie Mathias Bröckers ließ sich auch Bülow durch die medialen Anfeindungen nicht von seiner Linie abbringen. Nach seiner Buchveröffentlichung nahm Bülow an Kongressen der 9/11-Skeptiker teil, gab einem niederländischen Fernsehsender ein Interview und trat mehrmals in der Alex-Jones-Show zu Radiointerviews an. In einem späteren Nachwort zu seinem Buch kommentiert er die Rolle der Medien im Wahrheitskampf. Wieder klingt Medienkritik an:

> Jede ordentlich und rechtsstaatlich geführte Staatsmacht hätte nach einem Ereignis wie dem 11. 9. von Amts wegen ermitteln und gegenüber der Bevölkerung umfassend darüber Rechenschaft ablegen müssen, warum sie nicht in der Lage war, den grausamen Mord an 3000 Menschen zu verhindern. Stattdessen bedient sie sich handverlesener Journalisten geneigter Medien, um ihre Version des Geschehens weltweit durchzusetzen. Zweifler, Kritiker und fragenstellende Zeitgenossen sollen mit dem Totschlagsargument »Verschwörungstheoretiker« mundtot gemacht werden. [...] Ein gutes Beispiel bietet der für seine investigativen Recherchen preisgekrönte Hans Leyendecker in der Süddeutschen Zeitung. Ohne auch nur eine der offenen Fragen zu stellen, die nicht nur die Autoren, sondern auch die Angehörigen der Opfer der Administration stellen, liefert der sonst so sachlich argumentierende Journalist einen Bücherverriss, der ausschließlich mit Diffamierungen und grotesken Unterstellungen arbeitet. [...] So wird bereits die Vorstellung einer denkbaren Komplizenschaft der amerikanischen Regierung als psychopathischen Gehirnwindungen entsprungen bekämpft.[26]

Die Kritik des ehemaligen Politikers verhallte jedoch im System der Massenmedien. Nach den Anfeindungen gegen Bülow ignorierten die großen Medien den unbequemen 9/11-Skeptiker wieder für mehrere Jahre. In einer Dokumentation, die das ZDF am Abend des 11. Septembers 2007 ausstrahlte, äußerte sich Bülow erneut zu seinen Thesen. Diesmal ließ man den Ex-Politiker jedoch sachlich zu Wort kommen.

25) Bülow, Andreas von: Die CIA und der 11. September, 2003, S. 7
26) ebd. S. 253–254

2.4 Daniele Ganser
Ein Schweizer Historiker und die verdeckte Kriegsführung

Anzug und Krawatte sitzen. Das dunkle Haar ist mit Gel in Form gebracht. Die Brille verleiht dem Talk-Show-Gast den Touch eines Juristen oder Wirtschaftswissenschaftlers. Der Mann, der in der Sendung *Stöhlker Talk* des Schweizer Fernsehsenders U1 im Zentrum der Aufmerksamkeit des Kameramanns steht, ist Historiker und Friedensforscher, dessen Forschungsgebiet die verdeckte Kriegsführung und Peak Oil (der Zeitpunkt also, zu dem die maximale Erdölfördermenge erreicht ist und zurückgehen wird) ist. Der Schweizer Dr. Daniele Ganser, der Geschichte, Philosophie und Englisch u. a an der London School of Economics and Political Science studierte, hat sich durch zahlreiche Buch- und Artikelveröffentlichungen auf nationaler als auch internationaler Ebene einen Namen gemacht. Ganser hat intensive Forschungen zu Gladio[27] betrieben und konnte dadurch Einblicke in die Prinzipien von False Flag Operations gewinnen. Für den Schweizer steht es außer Frage, dass Geheimdienste verdeckte Operationen durchführen und dabei auch vor Terroranschlägen gegen die eigene Bevölkerung nicht zurückschrecken. Dennoch gibt es seiner Meinung nach in den Medien und folglich der Bevölkerung kaum ein Wissen über dieses Problem. Im Laufe seiner Forschungen erkannte der Wissenschaftler, wie gering die Hemmschwelle bestimmter Kreise war, zum Zwecke innenpolitischer Ziele die verdeckte Kriegsführung gegen die eigene Bevölkerung einzusetzen. In der *Basler Zeitung* sagte Ganser:

> Dieser Kampf gegen den inneren Feind war in einigen Ländern Teil des Konzeptes. Er basierte auf der so genannten »Strategie der Spannung« und war auf Terror aufgebaut. In Italien und der Türkei wurde diese schon fast teuflische Strategie wohl am erfolgreichsten umgesetzt: mit Bombenanschlägen und Massakern gegen die eigene Bevölkerung, die man anschließend dem politischen Feind, also den Linken in die Schuhe schob. Man versetzte die Menschen mit blutigen Anschlägen in Furcht und Schrecken, um politische

---

27) Es handelt sich hierbei um ein streng geheimes und erst in den 90er-Jahren des vergangenen Jahrhunderts bekannt gewordenes Netzwerk von paramilitärischen Gruppen der NATO. Die als »Gladio« bzw. »Stay Behind-Gruppen« bezeichneten Einheiten sollten sich im Falle einer Invasion durch die Sowjetunion »überrollen« lassen, um dann den Feind, also die Besatzungsmacht, aus dem Hinterhalt durch eine Art Partisanenkrieg zu schwächen. Die Rolle der einzelnen Gruppen bzw. Einheiten ist höchst kontrovers. Mittlerweile wird davon ausgegangen, dass bestimmte Gruppen von der CIA, die maßgeblich an dem Aufbau von Gladio beteiligt war, instrumentalisiert wurden und aus strategischen Gründen zu Anschlägen in ihrem eigenen Land angestiftet wurden. Vgl. die Terrorwelle in Italien in den 70er- und 80er-Jahren.

> Ziele zu erreichen [...]. Für die Anschläge 1980 am Münchner Oktoberfest mit 13 Toten und über 200 Verletzten wurde Waffenmaterial aus den Lagern der Geheimarmee verwendet. In Belgien wurde die Geheimarmee Mitte der 80er Jahre verdächtigt, in die Brabant-Anschläge verwickelt zu sein, bei denen wahllos Menschen in Geschäften niedergeschossen und 28 getötet wurden. Die Untersuchungen liefen in beiden Fällen ins Leere, weil die Geheimdienste sich weigerten zu kooperieren.[28]

Trotz der Tatsache, dass die Untergrundarmee Gladio 1990 aufgelöst wurde, glaubt der Forscher nach wie vor, dass die *Strategie der Spannung* durch verdeckte Kriegsführung auch weiterhin in der politischen Praxis eingesetzt wird. Gerade in Bezug auf die Anschläge des 11. Septembers rät Ganser, genauer hinzuschauen. So äußerte er sich gegenüber der *Basler Zeitung:*

> Aufgrund der Erkenntnisse über verdeckte Kriegsführung und Terrorismus ist überall absolut alles denkbar. Schwieriger ist es, die Fakten zu finden und richtig zu kombinieren. Die Gladio-Untersuchungen zeigen, daß die ersten Spuren allesamt falsch waren und vom Staat selber gelegt wurden, um die Bevölkerung zu manipulieren. Gräbt man tiefer, gerät man in ein komplexes Labyrinth der Unterwelt. Auch beim 11. September.[29]

Insbesondere wegen der zu erwartenden Rohstoffknappheit (Peak Oil) hält der Historiker die Durchführung von bestimmten geheimdienstlichen Operationen zur Sicherung der Rohstoffversorgung eines jeweiligen Landes für nicht abwegig. Ganser verfasste auch ein Kapitel zu einem Buch der 9/11-Skeptiker Prof. David Ray Griffin und Peter Dale Scott, in dem ein Autorenkollektiv diverse Aspekte um die Anschläge des 11. Septembers anspricht. Angeleitet von seinen Erkenntnissen, hielt Ganser es für notwendig, im Historischen Seminar der Universität Zürich eine Lehrveranstaltung mit dem Titel: »9/11 – Geschichtsschreibung in den USA« abzuhalten. Gemeinsam mit seinen Studenten durchforstete Ganser einen Teil der Literatur aus dem 9/11 Truth Movement und kontrastierte diese mit dem offiziellen Untersuchungsbericht der 9/11-Kommission. Schnell fanden sich Studierende der Geschichts- und Politikwissenschaft in dem Seminar ein. Nach ausgiebiger Analyse stellten die Seminarteilnehmer fest: Genau genommen gibt es drei unterschiedliche Wirklichkeitsauslegungen zu den Terroranschlägen des 11. Septembers:

---

28) *http://www.danieleganser.ch/assets/files/Inhalte/Interviews/Zeitungsinterviews/pdf_04/Interview_Ganser_BAZ_CIA_finazierte_staatlichen_Terror_16_12.pdf* [10.04.2008]

29) ebd.

- **Surprise-Theorie**
  Darunter ist die Wirklichkeitsauslegung zu verstehen, wie sie die US-amerikanische Regierung unmittelbar nach den Terroranschlägen verkündet hat und wie sie von den großen Medien übernommen wurde. Demnach hat Bin Laden als Drahtzieher und Hirn des Anschlags fungiert und mithilfe eines geheimen Terrornetzwerks die Terrorakte in die Realität umgesetzt. Die Ermittlungsbehörden der USA hatten zwar den Verdacht, dass etwas passieren würde, konnten aber letztlich die Anschläge nicht verhindern. Die Ermittlungsbehörden wussten nicht, dass bereits ein Todeskommando in den USA im Geheimen operierte. Zwar gab es durchaus Hinweise und Spuren, doch wegen Amtsschimmel, Inkompetenz und mangelhafter Kommunikation waren CIA, FBI usw. nicht in der Lage, das Gesamtbild zu erkennen. Obwohl die Täter im Vorfeld der Aktion und während der Aktion mit tödlicher Präzision vorgingen, also den gesamten polizeilichen, geheimdienstlichen Apparat sowie die Luftabwehr der USA ausschalteten, begingen sie doch viele Fehler. So war es den nun nach den Anschlägen gut funktionierenden Ermittlungsbehörden möglich, die Terroristen unmittelbar nach Vollendung ihrer Tat zu identifizieren und mit Bin Laden und Al Qaida innerhalb kurzer Zeit in Verbindung zu bringen. Ganser bezeichnet diese Version als Surprise-Theorie.
- **LIHOP = Let it happen on purpose**
  Die zweite Realitätskonstruktion zu den Anschlägen besagt ebenfalls, dass es einen Plan von Al Qaida gab, Anschläge in den USA zu verüben. Die Ermittlungsbehörden hätten aber nicht, wie bei der ersteren Auslegung, nichts davon gewusst, sondern sie seien ganz im Gegenteil genau im Bilde gewesen. Aufgrund geostrategischer Planungen hätten kriminelle Elemente der US-Regierung Teile der Behörden instrumentalisiert und dafür gesorgt, dass die Anschläge nicht verhindert würden. Ganser fasst diese Version als »Let it happen on purpose« (es mit Absicht geschehen lassen) zusammen oder kurz: als LIHOP-Theorie.
- **MIHOP = Made it happen on purpose**
  Bei dieser in Betracht gezogenen Interpretation der Anschläge kommt sozusagen das »worst case scenario« zum Tragen: Nicht Al Qaida hat sich gegen die USA verschworen, sondern eine korrupte und kriminelle Machtclique innerhalb des Herrschaftsapparats des eigenen Landes hat die Anschläge auf das World Trade Center inszeniert. Dies ist zugleich die Version, an die viele Anhänger des 9/11 Truth Movement glauben. Sie wird von den Vertretern dieser Verschwörungstheorie dadurch begründet, dass die offizielle Version, also hier: die erste Erklärung, zu viele Wider-

sprüche beinhalte, und die scheinbar perfekte Ausführung der Anschläge nur durch eine zielgerichtete Unterstützung aus dem Innern der USA möglich war.[30] Ganser bezeichnet diese Version als »Made it happen on purpose« (es mit Absicht selbst getan haben) oder kurz: MIHOP-Theorie.

Der Historiker selbst zweifelt daran, dass die Geschehnisse vom 11. September in ausreichendem Maße aufgeklärt wurden, obwohl er sich selbst nicht klar für eine der oben angeführten Theorien ausspricht. Gefragt in einem Interview, was denn das Seminar gebracht habe, sagte der Historiker, dass sozusagen ein Zwischenergebnis gewonnen werden konnte. Nach dem Seminar stehe für ihn die Unzulänglichkeiten der 9/11 Untersuchungskommission fest. Die 9/11-Untersuchungskommission habe ihre Aufgabe, die Hintergründe der Anschläge zu klären, nicht erfüllt. Die Studenten – so Ganser – seien verblüfft gewesen, wie wichtige und zentrale Themenkomplexe und Fragen in dem Report ausgeklammert würden. Zum Abschluss eines öffentlichen Vortrags und einer Podiumsdiskussion zu dem Thema sagte Ganser: »Am besten wäre eine neue und unabhängige internationale Untersuchung, da der Anschlag vom 11. September und die darauf folgenden Kriege noch heute viele Menschen betreffen.«[31]

Wie bei vielen der anderen 9/11-Skeptiker blieb auch der Forscher für seinen Standpunkt nicht von Kritik und Anfeindungen verschont. Das *Schweizer Sonntagsblatt* brachte einen ganzseitigen Artikel mit den Schlagzeilen: »ETH und Uni gehen auf Distanz zu Verschwörungstheoretiker – Experten bezeichnen Aussagen des Historikers Ganser als völlig absurd.« In dem Artikel heißt es:

> »An meiner Forschungsstelle wird nicht über Verschwörungstheorien geforscht«, sagt Professor Andreas Wenger, Leiter der Forschungsstelle für Sicherheitspolitik der ETH Zürich. Bei Wenger arbeitete Ganser seit 2003 zur Rolle der Wirtschaft in Gewaltkonflikten. »Ich halte gar nichts von diesen Verschwörungstheorien«, sagt der Experte für internationale Sicherheitsfragen.

30) Von den Skeptikern werden u.a. angeführt: Das völlige Versagen der Luftabwehr, die parallel zu den Anschlägen stattfindenden »War Games« (Vigilant Guardian u.a.), also verschiedene Übungen von militärischen Institutionen, bei denen u.a. genau das simuliert wurde, was dann in der Realität geschah: die Entführung von Flugzeugen, die Auffälligkeiten um *Able Danger*, einem geheimen Programm des US-Militärgeheimdiensts (DIA), die geostrategischen Interessen der USA in Afghanistan und im Irak, das Verhalten des Präsidenten in den ersten Minuten des Anschlags usw.

31) *http://www.danieleganser.ch/interviews/pdf_05/911ETHLifeundDebatte27.09.05.pdf* [22.03.2008]

»Es handelt sich um ungeheure Behauptungen, für die keine Beweise geliefert werden, was ich für wissenschaftlich fragwürdig und für politisch unsensibel halte.«[32]

Als Reaktion auf diese Kritik meinte Ganser, dass er da nun einfach durch müsse.

Derzeit arbeitet der Wissenschaftler an der Universität in Basel und setzt sich mit dem Kampf ums Erdöl und der damit verbunden Versorgungsknappheit in der Schweiz auseinander.

2.5 David Ray Griffin
Der Weg eines Theologieprofessors zum Truth Movement

Nach den Terroranschlägen des 11. Septembers glaubte David Ray Griffin, wie viele andere seiner Landsleute, an die Täterschaft Al Qaidas. Er ging davon aus, dass die Anschläge in New York und Washington eine Reaktion auf ein Fehlverhalten seines Landes auf der außenpolitischen Bühne war. Und so fing er an ein Buch zu schreiben, das sich mit dem Imperialismus der USA auseinandersetzen sollte. Seine Recherchen halfen David Ray Griffin auch, seinen geschichtlichen Horizont über sein Land zu verfeinern, und schließlich breitete sich bei ihm der Verdacht aus, dass die USA eine scheinbar lange Tradition darin haben, Kriegsgründe zu provozieren, Kriegsanlasslügen zu produzieren (siehe z.B.: »Golf von Tonkin«-Zwischenfall, Spanisch-Amerikanischer Krieg, Mexikanisch-Amerikanischer Krieg, möglicherweise auch 2. Weltkrieg, Stichwort: Pearl Harbor). Doch für David Ray Griffin, jenen emeritierten Professor für Theologie und Religionsphilosophie aus Kalifornien, der zu einer *der* Persönlichkeiten des Truth Movement werden sollte, war der Gedanke, dass unter Umständen Teile der eigenen Regierung am Tag des Terrors ihre Finger mit im Spiel hatten, noch zu abwegig.

Dem kanadischen Fernsehsender cbc.ca, der 2009 eine Dokumentation über das 9/11 Truth Movement ausstrahlte, erzählte Griffin, wie er trotz seiner anfänglichen Skepsis gegenüber den alternativen Ansätzen den Weg in die Wahrheitsbewegung fand.[33]

Es sei etwa ein Jahr nach dem 11. September gewesen, als ein ausländischer Kollege mit ihm über den Tag des Terrors sprach und seine Zweifel an der offiziellen Version offenbarte. Griffin sagte in der Doku, er habe sich daraufhin zwar einige alternative Webseiten angeschaut, aber dass die Bush-

32) *http://www.rhetorik.ch/Aktuell/06/09_19.html* [29.07.2008]
33) *http://www.cbc.ca/fifth/2009-2010/the_unofficial_story/video_griffin.html* [30.01.2010]

Regierung in einen Akt von Staatsterror dieses Ausmaßes verwickelt sein sollte, sei ihm zu weit gegangen.

Doch 2003, zur Zeit des Irak-Kriegs, sei er auf eine Webseite gestoßen, deren Informationen ihm verdeutlichten, dass es Widersprüche zur offiziellen Version gebe. Und so habe er sich der Bewegung zugewandt.[34]

Und Griffin blieb nicht tatenlos, er veröffentlichte seit 2004 eine ganze Reihe von Büchern, in denen er den 11. September aus einer verschwörungstheoretischen Perspektive beleuchtet und die These des Inside Job vertritt.

Zu seinen Hauptbüchern zählen:

- The New Pearl Harbor: Disturbing Questions About the Bush Administration and 9/11
- The 9/11 Commission Report: Omissions and Distortions
- Debunking 9/11 Debunking: An Answer to Popular Mechanics and Other Defenders of the Official Conspiracy Theory
- New Pearl Harbor Revisited: 9/11, the Cover-up and the Expose
- Osama Bin Laden: Tot oder lebendig

Mit seinen Publikationen hat sich Griffin fest im 9/11 Truth Movement etabliert, insbesondere das Buch *The 9/11 Commission Report: Omissions and Distortions* gilt als *die* Antwort der Gegenöffentlichkeit auf die offizielle Version zu den Ereignissen des 11. Septembers. Stück für Stück arbeitete sich Griffin durch den Report der 9/11-Kommission und kommt zu einem vernichtenden Ergebnis:

> Manch einer mag sich fragen, ob es in dem Bericht der 9/11-Kommission irgendetwas gibt, was falsch ist, aber nachdem ich den Bericht gelesen habe, frage ich mich, ob es darin überhaupt eine wahre Aussage gibt. Das mag sich extrem anhören, aber wenn man es nicht gerade ganz wörtlich nimmt, dann [...] ist es wirklich so, es ist schwierig, darin überhaupt etwas an Wahrheit zu finden. [Und nachdem er die Verwicklungen zwischen dem Direktor der 9/11-Kommission, Philip Zelikow, und der Bush-Regierung ansprach, sagte Griffin weiter; Anmerk. MBK] [...] auf den Punkt gebracht war es so, dass das Weiße Haus sich selbst untersucht hat.[35]

---

34) ebd.

35) *http://video.google.de/videoplay?docid=6837001821567284154&ei=lXxlS7XTBpyM2AL9oryuCA&q=he+9%2F11+Commission+Report%3A+Omissions+and+Distortions* [31.01.2010]

Obwohl bisher nur eines seiner Bücher in deutscher Sprache erschienen ist (Stand: Nov. 2010), ist Griffin auch bei den deutschen Wahrheitssuchern bekannt. Im Rahmen einer Tour durch Europa, war Griffin auch in Hamburg zu Gast, um einem deutschen Publikum seine Sichtweise aus erster Hand darzulegen. Eingeladen hatte u.a. die Gruppe *IPPNW – Ärzte gegen den Atomkrieg*. Unter dem Titel »9/11 time for a second look« referierte Griffin über den Fortschritt und Wandel, den die Wahrheitsbewegung im Laufe der Jahre machte, und plädierte dafür, den Kampf um die Aufklärung der Terroranschläge vom 11. September weiterzutragen. Dr. Jens Wagner, Mitglied der IPPNW, kündigte den Vortrag, der auf diversen Webseiten anzusehen ist,[36] wie folgt an:

> Professor Griffins Vortrag bietet seinem Publikum eine hervorragende Gelegenheit, mehr über die grundlegenden Fragen rund um den 11. September zu erfahren. Die weltweite Bewegung »9/11 Truth Movement« entstand als Graswurzelbewegung an vielen unabhängigen Orten und hat sich mittlerweile zu einer starken Gemeinschaft entwickelt. Die Bewegung enthält viele Einzelorganisationen wie die Pilots for 9/11 Truth, Architects and Engineers for 9/11 Truth, Veterans for 9/11 Truth sowie die Scholars for 9/11 Truth and Justice [...]. Viele frühere Geheimdienstmitarbeiter unterstützen die Bewegung ebenfalls und haben zu der stetig wachsenden Anzahl von Beweisen beigetragen, die weit über jeden begründeten Zweifel hinaus zeigen, dass die Erklärungen der Ereignisse, wie sie von der Bush-Cheney-Regierung geboten werden, schlichtweg als falsch widerlegbar sind. Es ist in der Tat Zeit für einen zweiten Blick auf den 11. 9.[37]

Griffin hielt während seiner Tour durch Europa u.a. auch Vorträge in Madrid, Oslo, London und Paris.

In gewisser Weise eine »Adelung« für seine Tätigkeit als Buchautor in Sachen 9/11 erhielt Griffin bereits im November 2008 durch *Publishers Weekly* in den USA. Obwohl seine Bücher in den USA vom medialen Mainstream weitestgehend ignoriert oder kritisiert wurden (ähnlich wie bei den deutschen 9/11-Skeptikern), wagte es das hoch reputierte Magazin *Publishers Weekly*, das seit beinahe 140 Jahren publiziert wird und dessen Hauptleserschaft Verlage, Literaturagenten und Büchereien sind, in einer Veröffentlichung vom 24. November 2008, Griffins Buch *The New Pearl Harbor Revisited: 9/11, the Cover-up and the Expose* als das Buch der Woche (»Pick of the Week«) anzupreisen.[38]

---

36) z.B.: *http://infoblogmedia.wordpress.com/2009/05/21/david-ray-griffin-911-time-for-a-second-look/* [01.02.2010]

37) *http://www.911video.de/news/270309/* [01.02.2010]

»Griffins detaillierte Analyse ist weit davon entfernt, rückwärtsgewandt oder wahnhaft zu sein. Indem er Hunderte, wenn nicht Tausende Quellen zitiert, wirft er, wenngleich nicht völlig schlüssig, genügend berechtigte Fragen auf, um seinen Appell für eine neue Untersuchung berechtigter als je zuvor zu machen,«[39] schreibt Publishers Weekly.

Griffins Erfolg inner- und außerhalb der Wahrheitsbewegung mag vor allem mit seiner Arbeitsweise und seiner Wesensart zusammenhängen. Griffin ist, im Gegensatz zu Alex Jones, sehr ruhig, sehr bedächtig, man merkt ihm an, wenn ihm Fragen gestellt werden, dass er genau überlegt, was er antwortet, wie er antwortet. Man kann Griffin durchaus als »Denker« der Wahrheitsbewegung ansehen.

2.6 diebandbreite
»Habt ihr dat vielleicht selbst gemacht?«

Vonseiten deutscher Künstler wurde das Thema 9/11-Verschwörung lange nicht aufgegriffen. Im Sommer 2007 brachte die Hip-Hop-Band *die bandbreite*[40] jedoch ein Lied[41] auf den Markt, mit dem sie den Wahrheitskampf musikalisch in Szene setzt. In deutscher Sprache und mit Ruhrpott-typischem Akzent konzentriert sich der Inhalt des Songs auf die Geschichte der False Flag Operations, des Staatsterrorismus und auf die Kernfrage des Truth Movement: Stecken kriminelle Persönlichkeiten aus dem Machtapparat der USA hinter den Anschlägen?, oder in die Sprache des Songs übersetzt: »Habt ihr dat vielleicht selbst gemacht? Den Terror selber in die Welt gebracht?« Die Band, die hauptsächlich im Ruhrpott bekannt ist und zahlreiche Auftritte bei diversen kulturellen Veranstaltungen vorweisen kann, schaffte es bisher jedoch nicht, den Song in die großen Radiosender zu bringen. In einem Interview mit der linken Tageszeitung *junge Welt* erklärte Wojna, der Sänger der Band, dass es da wahrscheinlich »eine Sperre« gebe – von oben, also von den verantwortlichen Programmmachern. Bei einem ähnlich kritischen Song der Band, der sich im Wesentlichen mit George W. Bush auseinandersetzte, seien durchaus Redakteure bereit gewesen, den Song ins Programm zu bringen, was aber dann vermutlich durch übergeordnete Entscheidungsträger gestoppt

---

38) *http://www.publishersweekly.com/article/CA6617001.html?industryid=47159* [31.01.2010]

39) ebd.

40) *http://www.diebandbreite.de/* [11.09.2007]

41) *http://video.google.de/videoplay?docid=6595003035192047182&q=%22habt+ihr+das+vielleicht+selbst+gemacht%22&total=2&start=0&num=10&so=0&type=search&plindex=0* [22.11.2007]

worden sei.[42] Trotz der mangelnden medialen Aufmerksamkeit wurde der Song von Wojna, DJ Torben, Linda, Matz, Ulf und Christoph bei *YouTube* über 500.000 Mal angeklickt.[43] Kommentare im Gästebuch auf der Homepage der Band sowie im Internet sind meist positiv. So schreibt beispielsweise ein Robert:

> Erste Sahne euer Song, »selbst gemacht«! Bitte macht ihn noch viel bekannter, und auch die Dokus wie »Loose Change«! Erst wenn alle Bescheid wissen, können wir uns freuen und die Drahtzieher nach ihren eigenen Gesetzen und Urteilen strafen, hoffentlich halten die Amerikaner weiterhin an der Todesstrafe so kräftig fest!!![44]

Ein Ruediger Janson aus dem Saarland meint:

> Hallo. Es ist immer einfacher, mit dem Strom zu schwimmen, als dagegenzuhalten. Manche Leute schwimmen dann noch mit dem Strom, wenn sie schon den Wasserfall sehen. Mut zur Wahrheit ist heute leider selten geworden. Winston Churchill sagte einmal: Gelegentlich stolpern die Menschen über eine Wahrheit. Aber sie richten sich auf und gehen weiter, als sei nichts geschehen. Macht weiter so! Ihr seid auf dem richtigen Weg.[45]

Doch wie nicht anders zu erwarten, bescherte das Lied der Band auch einigen Ärger. Als ein geplanter Auftritt von *diebandbreite* beim Hamecke-Open-Air-Festival und beim Courage-Festival publik wurde, schaltete sich ein sogenannter Arbeitskreis Dialoge[46] mit einem Drohbrief gegen den Veranstalter ein. In dem Brief unterstellt der Arbeitskreis der Band Antiamerikanismus und verweist dabei auf einen vermeintlichen Zusammenhang zwischen rechtsradikalem Gedankengut und 9/11-Verschwörungstheorien.

---

42) *http://www.jungewelt.de/2007/09-11/033.php?sstr=sperre%7Cvon%7Coben* [30.11.2007]

43) *http://www.diebandbreite.de/500-000-klicks-fuer-unser-video-selbst-gemacht/* [24.05.2011]

44) siehe: Homepage der Band.

45) siehe: Homepage der Band.

46) Im Internet heißt es zu dem Arbeitskreis: »Der Arbeitskreis ›Dialoge‹ ist ein Zusammenschluss von Studierenden verschiedener Fachrichtungen, die eine gemeinsame Vorstellung teilen: Das Wissen über andere Länder, andere Kulturen oder andere Religionen ist die Voraussetzung für einen Erkenntnisprozess, der nicht nur wichtige weltpolitische Entwicklungen erklären kann, sondern auch hilft, im alltäglichen Leben auftauchende Fragen beantworten zu können. ... Wer mitreden will, muss zuerst zuhören! Die Mitglieder des Arbeitskreises bieten auf ihren jeweiligen Interessengebieten Vorträge und Seminare an, die sich vor allem an interessierte Erwachsene richten, aber auch auf Schülergruppen ab Klasse 11 zugeschnitten werden können. Gemeindegruppen können sich ebenso angesprochen fühlen wie Kulturvereine oder Seniorenkreise.« *http://myspace.com/ak_dialoge* [22.11.2007]

> Für die Äußerung antiamerikanischer und antisemitischer Ressentiments und Verschwörungstheorien ist in Deutschland nicht viel »Courage« nötig. Wir hoffen, dass die Gruppe »diebandbreite« nicht in Ihrem Kulturprojekt auftreten wird, und behalten uns andernfalls den Gang an die Öffentlichkeit vor, da nach den Inhalten von Kultur und Utopie im Verständnis Ihres Bildungsträgers zu fragen sein wird.[47]

Und so traf die Hip-Hopper erstmal der Antisemitismus-Hammer. *Die bandbreite* reagierte prompt: Wojna setzte sich zu Hause auf die Couch, ließ sich filmen und erteilte dem Arbeitskreis Dialoge einen zehnminütigen Crashkurs in Sachen Geschichtsschreibung und selbstständiger Denke.[48] Unterstützung erhielt die Band von Gerhard Wisnewski, der einen eigenen Beitrag auf seiner Internetseite zu dem Fall veröffentlichte.

> »Der größte Lump im ganzen Land, das ist und bleibt der Denunziant«, meinte schon der deutsche Dichter Hoffmann von Fallersleben.[49]

leitet Wisnewski seinen Artikel ein, um dann zu verdeutlichen, dass er den Brief des *Arbeitskreises Dialoge* als Denunziantentum begreift. Nach Wisnewskis Meinung bezichtigte der Arbeitskreis *diebandbreite* wider besseres Wissen, mit einer fragwürdigen politischen Sichtweise zu sympathisieren. Wisnewskis Worte sind deutlich:

> Das Schreiben des »AK Dialoge« an Kultopia Hagen ist nicht nur üble Nachrede und geschäftsschädigend, es ist auch Nötigung und insbesondere als »politische Verdächtigung« aus gutem Grund in Deutschland strafbar. Denn ihre Hochkonjunktur hatten Denunzianten in diesem Land zuletzt im Dritten Reich und in der DDR. Besonders viele Juden wurden Opfer von Denunziation.[50]

Letzten Endes sahen die Veranstalter die Vorwürfe des Arbeitskreises ebenfalls als aus der Luft gegriffen an und *diebandbreite* konnte bei dem Festival auftreten. In einem Artikel in der *Westfälischen Rundschau* zog Wojna eine Parallele zu der US-amerikanischen Frauenband *Dixie Chicks* in den USA, die man aufgrund ihrer kritischen Äußerungen gegenüber der Bush-Regie-

---

47) *http://www.diebandbreite.de/news/Diffamierung_DieBandbreite.pdf* [22.11.2007]

48) *http://video.google.de/videoplay?docid=2899048775025776958&q=wojna&total=1924&start=0&num=10&so=0&type=search&plindex=0* [22.11.2007]

49) *http://www.gerhard-wisnewski.de/modules.php?name=News&file=article&sid=420* [22.11.2007]

50) ebd.

rung aufforderte: »Shut up and sing« und sie einer Diffamierungskampagne aussetzte.

Wie auch schon andere 9/11-Skeptiker hielt auch die erste deutsche »9/11 Musikband« dem Angriff stand und auch heute singt *diebandbreite* noch: »Habt ihr dat vielleicht selbst gemacht? Den Terror selber in die Welt gebracht?«

2.7 Dylan Avery · Jason Bermas · Korey Rowe
Loose Change oder durch allmählichen Wandel zum Ziel?

Im April 2005 tauchte ein Film im Internet auf, der die Verbreitung der Thesen aus dem 9/11 Truth Movement geradezu mit einem Turbo beschleunigte. Sein Name: *Loose Change. Loose Change*, was sich mit »Kleingeld«, aber auch »allmählichem Wandel« übersetzen lässt, ist in gewisser Weise ein Film aus der Mitte des 9/11 Truth Movement, in dem sich auf filmische Weise der Komplex an Fragen, Thesen, Theorien, Fakten und Vermutungen der 9/11-Skeptiker verdichtet. Der Film, der millionenfach im Internet heruntergeladen wurde und somit zum ersten Internetblockbuster wurde, nahm seinen Anfang in der Idee eines 22-Jährigen. Dylan Avery, ein junge Mann aus Oneonta, New York, wollte anfangs einen Film machen, in dem auf fiktionale Weise eine mögliche Regierungsverschwörung bei den Anschlägen des 11. Septembers dargestellt werden sollte. Während seiner Internetrecherche für den Film stieß er immer wieder auf Thesen und Meinungen der 9/11-Skeptiker:

> Ich machte mich an die Recherche über den 11. September und stieß auf einen Artikel über das World Trade Center. Da hat jemand zwei Bilder gegenübergestellt: Eines von einer kontrollierten Sprengung und das andere vom Einsturz der World Trade Centers. Und ich dachte, Mann, da stimmt was nicht. Und dann findet man einen weiteren Artikel, der zu 10 anderen Artikel verlinkt, und ehe man sich versieht, ist man wach bis morgens um 6.[51]

Von seinen Entdeckungen inspiriert, veränderte Avery den Rahmen seines Filmprojekts. Der junge US-Amerikaner, der von einer Filmhochschule als Student abgelehnt wurde, nahm eine Dokumentation mit der Zielsetzung in Angriff, die – Averys Ansicht nach – in Widerspruch zur offiziellen Erklärung stehende Realität des 11. Septembers darzulegen. Es waren die Unmengen von Fragen und Antworten, die von den Skeptikern im Internet gestellt und

---

51) *http://www.vanityfair.com/ontheweb/features/2006/08/loosechange200608?currentPage=4* [07.09.2007]

zu beantworten versucht wurden, die Avery zum Leitfaden seiner Dokumentation machte. Nachdem er sein Vorhaben seinen beiden Freunden Korey Rowe und Jason Bermas mitgeteilt hatte, begeisterten sich die beiden für das Projekt und boten Avery ihre Unterstützung an. Ausgestattet mit einem Laptop und entsprechender Software hoben die drei *Loose Change* aus der Taufe. Die erste Version des Films ist 30 Minuten lang. Nach kurzer Zeit legten die Filmemacher eine zweite Version nach, in der offensichtliche Schwachstellen nachgebessert wurden. Das Ergebnis waren nun gut 90 Minuten »Propaganda« (laut *Welt-Online*[52]) oder sachlicher formuliert: 90 Minuten Zweifel. Mit eindringlicher Stimme und Kommentierung setzt der Film auf die Kraft der Originalaufnahmen der großen Medien, die unmittelbar nach den Terroranschlägen gesendet wurden und an denen man, laut den Machern, einen anderen Tathergang als den offiziell verkündeten ablesen kann. In einem dieser Ausschnitte steht beispielsweise ein US-Reporter, der gerade live für einen Fernsehsender berichtete, vor dem WTC, als plötzlich einer der Türme zusammenzustürzen beginnt. Der Reporter ruft laut »Explosion!, Explosion!« und rennt um sein Leben. Nachdem der Film in aller Munde war (Google-Film Deutschland zeigt über fünf Millionen Downloads des Films an; Avery geht davon aus, dass weltweit bisher über 100 Millionen Menschen seinen Film gesehen haben)[53] ließen Lob und Tadel nicht lange auf sich warten – und das in hoch dosierter Form. Während Teile der Wahrheitsbewegung *Loose Change* als das Nonplusultra in ihrem Öffentlichkeitskampf betrachteten, äußerten andere aus ihren Reihen auch Kritik an dem Film, wie beispielsweise Mathias Bröckers:

> Gerade deshalb ist es aber auch wichtig, die entscheidenden Mängel dieses Streifens immer wieder zu benennen: »Loose Change« zäumt das Pferd von der falschen Seite auf, denn die Hauptargumente des Films sind zwei rote Heringe: die Sprengung des WTC und das zu kleine Loch in der Pentagon-Mauer.[54]

Der heftigste Tadel kam aber, wie zu vermuten war, aus dem Lager der etablierten Medien und Journalisten. Für sie war *Loose Change* nichts anderes als großer Unfug. Ihren Unmut brachten die Journalisten des Mainstreams deutlich zum Ausdruck:

---

52) *http://www.welt.de/print-welt/article232356/Ein_erstaunliches_Stueck_Propaganda.html* [10.09.2007]

53) *http://film.guardian.co.uk/features/featurepages/0,,1998430,00.html* [10.09.2007]

54) *http://www.zweitausendeins.de/writersblog/broeckers/index.cfm?mode=entry&entry=69E67BB7-65BF-D72D-E4F758030CEBFCCB* [10.09.2007]

> Ganze Passagen darin sind reines Märchen. Die Autoren erfinden die Form des Einschlaglochs im Pentagon einfach neu, verwechseln mehr Flugzeugtypen als sie richtig zuordnen und begeben sich auf bizarre Recherchen über angeblich gefundene Turbinenteile, die dann naturgemäß ein Rätsel bleiben.[55]

Das US-amerikanische Magazin *Popular Mechanics*, das sich allgemeinverständlich mit Technik und Wissenschaft auseinandersetzt, hat ein Buch herausgebracht, in dem die Redaktion des Magazins die aufgestellten Behauptungen des Films zu widerlegen versucht. In dem Radio- und Fernsehformat *Democrazy Now*[56] traten zwei der Macher von *Loose Change* zusammen mit den Verantwortlichen für das Buch (James Meigs und David Dunbar) auf, um in einer von gegenseitigen Vorwürfen geprägten Diskussion ihre jeweiligen Standpunkte zu vertreten. Auch innerhalb der Internet Community machte sich Widerstand gegen *Loose Change* breit. In einem gut dreistündigen Film wird der Versuch unternommen, die Thesen, die in *Loose Change* geäußert werden, zu dekonstruieren.[57] Interessanterweise lässt sich aber gerade an *Loose Change* aufzeigen, dass die Unterscheidung zwischen den Skeptikern auf der einen Seite und den großen Medien auf der anderen Seite, die ausschließlich die Thesen der Skeptiker attackieren, zu diesem Zeitpunkt nicht mehr so deutlich war wie noch einige Jahre zuvor. Ähnlich wie bei den Zweiflern, die *Loose Change* loben und kritisieren, verhält es sich auch in den Mainstreammedien. Wenn die Kritik auch überwiegt, so tauchen doch mittlerweile Berichterstattungen und Kommentierungen auf, die die Dokumentation eher mit Wohlwollen journalistisch aufarbeiten. In einer größeren Story widmet sich beispielsweise die US-amerikanische Ausgabe des Magazins *Vanity Fair* (»Loose Change ist eine Untersuchung der offiziellen Story, wie sie die 9/11-Kommission vorlegte«[58]) dem Doku-Film. Und Andreas Förster von der *Berliner Zeitung* schreibt:

> Der Film, an dem der 22-jährige Regisseur Dylan Avery drei Jahre lang mit zwei Freunden gearbeitet hat, setzt die längst zum Begriff gewordenen »unanswered questions« (unbeantwortete Fragen) der 9/11-Skeptiker mit Originalbildern, Interviews und Musiksequenzen perfekt in Szene.[59]

---

55) Debunking the 9/11 Myths *http://www.faz.net/s/RubFC06D389EE76479E9E76425072B196C3/Doc~E8ED2AC41E7784FF3A5A667ACD462FC2F~ATpl~Ecommon~Scontent.html* [10.09.2007]

56) *http://www.democracynow.org/article.pl?sid=06/09/11/1345203* [10.09.2007]

57) *http://video.google.de/videoplay?docid=-3214024953129565561&q=screw+loose+change* [10.09.2007]

58) *http://www.vanityfair.com/ontheweb/features/2006/08/loosechange200608* [10.09.2007]

In den USA waren die drei politischen Aktivisten in Sachen 9/11 bereits in mehreren Radio- und Fernsehsendungen zu Gast. Ein Filmteam der BBC,[60] das eine Dokumentation über die Verschwörungstheorien zum 11. September machte, besuchte die drei in ihrer Produktionswerkstatt. Ihr kleiner Film, der mit einem Zweifel begann, lief bereits im Fernsehen (u.a. in Italien, Belgien, Holland) und machte die drei US-Amerikaner mit zu den gefragtesten Vertretern der Wahrheitsbewegung. Ihren politischen Einsatz dokumentierten sie nicht nur auf einer College-Tour durch verschiedene Bundesstaaten, sondern auch durch ihre Teilnahme an Kongressen der Zweifler und eine Demonstration zur Aufklärung der Verbrechen zum fünften Jahrestag der Anschläge in New York, zu der gut 2000 Gleichgesinnte zusammenkamen. Zwischenzeitlich sah es so aus, dass *Loose Change* auch die Kinos erobern sollte. Für September 2007 war der Start von *Loose Change Final Cut* in den US-amerikanischen Kinos geplant. Der Besitzer der Dallas Mavericks, Mark Cuban (Milliardär), sollte den Film mit seiner Filmgesellschaft *Magnolia Pictures* vertreiben, der US-Schauspieler Charlie Sheen, der sich als bekennender 9/11-Wahrheitskämpfer geoutet hat, war als Sprecher vorgesehen. Im November 2007 erschien jedoch *Loose Change Final Cut* wieder nur als Internet-Doku mit der kommentierenden Stimme Dylan Averys.

Wie sich die Geschichte von *Loose Change* weiter gestalten wird, ist nicht abzusehen. Jedenfalls hat Dylan Avery den Ratschlag umgesetzt, den ihm der Schauspieler James Gandolfini (aus der TV-Serie *Die Sopranos*) bei der Einweihung eines Restaurants in Averys Heimatstadt gegeben hatte, zu der der TV-Star kam: Er sagte ihm, wenn er einmal ein erfolgreicher Filmemacher werden wolle, müsse er der ganzen Welt etwas zu sagen haben, müsse er eine Botschaft haben. Und die hat *Loose Change* zweifelsfrei.

2.8 Gerhard Wisnewski
Ein etablierter Journalist und eine unerwünschte Meinung

Die Dokumentation *Aktenzeichen 11.9. ungelöst*, die am 20.06.2003 inmitten des medialen Tauziehens um die legitime Wirklichkeitsdeutung des 11. Septembers im WDR ausgestrahlt wurde, war sowohl für die Wahrheitsbewegung des 11. Septembers als auch für deren Gegner aus dem Lager der Mainstreammedien von Bedeutung. Der freie Journalist Gerhard Wisnewski

---

59) *http://www.berlinonline.de/berliner-zeitung/archiv/.bin/dump.fcgi/2006/0801/politik/0045/index.html* [10.9.2007]

60) Die Aufnahmen waren für eine BBC-Reihe zum Thema Verschwörungstheorien gemacht worden (*The Conspiracy File*)

hatte zusammen mit seinem Kollegen Willy Brunner im Auftrag des WDR eine Dokumentation zu den Terroranschlägen in den USA gedreht. Das Ergebnis war eine Produktion, in der die verschwörungstheoretische Perspektive im Zentrum der Berichterstattung stand. Wisnewski und Brunner griffen die vielen Fragen auf, die seit dem 11. September die Skeptiker beschäftigten: Was geschah wirklich in Shanksville? Stürzte dort tatsächlich United-Airline-Flug Nr. 93 ab? Wurde die Maschine abgeschossen oder hat man dort gar nur eine Bombe abgeworfen, um einen Flugzeugcrash vorzutäuschen? Wie konnte die Luftabwehr an diesem Morgen versagen? Warum konnten die Geheimdienste der USA nicht die Anschläge verhindern, wo sie doch unmittelbar danach schon genau wussten, wer dafür verantwortlich war? Was geschah am Pentagon wirklich?

Aktenzeichen 11.9. ungelöst war die erste und bis zum September 2007 einzige Dokumentation im deutschen Fernsehen, die sich auf die Argumente der 9/11-Zweifler einließ. Die Reaktion war wie erwartet: Bejubelt von den Skeptikern, als Unsinn von den Gegnern der verschwörungstheoretischen Perspektive verspottet, polarisierte das Thema einer alternativen Aufklärung der Terroranschläge einmal mehr. Als im September 2003 dann der *Spiegel* in seiner Titelgeschichte über die 9/11-Skeptiker darauf verwies, dass Wisnewski und Brunner angeblich durch eine selektive Auswahl von Zitaten den Inhalt verfälscht hätten, gerieten die Autoren unter Druck.[61]

Am 10. September 2003 strahlte der WDR am Abend eine Sendung mit dem Titel *Täuschung oder Wahrheit?* aus, die von WDR-Redakteur Helmut Rehmsen moderiert wurde. In der Diskussionsrunde standen Gerhard Wisnewski diverse Experten, darunter auch Hans Leyendecker, einer der lautesten Kritiker der 9/11-Zweifler, gegenüber. Anhand der Konstellation (alle gegen Wisnewski), anhand der nicht gerade wohlwollenden Moderation Rehmsens gegenüber Wisnewski und anhand der Auswahl der zur Veranschaulichung dienenden eingespielten Filmbeiträge wurde deutlich, dass Wisnewski vor

61) In der Dokumentation von Wisnewski und Brunner wird ein Interview mit dem ehemaligen Bürgermeister von Shanksville, Earnie Stull, gezeigt. Nach Ansicht des *Spiegels* zitieren die Autoren Stull dahingehend, dass er gesagt habe, an der Absturzstelle in Shanksville sei gar kein Flugzeug zu sehen gewesen, als er dort ankam. Damit soll er aber nicht gemeint haben, dass da auch kein Flugzeug war, sondern nur, dass sich das Flugzeug beim Crash quasi »aufgelöst« bzw. zerlegt habe. Wisnewski habe diese Sicht verfälscht, indem er diese ergänzende Aussage nicht mit in die Dokumentation eingebracht habe. Stattdessen sollte, so heißt es, der Eindruck erweckt werden, als meine der Bürgermeister tatsächlich, dass es an der vermeintlichen Absturzstelle kein Flugzeug gegeben habe. Wisnewski weist die Anschuldigungen zurück und verweist darauf, dass Stulls O-Töne voll im ausgestrahlten Film vorhanden waren, einschließlich Stulls Bemerkungen über das vollkommen zerstörte Flugzeug.

einer Art »Medien-Gericht« stand, vor dem ihm der »Prozess« gemacht werden sollte. In der gut 60-minütigen Diskussion nahm der freie Journalist zwar durchaus den Kampf gegen die Vorwürfe der anderen auf, doch kurze Zeit später wurde deutlich, dass die Kritik an Wisnewskis und Brunners Beitrag über eine mediale Schelte hinausging. In einer kurz darauf folgenden Ausgabe des *Spiegels* findet sich die Meldung:

> [...] in Nr. 37/2003 »Verschwörung 11. September – Wie Konspirationsfanatiker die Wirklichkeit auf den Kopf stellen« berichteten wir über Verschwörungstheorien zu den Anschlägen des 11. September. Dabei ging es auch um die fragwürdigen Methoden des WDR-Autors Gerhard Wisnewski. Verschwörungstheoretiker Wisnewski und sein Co-Autor Willy Brunner hatten für den Westdeutschen Rundfunk eine entsprechende Dokumentation gedreht (»Aktenzeichen 11. 9. ungelöst«). Die Autoren Gerhard Wisnewski und Willy Brunner dürfen nicht mehr für den Sender arbeiten. Das wurde vergangene Woche in der Sitzung des Rundfunkrats bekannt. Der WDR fühlt sich von ihnen »getäuscht«. Intendant Fritz Pleitgen distanzierte sich nach Beschwerden von Rundfunkräten von dem Beitrag; der sei kein Ruhmesblatt.[62]

Mit anderen Worten: Auf *Aktenzeichen 11.9. ungelöst* folgte »Aktenzeichen Kündigung«. In einer Pressemitteilung des WDR, die an das Internetmagazin *Telepolis* auf Anfrage versendet wurde, heißt es:

> Die Autoren W. und B. waren vom WDR mit einem Film über die Szene der Verschwörungstheoretiker in den USA zum 9. September [sic] beauftragt worden. Die dort kursierenden Thesen sollten dargestellt, wenn möglich auch bewertet werden. Leider haben die Autoren diesen Auftrag nicht erfüllt; sie haben sogar am eigentlichen Ziel vorbei gearbeitet. Eine interne Prüfung ergab schnell die Mängel des Films. Die Autoren haben es mit der journalistischen Sorgfaltspflicht nicht allzu genau genommen. Aussagen von Zeugen wurden entstellt wiedergegeben, Zeugen, die der Argumentation des Films widersprochen hätten, erst gar nicht befragt. Dem WDR wurden von den Autoren wichtige Hintergrundinformationen vorenthalten. Der WDR hat schnell reagiert und die Thesen des misslungenen Films zur Diskussion gestellt. Herr W. hat aber auch in dieser Sendung nicht überzeugen können. Stattdessen wurden seine abenteuerlichen Thesen durch Fakten widerlegt, vorgetragen von anerkannten Wissenschaftlern und Experten.[63]

---

62) *Der Spiegel:* Nr. 37, 2003
63) *http://www.heise.de/tp/r4/artikel/15/15909/1.html* [07.04.2007]

In dem *Telepolis*-Artikel heißt es weiter, Wisnewski und Brunner hätten von der Kündigung erst durch den *Spiegel* erfahren. In einem offenen Brief vom 25.09.2003 an die *Spiegel*-Redaktion widersprachen Wisnewski und Brunner den Anschuldigungen, die der *Spiegel* erhob. Nach einer längeren Ausführung über Auffälligkeiten, die die beiden Autoren in Bezug auf den Absturz des United-Airlines-Flugs Nr. 93 ausfindig gemacht zu haben glauben, werfen sie ihrerseits dem *Spiegel* mangelnde Recherchefähigkeit vor. Sie kommen zu dem Schluss:

> Bis dahin haben wir uns im Hinblick auf den Film »Aktenzeichen 11.9. ungelöst« und das Buch »Operation 9/11« nichts vorzuwerfen, schon gar nicht aufgrund schlecht recherchierter und einseitiger Polemiken wie der von Ihnen veröffentlichten.[64]

Auf seiner Internetseite hat Gerhard Wisnewski seitdem etliche Stellungsnahmen zu der Entwicklung des 9/11 Truth Movement abgegeben und den Wahrheitskampf fortgeführt, was er auch in der Veröffentlichung weiterer Bücher dokumentiert hat. Noch immer wird seine journalistische Arbeit von dem Verdacht angetrieben, dass bestimmte gesellschaftspolitische Vorfälle und Ereignisse in Wirklichkeit anders stattgefunden haben, als es die großen Medien verbreiten. Im November 2010 gelang es Wisnewski, den 10. Senat des Oberverwaltungsgerichts Berlin-Brandenburg dazu zu bewegen, ihm bei seiner Klage gegen die Berliner Staatsanwaltschaft Recht zu geben. Wisnewski vermutet im Tod der Jugendrichterin Kirsten Heisig mehr als Selbstmord. Die Staatsanwaltschaft wollte Wisnewskis Fragen nicht beantworten, blockte alle Anfragen ab. Am 11. November 2010 erging dann ein entsprechender Beschluss, wonach der Senat klarstellte, dass die Presse ein Auskunftsrecht in dem Fall habe.[65] Für Juli 2011 kündigte er an, eine aktualisierte Version seines Buches *Operation 9/11: Der Wahrheit* auf der Spur zu veröffentlichen.

64) *http://www.wahrheit.ch/dateien/100803-Symposium-Wisnewski-Spiegel-Text.pdf* [07.05.2007]

65) *http://www.berlin.de/sen/justiz/gerichte/ovg/presse/archiv/20101115.1645.318955.html* [17.11.2010] und *http://www.heise.de/tp/blogs/8/148759* [17.11.2010]

2.9 Jersey Girls
Vier gewöhnliche Frauen in einem ungewöhnlichen Kampf

Es war ihr Engagement, das mit zur Einsetzung einer Untersuchungskommission im Falle 9/11 führte. Sie trugen maßgeblich dazu bei, dass Henry Kissinger als Vorsitzender der Untersuchungskommission abgesetzt wurde. Aufgrund ihres Einsatzes wurde die Sicherheitsberaterin der USA, Condoleezza Rice, doch noch von der Untersuchungskommission vernommen. Die Rede ist von den »Jersey-Girls«, vier Frauen, die alle in New Jersey wohnen, vier Frauen, denen der 11. September ein gemeinsames Schicksal bereitete: Alle vier haben ihre Männer bei den Terroranschlägen auf das World Trade Center verloren. Angetrieben von dem schweren Verlust, hatten Kristen Breitweiser, Patty Cassaza, Lorie Van Auken und Mindy Kleinberg Fragen, die sie beantwortet haben wollten.[66] Ihre zentrale Frage lautete: Warum mussten unsere Männer sterben? Von dieser Frage ausgehend war der Weg auf die politische Ebene nicht weit. Sie wollten von den verantwortlichen politischen Funktionsträgern ihres Landes wissen, wie es zu den Anschlägen kommen konnte, warum die Regierung nicht in der Lage war, ihre Landsleute zu beschützen. Diese Fragen konnte ihrer Meinung nach nur eine offizielle Untersuchungskommission beantworten. Doch in den Wochen und Monaten nach 9/11 war die US-Regierung mehr mit Krieg und Kriegsvorbereitungen beschäftigt, als sich um eine rechtsstaatliche Aufklärung der Verbrechen zu kümmern. Mitansehen zu müssen, wie die eigenen Männer starben und die eigene Regierung kein Interesse bekundete, ausreichend für Aufklärung zu sorgen, machte aus den vier Frauen, die bis zu jenem Morgen nicht viel mit Politik zu tun hatten, engagierte politische Aktivistinnen. Als Henry Kissinger, der zum Vorsitzenden der Kommission bestellt wurde, die Jersey-Girls in sein Büro lud, bewiesen diese, dass sie ihre »Hausaufgaben« gut gemacht hatten. Im Vorfeld fanden sie heraus, dass Kissinger, der auch als Anwalt tätig ist, offensichtlich Klienten aus Saudi-Arabien hatte. Während sie in seinem Büro saßen, fragte Kirsten Breitweiser Kissinger, ob er berufliche Kontakte zu Saudis unterhalte. Daraufhin murmelte Kissinger etwas und fragte seine Sekretärin nach einem Kaffee. Breitweiser hakte nach: »Kann es sein, dass sie Klienten mit dem Namen Bin Laden haben«?[67] Daraufhin sei Kissinger fast

---

66) Zusammen mit den anderen Mitgliedern des Family Steering Committee. Siehe: *http://en.wikipedia.org/wiki/9/11_Family_Steering_Committee* [20.11.2009]

67) Das Zitat und die meisten der in diesem Kapitel angeführten Schilderungen stammen aus einem Doku-Film über die Jersey Girls, der im Internet zu finden ist: *http://video.google.de/videoplay?docid=5589099104255077250&q=press+for+truth&total=973&start=0&num=10&so=0&type=search&plindex=4* [20.11.2009]

von der Couch gefallen. Einen Tag später trat er als Vorsitzender der Kommission zurück. Thomas Kean, ein Politiker aus New Jersey, übernahm dann den Vorsitz. Auch gegen die Einsetzung von Philip D. Zelikow als Direktor der Kommission hatten die Jersey-Girls Einwände. Zelikow steht in enger Verbindung zur Bush-Regierung, hatte mit Condoleezza Rice zusammen einige Jahre zuvor ein Buch geschrieben, woraus die Frauen einen massiven Interessenkonflikt und Befangenheit ableiteten. Allerdings gelang es ihnen diesmal nicht, sich durchzusetzen. Der neue Vorsitzende der Kommission betonte die fachliche Qualifizierung von Zelikow und behielt den mit staatlichen Sicherheitsfragen vertrauten Zelikow an Bord. Nichtsdestotrotz verbuchten die Jersey-Girls die Einsetzung einer Untersuchungskommission als Erfolg. Sie recherchierten Tag und Nacht, um den Kommissionsmitgliedern einen ganzen Katalog an zentralen Fragen zu den Terroranschlägen des 11. Septembers zukommen zu lassen. Doch die Politik des Mauerns und des Steine-in-den-Weg-Legens, die die US-Regierung bereits durch ihr zögerliches Verhalten bei der Einsetzung einer Untersuchungskommission demonstrierte, riss nicht ab. Drei Millionen US-Dollar stellte die Regierung anfangs für die Arbeit der Kommission bereit. Zum Vergleich: Zur Untersuchung der Spermaflecken eines gewissen William Jefferson »Bill« Clinton auf dem Kleid von Monica Lewinsky wurden rund 100 Millionen US-Dollar flüssig gemacht. Nachdem auch dieser Umstand durch die Kritik der Jersey-Girls und anderer Zweifler in der Öffentlichkeit Aufmerksamkeit erregte, stockten die Verantwortlichen das Budget auf 40 Millionen US-Dollar auf. Doch das Tauziehen um Aufklärung ging weiter. Den Mitgliedern der Kommission wurde die Einsicht in wichtige Dokumente verwehrt. Wichtige Zeugen wie der Präsident, der Vizepräsident, der Verteidigungsminister und die Sicherheitsberaterin der USA sollten nicht verhört werden. Zudem wurde der Zeitrahmen möglichst eng gehalten. Als wiederum nach massivem Druck der Jersey-Girls und anderer Angehörigen der Opfer diese Missstände moniert wurden, gab die Regierung ein Stück nach: Nun konnte Einblick in wichtige Unterlagen genommen werden – aber nur von zwei Mitgliedern der Kommission (Philip D. Zelikow und Jamie Gorlik). Nun konnten auch George Bush, Dick Cheney, Donald Rumsfeld und Condoleezza Rice vernommen werden – Bush und Cheney allerdings nur gemeinsam und zudem nur hinter verschlossenen Türen und nicht öffentlich, wie von der Kommission gewünscht. Als Condoleezza Rice vor der Kommission aussagte, wich die Sicherheitsberaterin wichtigen Fragen aus, die Kommissionsmitglieder hakten nur selten richtig nach. Mit Entsetzen verfolgten die Jersey Girls die Entwicklung, die die Untersuchung nahm. Als die Arbeit der Untersuchungskommission zu einem Ende kam und in der Presse als Erfolg gefeiert wurde, brach für die vier Frauen erneut eine Welt zusammen. Der Verlust ihrer Ehemänner, der jahrelange Kampf um die Wahrheit und schließlich die Erkenntnis, dass die Kommission gut zwei Drittel ihrer Fragen unbeantwortet ließ, hatten sie tief erschüttert. In der Dokumentation *Press for Truth*, die im September 2006 in den US-amerikanischen Kinos Premiere hatte, wird der Weg der vier Frauen nachgezeichnet (siehe Fußnote 70). Der deutschen Medienöffentlichkeit blieb der Kampf der vier aus New Jersey weitestgehend verborgen. Warum?

2.10 Mark Dice
Mit *Loose-Change*-DVDs den Hörsaal gestürmt

Der Aktivist Mark Dice zeigt bei seiner Aufklärungsarbeit auf den Straßen von Kalifornien eher Humor, was aber seine Überzeugung an der Sache nicht zu schmälern scheint. Der US-Amerikaner ist ein gutes Beispiel dafür, wie ein »Ein-Mann-Widerstand« mithilfe des Internets publik gemacht werden kann.[68] Dice, der sich bis 2007 John O'Connor nannte, hat sich durch ein Buch mit dem Titel *The Resistance Manifesto* einen gewissen Bekanntheitsgrad in der Internetgemeinde der »Verschwörungstheoretiker« verschafft. Konkret geht der bekennende Christ in seinem Buch von einer satanischen Weltverschwörung aus, die sich u.a. durch die Zugehörigkeit der Herrschenden zu bestimmten elitären und von satanischen Riten geprägten Elitezirkeln erkennen lasse.[69] Bekannt wurde der Kalifornier im Internet aber vor allem durch seine kurzen Videos, die ihn bei seinem politischen Widerstand in Aktion zeigen. Der Inhalt seines bekanntesten Videos, in dem er den Schauspieler Danny Bonaduce, der zufällig bei einem Mittagessen in einem Restaurant sitzt, anspricht, hat es bis zu den Sendern *FOX News* und *CNN* gebracht. Das Video zeigt Dice, wie er Bonaduce mit der These einer Regierungsbeteiligung an den Terroranschlägen vom 11. September konfrontiert, worauf dieser verbal ausrastet.[70] Gelobt wurde er im Internet auch für seinen Ausflug nach Beverly Hills. Dort sprach er die »Reichen und Schönen« an und fragte, ob sie bereit seien, einen Aufkleber mit der Botschaft »9/11 was an Inside Job« an ihren Autos anzubringen. In einer anderen Szene trifft der Aktivist auf einen Rollstuhlfahrer, den er fragt, ob er denn hier in Beverly Hills, wo die ganzen Reichen wohnten, viel Geld bekomme, worauf dieser antwortet: »Wenn ich viel Geld von denen bekommen hätte, müsste ich nicht hier sein.«[71] Diese Aussage nimmt Dice zum Anlass, um mit einem Mega-

---

68) *http://markdice.com/* [30.11.2010]

69) *http://www.heise.de/tp/r4/artikel/19/19466/1.html* [30.08.2007]

70) *http://www.youtube.com/watch?v=bnliRXAIyIo* [04.08.2007]

phon gemeinsam mit dem Rollstuhlfahrer durch die Straßen von Beverly Hills zu ziehen und um eine Spende der Reichen für einen Armen zu bitten. In der 9/11-Bewegung hat sich Mark Dice aber vor allem durch seine »College-Tour« einen Namen gemacht. Mit einer Kiste voller *Loose-Change*-DVDs platzte Dice mitten in diverse Lehrveranstaltungen und verteilte die DVDs, wobei er während der Verteilung in einem »Kurzreferat« über den 11. September aufklärte.[72] Während die meisten Professoren und Studenten in den Seminarräumen eher Hohn und Spott für die Aktionen ausdrückten (eine Lehrkraft gestand immerhin ein, dass sie auch an die Theorien der Skeptiker glaube und gewährte Dice einen gut siebenminütigen Auftritt im Seminar)[73], versammelten sich die Studenten auf dem Campus schnell um den Aktivisten, um die kostenlosen DVDs in Empfang zu nehmen.

2.11 Mathias Bröckers
Von der Wahrheitsbewegung geachtet, von den großen Medien verachtet

Die Thesen über den 11. September, mit denen Mathias Bröckers an die deutsche Öffentlichkeit trat, glichen einem Wirklichkeitsbeben. Bröckers war einer der ersten in Deutschland, der seinen Unmut über die Berichterstattung der Medien zu den Terroranschlägen öffentlich zum Ausdruck brachte. In einer Kolumne mit dem Namen *The WTC Conspiracy* in dem Online-Magazin *Telepolis* des Heise-Verlags äußerte sich der ehemalige Leiter der Kulturredaktion der *taz* am 13. September 2001 zum ersten Mal kritisch zu 9/11. Könnte es nicht sein, dass die USA selbst die vermeintlichen Schurken für ihre Zwecke instrumentalisiert haben, um bestimmte geostrategische Ziele durchzusetzen?, lautete die Kernfrage, über die Bröckers nach den Terroranschlägen laut nachdachte.

> Hatten sie [die USA, MBK] nicht schon Hitler erst mit Geld von Standard-Oil und DuPont gepusht, und dann abserviert und Europa neu geordnet? Wurde nicht ausgerechnet der Großvater des amtierenden Präsidenten, der Großbanker Prescott Bush, noch 1942 wegen Geschäften mit Hitlerdeutschland angeklagt und verurteilt? Lief es im Golfkrieg gegen Saddam, dem »Wiedergänger Hitlers«, nicht nach demselben Muster ab, wobei er erst gegen Iran aufgebaut, dann zwangsweise abgerüstet und als geopolitische Schachfigur weiter installiert blieb, um den Einfluss des »Mobs« auf den

---

71) *http://www.youtube.com/watch?v=e5PkWx9D4Ds* [04.08.2007]
72) *http://www.youtube.com/watch?v=cg3T4ZOruzU&mode=related&search=* [04.08.2007]
73) *http://www.youtube.com/watch?v=XwUN9XOXkgE* [04.08.2007]

> Nahen Osten (und den Ölpreis) - von Papa Bush »Neue Weltordnung« genannt - zu garantieren?[74]

Bröckers wagte es, mit diesen Aussagen in eine Richtung zu denken, die von der Medienwelt als eine Art Tabu betrachtet werden. Gedanken wie diese, die – weitergedacht – zwangsläufig in »verschwörungstheoretische Hoheitsgewässer« führen, kamen zur Zeit der ausgerufenen bedingungslosen Solidarität mit den Vereinigten Staaten geradezu einem Frevel gleich. Für die Leser von Bröckers' Artikeln war das jedoch kein Grund, sich nicht mit seinen Äußerungen auseinanderzusetzen. Die Kommentare der Leser bieten einen interessanten Einblick bezüglich des sich zu jenem Zeitpunkt schon abzeichnenden Meinungskampfs in Sachen 9/11. Während zunächst die Mehrzahl der Reaktionen auf Bröckers' ersten Artikel durch einen spöttischen oder ironischen Ton geprägt war (»Wie wärs mit einem separaten Telepolis-Paranoia Room?« »Solche Artikel bitte demnächst besser als Fiktion kennzeichnen!«), ruft ein Leser, der sich »basilisk« nennt, bereits konkret zum Aufbau einer Gegenöffentlichkeit auf, um die Desinformationen, wie sie aus Kriegen bekannt sind, früh genug abzufangen:

> Ok, Fakt ist, die Welt steht kurz vor einem Krieg und wenn dieser erst begonnen hat, wird es jeden Tag Falschmeldungen geben. Wir haben die Informationsgesellschaft gewollt, nun müssen wir, die User, diese pflegen. Die Nachrichtensender werden propagandistisch beeinflusst werden, keine Frage, deshalb ist das WWW wichtiger als je zuvor. [...] Wichtig ist, dass die Menschen dieser Welt objektiv informiert werden, überall. Wenn wir uns nicht von CNN, BILD usw. beeinflussen lassen, können wir was ändern. Wir suchen Gleichgesinnte, Gleichdenkende, die mit uns in Kontakt treten und eine Aktion starten [...] Wir können eine Website erstellen, die aktuelle Informationen objektiv darstellt [...] Das ganze dezentral verteilt auf diesem Planeten, als Wahrheit für Alle ... Meldet Euch ...[75]

Die diversen Kommentare im *Telepolis*-Forum zeigen zweierlei: Zum einen, wie unterschiedlich die Meinungen doch sind, zum anderen aber auch, dass Diskussionsbedarf besteht.

Trotz der schon frühzeitig vorhandenen Kritik an Bröckers' Thesen ließ der Journalist nicht locker und verfasste insgesamt 60 Artikel für seine WTC-Reihe. In der Artikelreihe, die sich zeitlich bis zum Ende des Jahres 2002 erstreckt, kontrastiert Bröckers die aktuellen Entwicklungen im Kriminalfall

---

74) *http://www.heise.de/tp/r4/artikel/9/9528/1.html* [29.09.2009]

75) *http://www.heise.de/tp/foren/S-Free-Information-For-ll/forum-20460/msg-988644/read/* [29.09.2009]

9/11 immer wieder mit seinen Recherchen und interpretiert dabei die mediale Darstellung der Ereignisse ein ums andere Mal auf seine eigene Art. Mit jedem Artikel scheint seine Skepsis an den Terroranschlägen weiter zu steigen. Der *Telepolis*-Autor greift Ansatzpunkte auf, die man auch gegen die regierungsamtliche Darstellung der Anschläge lesen kann. Mit Überschriften wie »Uncle Sam's Junk: Heroin, Taliban, Pakistan«, »Banken, Börsen, Berlusconi«, »Pack schlägt sich, Pack verträgt sich«, »Die Bush-bin-Laden-Connection« und »Bürorechner überleben WTC-Crash, Flugschreiber nicht!« hat Bröckers ein subversives Stück journalistisch-politischer Internet-Geschichte verfasst. Seine Aufmerksamkeit konzentriert sich auf die vermeintlichen Spuren, die die Terroristen hinterlassen haben, auf die Rolle der CIA sowie auf die Terroranschläge im Kontext von »Peak Oil«. Ähnlich wie Andreas von Bülow (siehe Kapitel: *Ehemaliger Minister glaubt nicht an die offizielle Version*) stellt Bröckers grundlegende Fragen:

> Warum hinterlassen solche Superterroristen arabische Flugunterlagen in Mietautos? Warum buchen sie Flüge unter ihren wirklichen Namen? Warum bleiben Taschen am Flughafen hängen, die Abschiedsbriefe enthalten? Wer sollte diese Briefe lesen, wenn die Tasche mit in die Maschine gekommen wäre? Wenn es echte Abschiedsbriefe an Angehörige waren, warum wurden sie nicht einfach vor dem Abflug in den Briefkasten geworfen? Warum gibt es keine Bekennerbrief? [...] Warum gibt es, wie sonst bei jedem großen terroristischen Anschlag, keinerlei politische Forderungen, kein Statement, rein gar nichts?[76]

Aus diesen und anderen Fragen, die die großen Medien im Sinne Washingtons beantwortet haben, leitet Bröckers eine große Verschwörung ab. Da Bröckers bereits zum Zeitpunkt der Anschläge an einem Buch zum Thema Verschwörungstheorien arbeitete, war es für ihn klar, die sich anbahnenden Verschwörungstheorien um den 11. September mit in sein Buch aufzunehmen. Er wurde, wie er schreibt, quasi live zum Augenzeugen einer echten Verschwörung (bzw. Verschwörungstheorie). 2002 publizierte Bröckers sein Buch unter dem Titel *Verschwörungen, Verschwörungstheorien und die Geheimnisse des 11.9.* im Verlag *zweitausendeins*. Darin greift er das Phänomen Verschwörungstheorien aus einer eher historischen Perspektive auf und kommt zu dem Schluss, dass Verschwörungen ein wesentlicher Bestandteil von Gesellschaften sind. Den negativen Konnotationen, mit denen das Wort

76) Bröckers, Mathias: Verschwörungen, Verschwörungstheorien und die Geheimnisse des 11.9., Verlag 2001, Frankfurt am Main, 2002, S. 88

Verschwörungstheorien in unserer Sprache verbunden ist, tritt Bröckers direkt im ersten Satz seines Buchs entgegen:

> Dies ist ein Buch über Verschwörungen. Wenn Sie das für etwas Schlimmes halten, kann ich Sie beruhigen: Verschwörungen sind das Selbstverständlichste der Welt. Ihr schlechter Ruf sowie die Tatsache, dass die meisten Staaten Gesetze gegen Verschwörungen erlassen haben, hat nichts mit ihnen selbst, sondern mit ihrem Missbrauch zu kriminellen Zwecken zu tun.[77]

Im zweiten Teil des Buchs veröffentlichte er seine WTC-Artikel, die er für *Telepolis* schrieb, noch einmal, z.T. in überarbeiteter Form. So traf auf die (bisweilen unvorbereiteten) deutschen Buchleser ein Mix aus Thesen, Meinungen, Vermutungen und Fakten, die im medialen Mainstream nicht zu finden waren. Sein Motto: »Zweimal täglich googeln«, gab Bröckers seinen Leser als Emanzipierungsmaßnahme für die von den großen Medien geprägten Wirklichkeitsauslegungen mit auf den Weg.

Bröckers' erstes Buch über Verschwörungen und die den 11. September umgebenden Merkwürdigkeiten wurde zu einem Verkaufserfolg und erfuhr mehrere Auflagen; das Werk wurde dann auch in andere Sprachen übersetzt. 2003 legte Bröckers nach und verfasste ein zweites Buch mit dem Titel *Fakten, Fälschungen und die unterdrückten Beweise des 11.9.*, das er zusammen mit einem Bekannten, Andreas Hauß (siehe Kapitel: *Andreas Hauß: Die Geschichte des 11. Septembers gegen den Strich lesen),* schrieb. Bröckers und Hauß nahmen zusammen das vor, was ihrer Meinung nach die dafür vorgesehen Institutionen und die Medien vernachlässigt hätten: kritisch, ohne Blickschutz über die Terroranschläge nachzudenken. Mithilfe einer Vielzahl von aus Internetquellen stammenden Informationen, die sowohl von den großen Medien als auch von alternativen Nachrichtenseiten kommen, greifen die Autoren systematisch die Meldungen auf, anhand derer sie Ungereimtheiten und Merkwürdigkeiten der offiziellen Wirklichkeitsauslegung erkennen wollen. Im Unterschied zum ersten Buch tragen Bröckers und Hauß jedoch nicht die zahlreichen Versatzstücke der vermuteten 9/11-Verschwörung zusammen, sondern beschränken sich auf einige spezielle Themenkomplexe. Diese werden dafür aber umso ausführlich behandelt.

In dem Kapitel »Eine kurze Geschichte des Nichtfliegens« kommen die Autoren zu dem Schluss, dass das Nichteingreifen der Abfangjäger einer *der* Belege überhaupt für einen Inside Job sei. Nach Worten von Bröckers und Hauß gibt es ein über Jahrzehnte hinweg entwickeltes und immer wieder in

77) Bröckers, Mathias: S. 9

Theorie und Praxis eingeübtes und im Ernstfall auch angewendetes Verfahren, wonach innerhalb kürzester Zeit Kampfjets aufsteigen können, wenn irgendetwas mit Flugzeugen im Luftraum nicht stimmt, wenn die Piloten beispielsweise auf Funkrufe nicht reagieren oder eine Entführung in Betracht gezogen wird:

> Weltweit gilt hier in Notfällen (mit nur leichten Abweichungen) ein einheitliches Procedere, gestützt auf ein Netz von Verträgen und Abkommen der Luftverkehrsgesellschaften mit den Flughäfen, dem Militär, mit Katastrophendiensten. Die zivile und die militärische Luftüberwachung arbeiten zusammen. Die Kompetenzen sind klar geregelt, auch grenzüberschreitend.[78]

Zu den Grundlagen der so durch die Zusammenarbeit verschiedener Stellen entstandenen Verfahren gehört nach Aussagen der Autoren das QRA (Quick Reaction Alert), also eine Vorgehensweise, die es Kampfpiloten erlaubt, unmittelbar nach einem Einsatzbefehl zu starten:

> Wie darf man sich das vorstellen? Im Wachraum neben dem Hangar sitzen jeweils zwei Piloten [...] in voller Montur, also in ihren Druckanzügen. Der Helm liegt griffbereit. Im Alarmfall fällt das Butterbrot aus der Hand und bleibt der Kaffee stehen. Im Hangar warten die Maschinen betriebsbereit. [...] Wenn alles gut geht, haben die Maschinen zehn Minuten nach Alarmbeginn die Startbahn erreicht und sind »ready for take off« [...] Die QRA Mannschaft hat nach NATO-Standard 15 Minuten bis zum Abheben [...] Zwölf Minuten sind besser, aber noch nicht gut, zehn Minuten normal. In 50 Jahren NATO ist dieser Standard ständig verbessert worden. Gesetzt haben ihn die USA. Wer aber die Standards setzt, hält sie auch selber ein.[79]

Die Erklärungen für das Versagen der Luftabwehr an diesem Morgen, wie sie in den Medien verbreitet wurden (zu wenig vorhandene Kampfjets in Alarmbereitschaft, Verständigungs- und Kompetenzprobleme bei den zuständigen Stellen, das Nichtauffinden der entführten Maschinen wegen abgeschalteter Transponder usw.) verstehen Bröckers und Hauß gerade *nicht* als Erklärungen für das *Versagen* der Luftabwehr, sondern als Hinweise auf eine höchstamtliche Verschwörung:

---

78) Bröckers, Mathias/Hauß, Andreas: Fakten, Fälschungen und die unterdrückten Beweise des 11.9., Verlag 2001, Frankfurt am Main 2003, S. 94

79) Bröckers/Hauß.: S. 95–96

> Könnte es nicht aber sein, dass die Verwirrung durch die vier entführten Flugzeuge zugleich zu problematischen Abläufen, Entscheidungsproblemen etc. führen kann - und dass das um Stunden verspätete Aufsteigen von Abfangjägern am Morgen des 11.9. letztlich eine Folge von Pleiten, Pech und Pannen war, die jetzt vertuscht werden? Nein, das kann nicht sein, denn es geht hier nicht um Entscheidungen, schon gar nicht um moralische Zwickmühlen [wegen des Abschusses von Passagiermaschinen, MBK] in Shakespeare'scher Dimension. Es geht um schlichte Ablaufpläne [...] um tausendfach geübte Standards. [...] Selbst wenn alle Befehlsstränge zu langsam, zusammengebrochen oder zu kompliziert gewesen wären [...] alleine als Vorsichtsmaßnahme zum präventiven Schutz wäre ein Alarmstart angebracht gewesen.[80]

Auch an der Darstellung, dass das Pentagon-Flugzeug nur deshalb in das Verteidigungsministerium hätte gesteuert werden können, weil man mit so etwas einfach nicht gerechnet habe, nicht vorbereitet gewesen sei, finden Bröckers und Hauß Zweifel. Sie beziehen sich auf zwei in ihrem Buch abgedruckte Bilder, auf denen Militärs zu sehen sind, die um ein Modell des Pentagons stehen, das sich auf einem Tisch befindet und in dessen Innenhof Trümmerteile eines großen Flugzeugs liegen.[81] Diese Bilder seien bei einer Übung im Oktober 2000 entstanden, wo man einen Flugzeugabsturz auf das Pentagon simuliert habe.

Nach dem breiten Rezeptionserfolg der Bücher griffen die großen Medien Bröckers an. Ob in Kommentaren, Essays, Fernseh-Feature oder Titelstory: Journalisten des medialen Mainstreams nahmen Bröckers in die Mangel und übten laute Kritik. Während die meisten Journalisten, die sich mit den 9/11-Zweiflern auseinandersetzten, nur mit psychologischen Mitteln versuchten, diese zu diskreditieren, ging der *Spiegel* in seiner Titelgeschichte auch auf die Thesen von Bröckers und den anderen Zweiflern konkret ein. Insbesondere der im 9/11 Truth Movement weit verbreiteten Ansicht, dass einige der vermeintlichen Entführer noch nach dem 11. September gelebt hätten, traten die *Spiegel*-Autoren entgegen und wollten diese als nicht haltbar überführt haben.

Bröckers dazu in einem aktuellen Nachwort zu seinem zweiten Buch:

> Möglicherweise jedoch müssen wir unsere Argumentation teilweise zurücknehmen. Denn als sich jetzt - angeregt durch unser Buch - die Spiegel-Redakteure bei der BBC meldeten, um der Sache nachzugehen, reagierte man in London so, als sei man damals einer Ente aufgesessen. Die BBC berief sich auf die in Saudi-Arabien erscheinende englischsprachige Zei-

80) ebd. S. 104–105
81) ebd. S. 178–180

tung Arab News, die wiederum auf das Blatt Asharq Al-Awsat, und dessen Reporter Mohammed Samman dementierte nun seine eigenen Geschichte … Auch David Harrison, der Autor des von uns ausführlichen zitierten Telegraph-Artikels, hat mittlerweile eingeräumt, entgegen seiner ursprünglichen Behauptung keinen der angeblich noch lebenden Attentatsbeschuldigten selber interviewt zu haben. Dieser Gegenbeweis ist allerdings lange nicht so schlüssig, wie er zu sein vorgibt. […] Falls es aber wirklich so wäre, dass wir unsere »Zombie-Thesen« (O-Ton Spiegel) aufgeben müssten, bliebe immerhin Folgendes festzuhalten. Zum Ersten wären wir dann nicht dubiosen Spinnern und Verschwörungstheoretikern auf den Leim gegangen, sondern ganz seriösen Institutionen der internationalen Medienlandschaft … kann es nicht unser Job sein, wie es uns der Spiegel immer wieder unter die Nase reibt, uns als freie Journalisten mit beschränkten Mitteln »mal eben« ans Telefon zu hängen oder bei den Betroffenen vor Ort selber nachzufragen, ob sie noch am Leben sind. Das ist viel mehr die Aufgabe von […] Ermittlungsbehörden oder […] Redaktionen, die sich den Maximen eines investigativen Journalismus verpflichtet fühlen.[82]

Bröckers stellte sich dem Verriss der großen Medien entgegen und machte weiter in Sachen alternativer 9/11-Aufklärung.

Am 29. März 2008, nahm Bröckers im Rahmen des Kölner Literaturfestivals (lit.Cologne) an einer Talkrunde zum Thema Verschwörungen teil. Gemeinsam mit den Comedians Anke Engelke, Cordula Stratmann und dem Journalisten Roger Willemsen sprach er über die Themen, die ihm den Beinamen »Verschwörungstheoretiker« eingebracht haben. Die Teilnehmer der Runde zeigten auf eine lockere Art, dass man über brisante Themen und alternative Wahrheiten auch vernünftig reden kann. Ob Bröckers es durch seine Standhaftigkeit doch noch schafft, seine Thesen auch in etablierte Kreise zu tragen?

Passend zum siebten Jahrestag der Anschläge meldet sich Bröckers erneut bei *Telepolis* zu Wort. Unter der Überschrift »Das Osama Wunder« zieht Bröckers eine Zwischenbilanz. Sein Fazit wirkt realistisch:

Sieben Jahre nach den Terroranschlägen des 11. 9. 2001 kann jede Bilanz über die Aufklärung der Verbrechen nur deprimierend ausfallen: Kein Verantwortlicher wurde bis heute vor einem ordentlichen Gericht zur Rechenschaft gezogen, der Bericht der von der US-Regierung eingesetzten »9/11-Commission« […], der selbst grundlegende Fragen wie die wahre Identität der »Hijacker« im Dunkeln ließ, die Schauprozesse in Guantanamo sind eine

82) Bröckers: S. 324–325

kriminelle Farce, und nichts deutet darauf hin, dass die Verantwortlichen dieser Nicht-Ermittlung und Nicht-Aufklärung gestoppt werden könnten und eine neue, unabhängige Ermittlung stattfinden wird.[83]

Als Hauptursache dafür, dass trotz eines breiten Zweifels in der Bevölkerung bisher keine neuen Untersuchungen im Falle des 11. Septembers aufgenommen wurden, führt Bröckers die Mithilfe der Medien bei der Vertuschung des Verbrechens an. Nach Bröckers' Worten sind es die großen Medien, die nach wie vor die offizielle Version als die ultimative Antwort auf die Terroranschläge in den USA betrachten. Dementsprechend handelten sie auch. In den »Echokammern« (Bröckers) der Medien findet sich nur die Aussage von Osama Bin Laden als Haupttäter wieder. Von Anfang an hat der Mainstreamjournalismus es versäumt, eine gründliche Recherche in Sachen 9/11-Terror vorzunehmen. Bröckers sagt:

> Als ich am 12. 9. 2001 den ersten Kommentar für Telepolis schrieb, bin ich nicht davon ausgegangen, dass daraus eine Serie von über 60 Folgen und zwei Bücher werden würde - sondern davon, dass sich in ein paar Tagen BBC, ARD, FAZ, taz, Spiegel usw. des Themas - und der himmelschreienden, offensichtlichen Ungereimtheiten - annehmen werden. Dass dies nicht geschehen ist, dass die Medien sich unisono und ohne irgendeine kritische Nachfrage den Verlautbarungen des Weißen Hauses anschlossen und zu willfährigen Propagandaorganen mutierten, konnte ich mir vor dem 11.9. noch nicht wirklich vorstellen. Jetzt weiß ich es.[84]

Im weiteren Verlauf des Artikels spricht der Journalist im Wesentlichen über die Rolle der Medien in der heutigen Zeit. Für ihn sind die großen Medien längst nicht mehr die »vierte Gewalt« oder *die* Kontrollinstanz, von der immer wieder gesprochen wird. Vielmehr seien sie Erfüllungsgehilfen des militärisch-industriellen Komplexes vor dem auch schon der ehemalige US-Präsident Eisenhower gewarnt habe.

Und so knüpft Bröckers' Medienkritik, die er sieben Jahre nach 9/11 äußert, wieder an den Anfang seines Kampfes um die Wahrheit des 11. Septembers an, ein Kampf, der auch von Beginn an ein Kampf gegen die Medien war.

Von seinem Verlag 2001 erhielt Bröckers einen eigenen *Writers Blog* auf der Homepage des Verlages. Auf dem Blog verfasste Bröckers bis zum Oktober 2010 Nachrichten und Meinungen aus dem Windschatten des medialen Mainstreams. Aufgrund eines Relaunchs der Internetseiten des Verlags *2001*

83) *http://www.heise.de/tp/r4/artikel/28/28690/1.html* [11.09.2008]

84) ebd.

musste der Buchautor mit seinem Blog umziehen, so Bröckers. »Nach sechs Jahren und fast 1200 Beiträgen sind die Tage des Writersblog gezählt«, schrieb Bröckers am 21. September 2010 und verwies dabei auf seine ebenfalls neu gestaltete eigene Internetseite,[85] von wo aus er weiter durch die Blogosphäre zieht.

Im Frühjahr 2011 kündigte Bröckers an, dass er zusammen mit Christian C. Walther im Juli desselben Jahres ein neues 9/11-Buch mit dem Titel: »11.09. Zehn Jahre Danach. Der Einsturz eines Lügengebäudes« veröffentlichen werde. Die jüngsten Nachrichten vom Tod Osama Bin Ladens veranlassten die Autoren dazu, vorab ein Kapitel ihres Buchs bei Telepolis zu veröffentlichen. 584 Kommentare gibt es zu dem Artikel.[86]

2.12 Mike C. Ruppert
Ein Polizist untersucht 9/11

Als Polizist bei der Rauschgiftfahndung des Los Angeles Police Department (LAPD) war Michael C. Ruppert einiges gewohnt. Mitte der 70er-Jahre geriet Ruppert jedoch in eine Beziehung zu einer Frau, von der er nach einiger Zeit glaubte, dass sie eine CIA-Agentin sei. Durch diese Frau, so Ruppert, habe er entdeckt, dass Teile des US-amerikanischen Geheimdiensts CIA tief in Drogengeschäfte verwickelt waren. Der Polizist hielt sich mit seiner Erkenntnis nicht zurück, machte den Fall publik. Trotz Anerkennung und Lob für seinen Mut, den illegalen Drogenhandel ans Licht zu bringen, gab es immer wieder offene und verdeckte Versuche, ihn einzuschüchtern. Nach einiger Zeit wurde Ruppert klar, dass seine Entdeckung nicht zu einer Unterbindung der Drogengeschäfte führte, sondern dass das Gegenteil der Fall war: Es ging angeblich munter weiter mit »staatlichem Drogenhandel« – nicht nur in L.A. Als Ruppert 1977 bemerkt haben will, dass die CIA auch Drogen nach New Orleans brachte, traten Kollegen aus der Abteilung »Organisiertes Verbrechen« an ihn heran und rieten ihm, einen Psychiater aufzusuchen, da er angeblich halluziniere. Ruppert geht davon aus, dass es sich bei den beiden Detectives um CIA-Mitarbeiter handelte.[87] 1978, nach seiner Kündigung beim LAPD, versuchte Ruppert auf eigene Faust Näheres über die Verbindung von CIA und Drogenhandel in Verbindung zu bringen. In diversen Briefen, die er an die Behörden schrieb und im Internet veröffentlichte, wird klar, dass der ehemalige Police Officer ein detailliertes Wissen zu bestimmten Per-

---

85) *http://www.broeckers.com/Wordpress/*
86) *http://www.heise.de/tp/artikel/34/34656/1.html* [24.05.2011]
87) *http://www.fromthewilderness.com/mcr_lapd.shtml* [15.01.2008]

sonen hatte, aber auch über Vorgänge Bescheid wusste, die sich damals im Drogenschmuggel-Kontext abspielten.

Als in den 90er-Jahren die Droge Crack in den USA, insbesondere in den Ghettos von Los Angeles, bekannt wurde, begab sich der Investigativjournalist und Pulitzerpreis-Gewinner Gary Webb auf eine Recherchereise, bei der er eine Verbindung zwischen den Cracklieferungen in die USA und den Contra-Rebellen aus Nicaragua, die wiederum Kontakt zur CIA hatten, aufdeckte. In einem vielbeachteten Zeitungsartikel legte Webb seine Rechercheergebnisse offen dar (Stichwort: Dark Alliance). Durch die so entstandene Öffentlichkeit sah sich der damalige Direktor der CIA, John Deutsch, dazu gezwungen, bei einer öffentlichen Veranstaltung den »Gerüchten« entgegenzutreten, dass die CIA ihre Finger mit im Spiel habe. Bei der Veranstaltung fand sich auch Ruppert ein und teilte vor laufenden Kameras sein Wissen über illegale Drogengeschäfte der CIA mit, was von einem tosenden Applaus der versammelten Bürger unterstützt wurde.[88]

Wahrscheinlich aufgrund seiner Erfahrungen bezüglich der kriminellen Vorgehensweisen von Geheimdiensten und die drauffolgenden Verschleierungen vonseiten der Institutionen betrachtete Ruppert auch die Terroranschläge vom 11. September in einem anderen Kontext. Auf seiner Webseite[89] trug er zahlreiche alternative Informationen zu den Terroranschlägen zusammen und veröffentlichte darüber hinaus im September 2004 ein Buch, worin er konkret Dick Cheney als Initiator der Anschläge des 11. September anklagt. Nach Rupperts Meinung wurden die Terroranschläge von Teilen der eigenen Regierung inszeniert, um sich durch Kriege strategische Vorteile bei dem Kampf um das knapper werdende Öl zu sichern.[90]

Ruppert trat immer wieder bei diversen Veranstaltungen auf, wo er Vorträge hielt und seine Thesen den Zuhörern erklärte. Bereits am 30. Januar 2002 war Ruppert Redner bei einer Veranstaltung an der Schreiner University in Texas. 425 Studenten hatten sich zu dem Vortrag über das Ende des Erdöls und 9/11 eingefunden, was »eine verdammt gute Zahl ist, wenn man bedenkt, dass wir hier nur 900 Studenten haben«[91], wie es Professor Tom Wells, der Organisator der Veranstaltung, kommentierte. Eine der Studentinnen schrieb nach der Veranstaltung einen Brief an Ruppert:

---

88) *http://video.google.de/videoplay?docid=-2099265014024010968&q=mike+ruppert&total=86&start=20&num=10&so=0&type=search&plindex=8* [15.01.2007]

89) *www.fromthewilderness.com*

90) Crossing the Rubicon: The Decline of the American Empire at the End of the Age of Oil [15.01.2007]

91) *http://www.copvcia.com/free/ww3/02_11_02_kerrville_texas.html* [16.01.2008]

Ich möchte Ihnen danken für die bewegende und intelligente Rede, die Sie an unserer Universität gehalten haben. Viele Informationen von Ihrer Webseite habe ich schon für mehrere Essays genutzt. Nach der Rede war ich erstaunt mit anzuhören, wie viele der Studenten sich über dieses so wichtige Thema, das unser und das Leben unserer Kinder betrifft, diskutierten.[92]

Dennoch gab es auch, wie bei anderen Auftritten von Ruppert, Gegenstimmen. So berichtet Ruppert selbst von einer älteren Dame, die nach gut einer Stunde den Saal verlassen habe. Später habe er erfahren, dass sie eine Unterstützerin von Bush sei und in etwa gesagt habe, dass diese Uni keinen Pfennig mehr von ihr bekomme.[93]

In Sachen 9/11 war der Ex-Polizist in so unterschiedlichen Ländern wie Russland, Mexiko, Australien und Frankreich unterwegs, hielt Vorträge, recherchierte und sprach immer wieder mit Skeptikern, aber auch Politikern und Wirtschaftsbossen. Nach Angaben auf seiner Webseite habe *FromTheWilderness* (so der Name seiner Internetpublikation) zu den Ersten gehört, die über die Überweisung der 100.000 Dollar, die Pakistans Geheimdienstchef Mahmud Ahmad an Mohammed Atta überwiesen haben soll, berichtete.

2006 nahm Mike Rupperts Kampf um die Wahrheit des 11. Septembers ein jähes Ende. In der kleinen Stadt Ashland im US-Bundesstaat Oregon, wo Ruppert seine Büroräume hatte, zeigte ihn eine ehemalige Mitarbeiterin wegen versuchter Vergewaltigung an. Nach seinen eigenen Angaben hatte Ruppert die Mitarbeiterin wegen Differenzen gefeuert. Die Anzeige wegen Vergewaltigung gegen ihn erhob die Mitarbeiterin erst fünf Monate nach dem angeblichen Vorfall. Ruppert geht von einem persönlichen Racheakt aus. Zuvor wurden auch die Büroräume von *FromTheWilderness* verwüstet und alle Computer zerstört, worauf Ruppert Anzeige erstattete.[94] Des Weiteren klagte sein Vermieter vor einem Gericht wegen noch ausstehender Mietschulden. Ruppert verließ nach den sich überstürzenden Ereignissen das Land und ging nach Venezuela. Zwischenzeitlich meldete er sich über seine Webseite, die einige seiner Mitarbeiter noch weiterbetrieben hatten, und sagte, dass die Vergewaltigungsvorwürfe nicht stimmten und er das Opfer eines Komplotts sei.[95] Ende 2006 verfasste er eine Botschaft, die aus Toronto/

92) ebd.

93) ebd.

94) Mittlerweile wurde das Verfahren gegen ihn eingestellt. Hier eine Stellungnahme von Ruppert aus Venezuela zu dem Vorwurf. Seiner Schilderung nach hat die Frau, die die Vorwürfe gegen ihn erhoben hat, gezielt das Team *von FromTheWilderness* infiltriert und für Chaos gesorgt. *http://www.fromthewilderness.com/free/ww3/081606_burning_bridge.shtml* [16.01.2008]

95) *http://www.dailytidings.com/2006/1204/stories/1204_wilderness.php* [15.01.2007]

Kanada kam, wohin er zwischenzeitlich geflogen war. Auf seiner Webseite verkündete er, dass er schwer erkrankt sei, wahrscheinlich Opfer eines Gifts geworden sei, das seine Leber und sein Nervensystem zerstört hätte, und dass er seinen publizistischen Kampf gegen die Mächtigen aufgebe, weil er mit seinen Kräften am Ende sei. Ruppert schreibt:

> Ich möchte an dieser Stelle etwas wiederholen, was ich auch schon in privaten E-Mails in den letzten Monaten immer wieder gesagt habe. Ich bin mit dem investigativen Journalismus und öffentlichen Vorlesungen fertig. Ich ziehe mich aus dem öffentlichen Leben zurück. Indem ich diese Position immer wieder wiederhole, hoffe ich, dass die unfassbaren Schwierigkeiten, die mein Leben in den letzten Monaten im Griff hatten, nachlassen. Es ist der Zeitpunkt gekommen weiterzugehen. 27 Jahre meines Lebens habe ich als motivierter Aktivist in der Öffentlichkeit gestanden und das ist etwas, was ich nicht mehr tun kann und auch nicht mehr tun will. Letztlich war der Preis zu hoch.[96]

In einer Botschaft vom 31. Januar 2007, die er auf seiner Webseite veröffentlich hat, wird deutlich, dass Ruppert zu diesem Zeitpunkt ein gebrochener Mann zu sein scheint, der einen finanziellen Kollaps erlitten (Schulden von 140.000 Dollar) und seine Gesundheit verloren hat. In seiner Stellungnahme zur Lage nimmt er auch auf Gary Webb Bezug, jener Journalist, der 1996 die »Crack-Connection« aufdeckte. Webb nahm sich 2004 das Leben, weil er keinen Job mehr hatte und in der Medienwelt wegen seiner kritischen Berichterstattung behandelt wurde, als sei er »radioaktiv«, wie Ruppert es nennt. Die Parallelen von Webbs Leben zu seinem Leben seien sehr stark, schreibt Ruppert, und auch er habe mehrmals an Selbstmord gedacht.

In einer Nachricht von Ruppert vom 13. August 2007 blitzt jedoch wieder etwas Kampfesgeist bei Ruppert auf. So heißt es:

> Meine Gesundheit ist wieder vollständig hergestellt … 75 Prozent der Schulden von mir und von FTW [FromTheWilderness, MBK] wurden beglichen. […] Innerhalb der letzten Monate waren mein Anwalt und ich in Los Angeles und Ashland. […] In Ashland hatten wir ein sehr gutes Treffen mit einem Detective […] aus dem Ashland Police Department. Ich kann noch nicht so viel verraten, nur so viel, dass wohl eine oder mehrere Personen wegen des Einbruchs ins Gefängnis gehen müssen. Was mich angeht: Ich und Jenna werden im Laufe des Jahres zurück nach Oregon gehen.[97]

---

96) *http://fromthewilderness.com/free/ww3/120206_mike_canada.shtml* [15.01.2007]
97) *http://mikeruppert.blogspot.com/2007_08_01_archive.html* [16.01.2008]

Im März 2008 meldete sich Ruppert wieder auf seiner Webseite zu Wort. In einem Artikel mit der kurzen Überschrift »Retrospective – 2008« informierte er seine Leser über die Entwicklungen in seinem Leben. In seinen Ausführungen wird deutlich, was er auch in seiner Nachricht vom August 2007 zum Ausdruck brachte: Ruppert hat sich erholt, ist zu neuen Kräften gekommen. Durch ein Erbe von seinem Vater ist es ihm gelungen, den größten Teil seiner Schulden, die noch aus seiner *FromTheWilderness*-Zeit stammten, zurückzuzahlen, schreibt Ruppert. Insgesamt drei Mal sei er noch nach Ashland, Oregon zurückgekehrt, um mit den Behörden vor Ort über die Geschehnisse zu sprechen, die sein Leben so drastisch veränderten. Ruppert schreibt, dass einer der Ermittlungsbeamten von der örtlichen Polizei Fehler bei den Ermittlungen eingestand:

> Sie gaben zu [die Ermittlungsbeamten; MBK], dass sie Fehler zum Anfang ihrer Untersuchung gemacht haben. Mit Respekt - und ich glaube auch aufrichtig - sagte einer der Detectives: »Sie haben ein gutes Leben jetzt. Sie könnten zwar jetzt sicher noch mehr Geld reinstecken [in die eigenen Ermittlungen; MBK], aber dann verderben Sie sich letztlich nur das schöne Leben, dass Sie jetzt haben.«[98]

Ruppert verweist in seinem Artikel auch darauf, dass sein Prozess wegen der angeblichen Vergewaltigung noch ausstehe.

> Sie [die Frau, die Ruppert der Vergewaltigung bezichtigt; MBK] hat so viele widersprüchliche Aussagen gemacht, dass wir sie vor Gericht in Grund und Boden verweisen werden, wenn es zu einer Anhörung kommt. Wir können darlegen, dass sie versucht hat, mich zu erpressen, indem sie 35.000 Dollar Schweigegeld verlangt hat. Ich habe es abgelehnt, auch nur einen Penny zu bezahlen.[99]

Darüber hinaus geht Ruppert auch auf die angeblich negative Berichterstattung der lokalen Tageszeitung *Daily Tidings* gegen ihn ein. Eigentlich wollte Ruppert den Reporter Bob Plain und den Redakteur Scot Bolsinger verklagen. Doch zwischenzeitlich habe Plain das Blatt verlassen und Bolsinger sei wegen sexueller Handlungen an einer Minderjährigen verhaftet worden.[100] Über sich selbst schreibt Ruppert, dass er zwischenzeitlich wieder nach L. A. gezogen sei. Nun wohne er in unmittelbarer Nähe des Viertels, in dem er damals als Polizist gearbeitet habe und wo er aufgewachsen sei. Nach Rupperts Worten wollte er einfach noch mal an den Ort, der ihm so vertraut war.

---

98) *http://fromthewilderness.com/retrospective2008.shtml* [24.08.2008]
99) ebd.
100) ebd.

Ruppert gibt weiter an, dass er an einem Roman schreibt und in ein Filmprojekt eingebunden ist. Zum Schluss seines Artikels schreibt der ins Leben Zurückgekehrte:

> Fragt mich nicht danach, Vorlesungen zu halten oder neue Recherchen zu betreiben. Das werde ich nicht tun. Schickt mir auch keine weiteren Fragen. Ich werde nicht kommen, ich werde nicht antworten. Ich habe Euch eine »Landkarte« [sein Buch und seine Arbeit; MBK] hinterlassen. Lest sie![101]

Doch Ruppert gab nicht auf. 2009 rückte er in das Zentrum einer Dokumentation mit dem Namen *Collapse*, worin der Filmemacher Chris Smith mit Ruppert vor der Kamera sprach. Der Film wurde auch auf der Berlinale aufgeführt.[102] Mittlerweile ist Ruppert mit der Internetpublikation *Collapse Network – A Voice for the Future* wieder an die Infofront zurückgekehrt.[103] Die Webseite *FromTheWilderness.com* ist nach wie vor im Internet zu finden und die meisten Links zu den entsprechenden Texten sind auch noch intakt. Innerhalb der Wahrheitsbewegung gilt Ruppert als einer der glaubhaftesten Vertreter.

2.13 Thierry Meyssan
Zweifel aus Frankreich

Der französische Journalist Thierry Meyssan war der Erste, der sich in einem Buch mit dem »Pentagon-Mysterium« auseinandergesetzt hat. Was hat sich am 11. September am Pentagon abgespielt? Haben die Terroristen des 11. Septembers tatsächlich die Boeing der American Airline in das Pentagon gestürzt? Oder wurde das Pentagon gar nicht von einem Flugzeug getroffen, sondern etwa von einer Rakete, einer unbemannten Drohne oder einer Autobombe?

Meyssan griff diese Fragen in seinem Buch *L'Effroyable Imposture*, das im April 2002 in Frankreich erschien, auf und behauptet, das American Airlines Flight 77 niemals in das Pentagon gesteuert worden sei. Zu viele Widersprüche umrahmen nach Meyssans Ansicht die offizielle Darlegung zu den Geschehnissen am Pentagon. Meyssan spricht von keinen bzw. zu wenigen Flugzeugtrümmern am US-Verteidigungsministerium, von einem zu kleinen Einschlagsloch und anderen Auffälligkeiten, die nicht mit den offiziellen

---

101) ebd.

102) *http://www.berlinale.de/en/archiv/jahresarchive/2010/08_pressemitteilungen_2010/08_Pressemitteilungen_2010-Detail_5562.html* [13.12.2010]

103) *http://www.collapsenet.com/* [13.12.2010]

Erklärungen übereinstimmen könnten. Nach Angaben von *Spiegel Online* war die Erstauflage des Buchs in Höhe von 20.000 Exemplaren innerhalb von zwei Stunden vergriffen.[104] Flankiert wird Meyssans Behauptung von einer Webseite mit dem Namen *Hunt The Boeing*, die ebenfalls im Frühjahr 2002 im Internet auftauchte und anhand von Bildern, die kurz nach dem Anschlag auf das Pentagon gemacht wurden, den Leser davon zu überzeugen versucht, dass kein Flugzeug das Pentagon getroffen habe.[105] Die Internetseite stammt angeblich vom Sohn des französischen Journalisten.[106]

Meyssan erging es nach der Veröffentlichung seines Buchs, das in über 28 Sprachen übersetzt wurde,[107] genauso wie den deutschen 9/11-Skeptikern. Die französische Presse landauf, landab kritisierte den Buchautor für seine ungeheuerlichen Thesen. Auch die deutschen Medien bewerteten Meyssans Elaborat als an den Haaren herbeigezogen.

> Meyssan wird deutlicher als seine Webseiten-strickenden »Kollegen«, die die offizielle Version der Ereignisse in der Regel nur infrage stellen: Er behauptet schlicht und einfach, dass es den Flug 077 überhaupt nicht gegeben habe, folglich auch kein Passagierflugzeug ins Pentagon eingeschlagen sei und dass die amerikanische Regierung die Öffentlichkeit belüge. Warum und wozu, darauf bleibt er die Antwort genauso schuldig, wie auf die Frage, wie die Schäden am Pentagon denn nun konkret entstanden seien.[108]

Doch auch innerhalb des 9/11 Truth Movement sind Meyssans Ansichten umstritten.[109] 9/11-Skeptiker wie Mathias Bröckers und Andreas Hauß gehen davon aus, dass die »Keine-Boeing-traf-das-Pentagon-These« letztlich nur zu einer Diskreditierung der Bewegung führe und dem Bemühen um Aufklärung im Wege stünde.

Hauß schreibt dazu auf seiner Webseite:

> [...] der Meyssanquatsch arbeitet de facto den Bushisten zu – denn er lenkt von der Täterfrage ab durch Detailhuberei in technischen Fragen, die zudem auch noch falsch gestellt und beantwortet werden und auch noch von Faktenignoranz strotzen. Meyssan und seinen Idioten kommt zugute, dass das FBI alles an Beweisen, was nicht niet- und nagelfest war (natürlich

104) *http://www.spiegel.de/netzwelt/web/0,1518,191103-2,00.html* [05.08.2008]
105) *http://www.asile.org/citoyens/numero13/pentagone/erreurs_en.htm* [05.08.2008]
106) *http://frustratingfraud.blogspot.com/2007/04/hunting-boeing-and-fiding-it.html* [28.11.2008]
107) Der Titel der deutschen Ausgabe lautet: 11. September: Der Inszenierte Terrorismus. Auftakt zum Weltenbrand?
108) *http://www.spiegel.de/netzwelt/web/0,1518,191103-2,00.html* [11.09.2008]
109) *http://911research.wtc7.net/essays/pentagontrap.html* [17.09.2008]

auch Videos), konfiszierte oder zerstörte. Nicht nur bzgl. des Pentagons, wie Meyssan trompetet, als habe das FBI böseböse den Herrn Meyssan um Boeingfotos bringen wollen. In jeder Sachfrage wurde beschlagnahmt, so daß bestimmte Fakten schwer zu belegen sind. Aber nicht unmöglich. Eine einzige Leiche aus der AA77 im Pentagon - und Meyssans Märchen stirbt. Leider werden zerfetzte Leichen nicht im Internet präsentiert - aber nicht für oder gegen Meyssan, sondern prinzipiell. Nun: ein Boeingrad, ein Ehering, ein Gepäckanhänger, Zeugenaussagen usw. tun es auch. Wenn man sie nicht ignoriert.[110]

Die Betreiber der »9/11-Nachrichtenseite« *http://whatreallyhappened.com/*, die sich von Beginn an aus dem verschwörungstheoretischen Blickwinkel mit den Anschlägen des 11. Septembers beschäftigt haben, können sich ebenfalls nicht mit Meyssans These anfreunden:

> Wenn das Flugzeug nicht ins Pentagon geflogen ist, wo ist es dann hin? Es gab einfach zu viele Augenzeugen, die das Flugzeug gesehen haben, als dass man sagen könnte, es existiert nicht.[111]

Ungeachtet dieser kritischen Stimmen hat Meyssans These aber auch viele Anhänger in der Bewegung gefunden. Gerade die *Pilots for 9/11 Truth*[112], eine Gruppierung von Piloten und Personen aus dem Bereich Luftfahrt, die die offizielle Version der Anschläge bezweifeln, wollen durch Auswertung der Daten des Fugschreibers der AA 77, die sie im Zuge des *Freedom of Information Act* erhalten haben, Meyssans These bewahrheitet sehen. In einer »Studie« der *Pilots for 9/11 Truth* zum Absturz der Boeing ins Pentagon heißt es:

> 1. Flugbahn und Flughöhe der Maschine widersprechen der regierungsoffiziellen Version. 2. Die Maschine flog 300 Fuß (91,44 m) zu hoch, um die Lichtmasten vor dem Pentagon zu treffen. 3. Laut Sinkflug-(Landungs-)Daten konnten die Lichtmasten vor dem Pentagon nicht getroffen werden. 4. Die Daten der Black Box enden eine Sekunde vor dem von offizieller Seite behaupteten Einschlagszeitpunkt. 5. Verlängert man die Flugbahndaten, wäre die Maschine 31 Meter zu hoch geflogen, um das Pentagon zu treffen. Die Studie unterstützt die Thesen und Schlussfolgerungen der beiden von Thierry Meyssan im Jahre 2002 herausgegebenen Berichte. [...][113]

---

110) *http://www.medienanalyse-international.de/falschespuren.html* [20.09.2008]

111) *http://www.waketheflockup.com/WRHARTICLES/hunthoax.html?q=hunthoax.html* [20.09.2008]

112) *http://www.pilotsfor911truth.org/* [11.10.2010]

113) *http://www.steinbergrecherche.com/bimeyssan.htm* [11.10.2010]

Gut ein Jahr nach Veröffentlichung seines Bestsellers legte Meyssan nach und publizierte ein weiteres Buch zum Thema. Hierin geht er nochmals anhand von zahlreichen Fragen, die er stellt, auf seine These ein.[114]

Meyssan hat sich aber bereits in den 90er-Jahren einen Namen in Frankreich gemacht, indem er kritische Recherchen anstellte, die sich mit der Rechten in Frankreich sowie mit dem kirchlichen Eliteorden Opus Dei auseinandersetzten. Als Gründer des *Voltaire-Netzwerks*, einer Non-Profit-Organisation, die sich, laut Eigendarstellung, für Meinungsfreiheit und einen freien Journalismus einsetzt, hat Meyssan 2005 eine internationale Konferenz mit dem Namen *Axis for Peace* organisiert, zu der er gut 150 Persönlichkeiten aus den unterschiedlichen Ländern der Welt zusammenbrachte, mit dem Ziel, sich gegen den Neo-Imperialismus zu stellen.

2.14 William Rodriguez
Ein Held stellt Fragen

Eine Geschichte, die in den deutschen Medien nahezu komplett unterging, sind die Erlebnisse von William Rodriguez.[115] Während Journalisten normalerweise die Personalisierung von Themen ganz oben auf die Tagesordnung stellen, wurde das Drama, das der Hausmeister des World Trade Center durchlebte, den deutschen Medienrezipienten weitestgehend vorenthalten.

Der aus Puerto Rico in die USA emigrierte Rodriguez arbeitete seit 19 Jahren im World Trade Center. Am Morgen des 11. Septembers war er als Hausmeister nur einer von fünf Personen, die über den Generalschlüssel des WTC verfügten.[116]

Normalerweise begann Rodriguez seine Arbeit um 8.00 Uhr morgens, wobei es zu seiner Routine gehörte, zuerst mit dem Aufzug in den 106. Stock zu fahren, um in dem dortigen Restaurant zu frühstücken, wie viele andere Bedienstete im World Trade Center auch. Doch an diesem Morgen kam der Hausmeister zu spät zur Arbeit. Um 8.30 Uhr betrat er das Gebäude und ging zuerst in den Raum im Erdgeschoss, in dem Gerätschaften für seine Arbeit lagen. Dann ereignete sich das Drama. Zuerst, so Rodriguez, habe es eine

---

114) Das Buch heißt: Das Pentagate: Fragenkatalog zu einer Inszenierung. Edition Defacto. 30. April 2003

115) Die hier aufgezeigten Informationen bezüglich der Abläufe und des Geschehens, so wie Rodriguez es vorgeblich vernahm, sind im Internet in diversen Filmbeiträgen auf google video zu finden, z.B. auch unter: *http://video.google.de/videoplay?docid=7790984635879352453&q=william+rodriquez&total=772&start=0&num=10&so=0&type=search&plindex=2* [09.09.2008]

116) *http://www.william911.com/* [09.09.2008]

gewaltige Explosion gegeben, die von den unteren Ebenen des Turms gekommen sei. Die Explosion sei so heftig gewesen, dass die Wände in dem Raum, in dem Rodriguez sich noch mit 14 anderen Arbeitern befand, Risse aufzeigten. Unmittelbar danach habe es eine zweite Explosion gegeben, die diesmal aber von oben gekommen sei und das ganze Gebäude habe wackeln lassen. Nachdem er Felipe David, der an einem Aufzug stand und von einer Explosion schwere Verbrennungen erlitten hatte, ins Freie gebracht hatte, ging der Hausmeister trotz anderslautenden Anweisungen der Polizei zurück ins Gebäude. Dann hörte er Schreie aus einem anderen Aufzug, der unten steckengeblieben war und sich langsam mit Wasser von einer Sprinkleranlage füllte. Rodriguez organisierte eine Leiter, die er in den Schacht herabließ, sodass die beiden im Aufzug Gefangenen gerettet werden konnten. Da die anderen vier Schlüsselbesitzer bereits das Gebäude verlassen hatten und die Feuerwehrmänner nach oben mussten, begleitete Rodriguez diese bis in den 39. Stock. Bei ihrem Aufstieg über die Treppen habe es laut Rodriguez immer wieder Explosionen gegeben. Als sie im 33. Stock angekommen waren, habe Rodriguez Geräusche aus dem 34. Stockwerk vernommen, so, als würden schwere Möbel oder Ähnliches herumgeschoben. Seinen Schilderungen zufolge habe er zum ersten Mal Angst verspürt, da der 34. Stock eigentlich wegen Renovierungsarbeiten komplett gesperrt war und dort auch kein Aufzug hielt. Nachdem die Feuerwehrmänner ihm befahlen, sich nach unten zu begeben, machte sich der Hausmeister auf den Weg zurück. Als er unten im Erdgeschoss ankam, sah er ein Bild der Verwüstung. Schnell begab er sich nach draußen und einige Momente später stürzte das Gebäude ein. Später wurde Rodriguez neben einem Feuerwehrfahrzeug gefunden. Trotz Verletzungen machte er sich unmittelbar nach seiner Rettung auf, um nach Opfern zu suchen. Für seine Heldentaten wurde er mehrmals ins Weiße Haus eingeladen und geehrt. In seinem Heimatland wurde ihm eine Art »Bundesverdienstkreuz« verliehen. Die amerikanischen Medien griffen seine Geschichte auf und Rodriguez schilderte seine Erlebnisse vor der 9/11-Untersuchungskommission in einer geschlossenen Sitzung. Er habe, sagt Rodriguez, von Anfang an erklärt, dass er mehrere heftige Explosionen im World Trade Center vernommen habe, von denen einige auch von unten gekommen seien. Als die Untersuchungskommission während der Befragung nicht auf die vernommenen Explosionen einging, kamen dem ehemaligen Hausmeister des WTC zum ersten Mal Zweifel. Irgendetwas musste faul sein. Seine Zweifel führten den gefeierten Helden auf den Weg des 9/11 Truth Movement.

Dass Rodriguez nicht nur bei seiner Rettungsaktion im WTC konsequent war, bewies er, als er im Oktober 2004 eine Klage unter dem sogenannten »Rico Act«[117] u.a. gegen George W. Bush, Richard Cheney und Donald

Rumsfeld erhob. Im Dezember 2005 reichte der Anwalt von Rodriguez, Phil J. Berg, eine Petition bei der UN ein, in der diese aufgefordert wird, eine Resolution für eine internationale Untersuchungskommission der Anschläge zu erlassen.

Bis zum Jahr 2007 war Rodriguez einer der engagiertesten Aktivisten der Wahrheitsbewegung des 11. September. So sprach er mit hochrangigen Politikern aus Japan, Malaysia und Venezuela und machte zudem eine Tour durch Europa, wo er anderen Zweiflern von seinen Erfahrungen erzählte. Zum siebten Jahrestag meldete sich William Rodriguez mit einem kurzen Video-Statement zusammen mit Rosie O'Donnel (eine prominente US-amerikanische 9/11-Kritikerin) in der Öffentlichkeit. In dem Video, das auf der Homepage von O'Donnel veröffentlicht wurde, sagte Rodriguez, dass er auch sieben Jahre nach dem Desaster noch immer offene Wunden habe, unter Depressionen leide:

> Ich bin ein Aktivist, aber gleichzeitig bin ich jemand, der auch von dem schlimmsten Terroranschlag in der Geschichte der USA betroffen ist [...] Ich sage Euch, das ist nicht einfach.[118]

O'Donnel selbst verweist in der Videobotschaft darauf, dass die Geschichte von Rodriguez auch von den Medien aufgenommen werden sollte.

In Deutschland kennt bisher kaum jemand die Geschichte des zweifelnden Helden.

2.15 Yukihisa Fujita
Japanischer Politiker diskutiert 9/11-Zweifel im Parlament

Der Auftritt des japanischen Parlamentsabgeordneten Yukihisa Fujita am 11. Januar 2008 im Oberhaus des japanischen Parlaments war für das 9/11 Truth Movement in gewisser Weise ein Meilenstein. Zum ersten Mal wurde die Frage, ob 9/11 ein Akt von Staatsterrorismus gewesen sein könnte, in einem Parlament diskutiert. Fujita, der der japanischen Demokratischen Partei angehört (damals die stärkste Oppositionspartei Japans, seit 2009 Regierungspartei), präsentierte den Abgeordneten auf großen Schautafeln die alternativen Lesarten zum 11. September. Dabei sprach er die Auffälligkeiten bei der Zerstörung des WTC an, die die Skeptiker aus der Wahrheitsbewegung

117) Vereinfacht gesagt, ist der Rico Act ein Bundesgesetz zur Bekämpfung von kriminellen Organisationen bzw. kriminellen Zusammenschlüssen. Rico Act steht für *Racketeer Influenced and Corrupt Organizations Act* (siehe Wikipedia)

118) *http://www.rosie.com/* [03.11.2008]

ausgemacht zu haben glauben. Während der Rede fragte er auch die Parlamentarier, wie sie sich das Versagen der kompletten US-amerikanischen Luftabwehr an diesem Tag erklärten. Für Fujita, so wird aus der Rede deutlich, ist die Frage, wer wirklich für die Anschläge in den USA verantwortlich zu machen ist, längst nicht geklärt:

> Was ich wissen möchte ist, ob Al Qaida tatsächlich verantwortlich für die Ereignisse ist oder nicht. Bis jetzt wurde uns doch von unserer Regierung nur gesagt, dass wir davon ausgehen, dass es Al Qaida war - aber nur, weil die Bush-Regierung es so gesagt hat. Bisher haben wir aber noch nicht einen Beweis dafür gesehen. Ich möchte wissen, warum unser Premierminister sagt, dass die Taliban hinter den 9/11-Anschlägen stecken.[119]

Das Interessante an der Rede, die live im japanischen Fernsehen zu sehen war und auch im Internet auf diversen Seiten mit englischen Untertiteln zu finden ist, sind vor allem die Antworten der Regierungspolitiker auf die Fragen von Fujita. So fragt Fujita etwa:

> Ich möchte wissen, bei welchen Flügen die beiden japanischen Staatsbürger starben, die in den Flugzeugen ums Leben gekommen sind, und wie sie diese identifiziert haben.[120]

Dann die Antwort eines japanischen Regierungsmitglieds:

> Wie der Außenminister bereits sagte, starben zwei der 24 ums Leben gekommen Japaner in den Flugzeugen. Einer von ihnen befand sich in Flug 93, der andere in der American Airline 11. Soweit wie wir wissen, also ich habe die Informationen jetzt nicht direkt zur Hand, wurde uns von den US-Behörden mitgeteilt, dass DNA-Tests von ihnen zur Identifizierung der Leute benutzt wurden. Und so, glauben wir, wissen wir eben, dass diese beiden Personen identifiziert wurden.[121]

Dem entgegnet Fujita:

> Sie sagen also, sie wissen es nicht genau, weil Sie die Unterlagen jetzt nicht zur Hand haben. Dennoch sagen Sie, dass Sie glauben, dass es DNA-Tests gegeben habe - aber das wissen Sie nicht. Was ich damit sagen will, ist: Wir haben es mit einem Verbrechen zu tun, und als solches muss es auch untersucht werden. Es ist die Aufgabe der Regierung, die Familien der Hinterbliebenen über ihre Untersuchungen zu informieren.[122]

---

119) *http://www.911blogger.com/node/13392* [20.04.2008]
120) ebd.
121) ebd.
122) ebd.

Zu der Anhörung im japanischen Parlament kam es, als im Parlament über die von US-Seite geführte Mission Enduring Freedom entschieden werden sollte. Als Vorsitzender eines Ausschusses zur Verteidigungs- und Außenpolitik setzte sich Fujita mit der Afghanistanpolitik seines Landes auseinander, die unter dem Einfluss der Terroranschläge in den USA stand. Fujita nutzte die Situation, um eine Grundsatzdiskussion zu den Ereignissen des 11. Septembers im Parlament zu führen.

Nach Berichten der *Linkszeitung* war Fujita im Juni 2008 in Berlin zu Gast, wo er versucht hat, eine internationale Koalition zu bilden, die sich für eine intensive Untersuchung der Anschläge des 11. Septembers einsetzt.[123] In diesem Zusammenhang hat Fujita sich auch mit dem ehemaligen Umweltminister Großbritanniens, Michael Meacher, dem EU-Abgeordneten Giulietto Chiesa sowie dem ehemaligen kanadischen Verteidigungsminister Paul Hellyer und dem demokratischen Abgeordneten im US-Parlament, Dennis Kucinich, in Verbindung gesetzt.

Die *Washington Post* kritisierte in einem Artikel Fujita scharf wegen seiner Äußerungen zu 9/11 und zeigte sich entsetzt, dass Fujita als politischer Verantwortungsträger sich den Skeptikern angeschlossen hat. In der Stellungnahme schlug die Zeitung einen ähnlichen Ton an, wie er auch in den deutschen Medien im Zusammenhang mit den Skeptikern zu finden ist. Die Zeitung spricht davon, dass Fujitas Äußerungen außerhalb jeder Diskussion lägen und nichts weiter als intellektueller Unsinn seien.[124] Fujita äußerte sich zu der Position der *Washington Post* und sagte, eigentlich habe man ein Interview zum Thema Einwanderung geführt, seine Äußerungen zu 9/11 hätten außerhalb des Interviews stattgefunden. Außerdem habe die Zeitung ihn falsch zitiert.[125]

123) *http://linkszeitung.de/content/view/169044/45/* [09.07.2009]
124) *http://www.washingtonpost.com/wp-dyn/content/article/2010/03/07/AR2010030702354.html* [18.12.2010]
125) *http://www.japantoday.com/category/politics/view/washington-post-criticizes-dpj-lawmaker-for-views-on-911-attacks* [18.12.2010]

3 Gruppierungen und weitere Teile der Wahrheitsbewegung

Im Laufe der Zeit haben sich die Skeptiker zu Gruppen zusammengeschlossen. Es gilt zu unterscheiden zwischen Gruppen, die sich im Allgemeinen mit den unbeantworteten Fragen zum 11. September beschäftigen, und Gruppen, die sich auf bestimmte Fragen und Sachverhalte konzentrieren, sich also spezialisiert haben. Einige dieser Gruppierungen werden hier vorgestellt.

3.1 Architects & Engineers for 9/11 Truth
Mehr als 1400 zweifelnde Architekten und Ingenieure

Die Architekten und Ingenieure, die an der offiziellen Version zu den Anschlägen zweifeln und sich für eine neue Untersuchung aussprechen, haben sich erst relativ spät formiert.

Die Gruppe *Architects and Engineers for 9/11 Truth* (AE 911 Truth), der nach eigenen Angaben gut 1400 Architekten und Ingenieure angehören,[1] ist im Zuge der Diskussion entstanden, die die *Scholars for 9/11 Truth* angeheizt haben. Zu den über 1400 Experten haben sich noch mehr als 10.000 weitere interessierte Fachleute aus anderen Bereichen angeschlossen. Richard Gage, der seit mehr als 20 Jahren als Architekt arbeitet, hat die Gruppierung 2007 ins Leben gerufen. Die beruflichen Hintergründe von ihm und seinen Mitstreitern legen nahe, dass sich die Auseinandersetzung der »9/11 Architekten und Ingenieure« auf den Zusammensturz des World Trade Center konzentriert. Ähnlich wie andere Skeptiker auch, geht AE911 Truth von einer kontrollierten Zerstörung der Gebäude aus. In einer zentralen Aussage ruft AE911 Truth den Kongress der Vereinigten Staaten zu einer neuen Untersuchung der Anschläge auf. Die Hauptthese der Gruppe besagt, dass es erdrückende Beweise für eine Sprengung des World Trade Center gebe und die Zerstörung der Gebäude nicht durch den Einschlag der Flugzeuge sowie durch

1) Stand Februar 2011

das Flugzeugbenzin erfolgt sein könnten.[2] Die These einer kontrollierten Sprengung der Gebäude stellt AE911 Truth unter der Rubrik »Evidence« auf ihrer Webseite aufwendig dar. Um ihre Thesen zu verdeutlichen, zeigen die zweifelnden Architekten entsprechendes Bildmaterial und Graphiken auf ihrer Webseite. Im Wesentlichen führt AE911 Truth 15 Gründe an, die nach Meinung der Architekten für eine Sprengung sprechen. Als Hauptgründe lassen sich hervorheben:

- Der Zusammensturz der Gebäude in der Geschwindigkeit des freien Falls
- Druckwellen, die Fensterscheiben von weiter entfernten Häusern zerstört haben
- Massive Stahlträger, die beim Zusammensturz regelrecht aus den Gebäuden geschleudert wurden
- 118 Hilfskräfte, die von Explosionen vor dem Zusammensturz sprachen
- Geschmolzenes Metall, das von Hilfskräften selbst noch 21 Tagen nach dem Zusammensturz der Gebäude auf dem Grund des WTC entdeckt wurde
- Symmetrischer Zusammensturz der Gebäude.

Ihre Vermutung unterstützen die AE911-Truth-Mitglieder auch durch zahlreiche Fachaufsätze, in denen detailliert auf die ihrer Meinung nach eigentlichen Ursachen für den Zusammensturz der Gebäude eingegangen wird. Die meisten Fachartikel sind als PDF auf der Webseite zu finden. Ähnlich wie auf anderen Webseiten der 9/11-Skeptiker, sind auch bei AE911Truth diverse Videoclips zu finden, die sich mit den Einstürzen des WTC auseinandersetzen. Gage und seine Mitstreiter stellen dabei Videos von dem Zusammensturz der WTC-Gebäude Videos gegenüber, die Gebäude zeigen, die durch Sprengung zerstört wurden.

Einen eigenen Bereich gibt es auf der Webseite für das Gebäude WTC 7, also jenes den Türmen benachbarten Hochhaus, das 47 Stockwerke umfasste und am späten Nachmittag des 11. Septembers zusammenstürzte. Immer wieder war und ist das WTC 7 im Visier der Skeptiker. Viele betrachten den Zusammensturz des Gebäudes als die »smoking gun«, als den rauchenden Colt, also den offensichtlichen Beweis für einen großen Cover-up der Geschehnisse um den 11. September. Die Auseinandersetzung von AE911Truth mit WTC 7 dreht sich darum, warum gerade dieses Gebäude zusammenstürzte, und vor allem um die Frage: Warum ist es so zusammengestürzt, wie es zusammengestürzt ist, nämlich symmetrisch und dazu auch noch nahezu in

---

2) *http://www.ae911truth.org/aboutus.php* [12.09.2009]

der Geschwindigkeit des freien Falls? So zitiert AE911 Truth beispielsweise den Ingenieur Kamal S. Obeid:

> Die Fotos vom Stahl des WTC […], die Beweise von Thermite in den Trümmern sowie zahlreiche andere rote Flaggen sind beunruhigende Hinweise auf eine sorgfältig geplante und durchgeführte kontrollierte Sprengung.[3]

Und auch ein Ingenieur aus Australien meldet sich zu Wort:

> Meiner Meinung nach ist die Wahrscheinlichkeit, dass drei Gebäude symmetrisch und in der Geschwindigkeit des freien Falls zusammenstürzen, ohne das sie gesprengt wurden, sehr weit hergeholt, sodass es gar keine andere Erklärung geben kann [als die Möglichkeit einer Sprengung, Anmerkung MBK].[4]

Die Spekulationen um eine Sprengung hängen sicherlich auch damit zusammen, dass der Einsturz des WTC-Gebäudes Nr. 7 im offiziellen Abschlussbericht der 9/11-Kommission nicht erwähnt wird. Der Kean-Report spricht nur von zwei Hochhäusern, die am Tag des Anschlags eingestürzt sind. Wohl auch durch ein zunehmendes öffentliches Interesse am WTC 7 – erzeugt durch die Skeptiker – hat sich die amerikanische Technologiebehörde National Institute of Standards and Technology (NIST) mit dem Zusammensturz des Gebäudes befasst und im Sommer 2008 einen Abschlussbericht vorgelegt. Darin heißt es, dass nicht eine Kombination von schweren Beschädigungen (die durch herabstürzende Trümmer der WTC-Türme verursacht worden sein sollen) und Feuer für den Zusammensturz verantwortlich seien, sondern letztlich nur das Feuer, das bedingt durch die spezifische Bauweise von WTC 7 das Gebäude zum Einsturz gebracht habe.[5]

Doch für die Mitglieder von AE911 Truth, aber auch für andere Skeptiker, ist der NIST-Bericht geradezu eine Unverschämtheit, da er ihrer Meinung nach vor Unzulänglichkeiten nur so strotzt. Auf der Webseite sind diverse Fachaufsätze veröffentlicht, die im Detail auf die Gründe eingehen, warum der NIST-Bericht angeblich schlicht falsch ist.

Im Wesentlichen läuft die Kritik an dem Bericht darauf hinaus, dass die Behörde Daten für ihre Computersimulation benutzt haben soll, die die Realität verfälscht darstellten.

Ähnlich wie bei anderen Gruppierungen der Skeptiker reicht die Aktivität von AE911 Truth weit über die Veröffentlichungen von Stellungnahmen im Internet hinaus. Allerdings wird bei Betrachtung der Webseite von AE911

---

3) *http://www.ae911truth.org/wtc7.php* [12.01.2009]
4) *http://www.ae911truth.org/wtc7.php* [12.01.2009]
5) *http://www.nist.gov/public_affairs/releases/wtc082108.html* [20.01.2009]

Truth schnell klar, dass die Mitglieder von AE911 Truth bei ihrem Kampf um die Wahrheit des 11. Septembers wohl zu den Aktivsten in der »Gemeinde« der Skeptiker gehören.

Richard Gage, der durch fast alle US-Bundesstaaten getourt ist und Vorträge zum Zusammensturz des WTC gehalten hat, war gar auf einer Europa-Tournee und hat in Ländern wie Spanien, Großbritannien, die Schweiz, Österreich und auch Deutschland gesprochen.

Im Schnitt kamen – laut Angaben von AE911 Truth – gut 200 Personen zu den Vorträgen, wobei in Berlin und Hamburg 270 bzw. 110 Personen anwesend waren.

In einem Fazit zur Europa-Tour von 2008 schreibt Richard Gage auf der Webseite:

> Wie es aussieht, war die Europa-Tour ein großer Erfolg. Tausenden Europäern konnte die Wahrheit zu den kontrollierten Sprengungen der 3 World-Trade-Center-Gebäude nahegebracht werden. [...] Hunderte von Architekten und Ingenieure kamen, um zu sehen, worum es bei der Kontroverse geht. [...] Die großen Medien in Spanien erlaubten ein Fernsehinterview und eine Berichterstattung über die Veranstaltung von AE911 Truth zur Hauptsendezeit. Gut 8 andere Interviews im Radio und bei Fernsehstationen ermöglichten weitere Öffentlichkeit. [...][6]

Gelder für die Unternehmungen von AE911 Truth kommen in der Regel aus Spenden und Beiträgen, die die Mitglieder in den »Topf« werfen. Darüber hinaus befindet sich auf der Webseite eine Graphik zu einem aktuellen Projekt, für das Geld benötigt wird und die anzeigt, wie viel bisher für das Projekt gespendet wurde. Im Frühjahr 2009 ging es darum, genügend Geld für einen eigenen Stand aufzubringen, um auf der größten Convention für Architekten in den USA (ausgerichtet von dem American Institute of Architects AIA), die vom 30. April bis zum 2. Mai 2009 stattfand, vor Ort sein zu können und andere Fachkollegen für die 9/11-Skepsis gewinnen zu können.

Wie aktiv AE911 Truth ist, zeigt auch ein Brief, den die Gruppe an FBI-Direktor Robert S. Mueller schickte. Man bat ihn darum, sich die Informationen, die AE911 Truth im Kampf um die Wahrheit des 11. Septembers bisher zusammengetragen hat, anzuschauen.

Eine Antwort erhielt AE911 Truth dann von dem Assistant Director der Einheit für Counterterrorism, an den der Brief und die Unterlagen weitergeleitet wurden.

---

6) *http://www.ae911truth.org/events/eurotour/* [10.03.2009]

In dem auf der Webseite veröffentlichten Antwortschreiben heißt es in einer zentralen Stelle: »Mr. Gage zeigt eine interessante Theorie auf, die durch sorgfältige Recherchen und Analysen gedeckt wird.«[7]

Seit Dezember 2007 veröffentlicht AE911 Truth auch einen Newsletter, der an die Mitglieder der Gruppe versendet und gleichzeitig auf der Webseite veröffentlicht wird. Der Newsletter, der, wie es aussieht, vierteljährlich erscheint, erhält einerseits eine Zusammenfassung der aktuellen Geschehnisse um AE911 Truth sowie aktuelle Positionen und Stellungnahmen der Mitglieder.

3.2 Scholars for 9/11 Truth (and Justice) Wissenschaftler auf Wahrheitssuche

Zwar dauerte es eine Weile, bis sich die Wissenschaftler unter den Skeptikern zusammenfanden, aber zum Jahreswechsel 2005/2006 war es so weit: Eine Reihe von Akademikern schloss sich zusammen und gründeten eine Gruppierung mit dem Namen *Scholars for 9/11 Truth*. Laut Eigendarstellung der Gruppe ist es ihr Ziel, die vorhandenen Fachkompetenzen der Mitglieder, die aus den verschiedensten wissenschaftlichen Zweigen kommen, zu bündeln und so zur Aufklärung der Terroranschläge beizutragen. Der Philosophie-Professor James A. Fetzer[8] ist der Gründer der *Scholars for 9/11 Truth*. Auf der Webseite der Gruppe schreibt Fetzer:

> Als Gründer der Scholars of 9/11 Truth möchte ich behaupten, dass unsere Mitglieder - auch durch die Vorarbeit vieler anderer Skeptiker vor unserem Zusammenschluss - gut ein Dutzend Fehler in der offiziellen Regierungserklärung zu den Anschlägen aufgedeckt haben. Dabei zeugte bereits eine falsche Angabe in der offiziellen Version der Regierung auf die eine oder andere Weise davon, dass diese Version so nicht stimmen kann.[9]

Zu ihren prominentesten Vertretern gehören u.a. Dr. Robert Bowman, der sowohl unter demokratischer als auch republikanischer Regierung für das »*Star-Wars*-Programm« verantwortlich war, wie auch Morgan Reynolds, ehemals einer der führenden Ökonomen in der Bush-Regierung. Im Wesentlichen konzentrieren sich die Untersuchungen der Wissenschaftler auf den Einsturz der beiden Zwillingstürme des WTC, den Anschlag auf das Pentagon sowie den Absturz von American-Airline-Flug 93 in Pennsylvania. Ihre zentrale These ist jedoch, dass die am 11. September eingestürzten Gebäude

7) *http://www.ae911truth.org/docs/other/FBI_Heimbach_Response_Saive.pdf* [10.03.2009]
8) *http://www.d.umn.edu/%7ejfetzer/* [07.05.2007]
9) *http://www.911scholars.org/WhyQuestion911.html* [07.05.2007]

nicht alleine durch die Flugzeugeinschläge und die daraufhin entstandenen Brände eingestürzt seien, sondern dass die Zerstörung erst durch zusätzliche Einwirkungen möglich wurde. Wie deutlich die »Scholars« diese These vertreten, zeigt sich in der folgenden Aussage:

> Wir wissen, dass das World Trade Center mit Absicht durch eine massive Energieeinwirkung zerstört wurde, die physikalisch nichts mit dem Einschlag der Flugzeuge oder der Feuer zu tun hat. Die genauen Details, wie die Täter die Anschläge letzen Endes ausgeführt haben, bleibt ein Streitpunkt. Was wir aber mit ziemlicher Sicherheit über den 11. September sagen können, ist bereits die Story des Jahrhunderts.[10]

Nach kurzer Zeit haben sich innerhalb der Gruppe jedoch Differenzen gebildet, die anscheinend nicht einfach so zu überbrücken waren. Insbesondere ein Disput zwischen Fetzer und dem Physik-Professor Steve Jones, bei dem es um die Frage ging, wie das World Trade Center zerstört wurde, spielte dabei eine Rolle. Während Fetzer die Auffassung von Reynolds vertritt, der an eine Zerstörung durch eine hochentwickelte Elektrowaffe glaubt, konzentriert sich Jones auf den Einsatz von Thermite, stark simplifiziert gesagt, ein auf einer chemischen Reaktion basierender »Schneidestoff«, der durch eine enorme Hitzeentwicklung Stahl durchschneiden kann. 2006 bildete sich dann eine Gruppe mit dem Namen *Scholars for 9/11 Truth and Justice*, die prinzipiell aber nahezu identische Ziele verfolgt. Vorausgegangen waren der Gründung diverse Veranstaltungen zum Thema 9/11, bei denen sich die verschiedenen Mitglieder bereits kennen gelernt hatten. Mittlerweile gehören *Scholars for 9/11 Truth and Justice* gut 200 Akademiker an. Laut Selbstdarstellung wollen sie mit großer Sorgfalt dafür einstehen, dass ihre Veröffentlichungen den hohen Standards akademischer Praxis gerecht werden. Zwischen beiden Gruppen besteht trotz der Differenzen Kontakt und Meinungsaustausch.

3.3 Truth Action

Ein weiterer Arm der Wahrheitsbewegung ist *truthaction*[11]. Auf ihrer Webseite steht nichts davon, wie *truthaction* organisiert ist. Anscheinend handelt es sich dabei mehr um eine dezentralisierte Gruppe von losen Mitgliedern. Über 400 Mitglieder listet *truthaction* auf, die sich quer durch die Vereinigten Staaten ziehen. Geradezu wie in einem politischen Manifest schreibt einer der Aktivisten:

---

10) *http://67.15.255.19/~c911sch1/ index.php?option=com_content&task=view&id=104&Itemid=70* [07.05.2007]

11) *http://truthaction.org/* [30.08.2007]

> An jedem 11. in jedem Monat rufen wir alle Aktivisten auf, auf die Straße zu gehen und die Wahrheit zu verkünden. Indem wir jeden Monat mit einem Tag der Wahrheitsaktionen 9/11 gedenken, setzen wir für uns selbst einen Fokus, genauso wie so ein Tag eine kontinuierliche Erinnerung für die Medien, die gewählten Volksvertreter und auch für die Leute auf den Straßen ist, sodass die Wahrheit ans Licht kommen wird und wir uns nicht vertreiben lassen. Der 11. wird zu einem dauerhaften Symbol unserer Anwesenheit, unserer Durchhaltekraft und unseres Mitgliederwachstums. [...] Was bisher fehlt in der Wahrheitsbewegung, ist nicht so sehr die weitverbreitete Erkenntnis des Cover-up, sondern ein echter Aktionsplan, der es erlaubt, Leute überall im Land zu involvieren. [...] Wir werden erst aufhören, wenn alle Verbrecher des 11. Septembers gefasst und dem Gesetze zugeführt worden sind. Von da an soll der 11. eines jeden Monats ein Ehrentag werden für alle die, die an diesem Tag ermordet wurden, und für all die anderen, die im Namen dieses Tages bis heute ihr Leben gelassen haben.[12]

Ob es nun Zufall ist oder nicht, dass dieser Aufruf zum breiten politischen Widerstand an den Duktus eines Hollywood-Films erinnert, in dem eine Untergrundbewegung gegen ein diktatorisches Regime kämpft, mag dahingestellt sein. Zentral ist an dieser Stelle die Wucht der Textbotschaft. Die gemachten Aussagen klingen zwar auf den ersten Blick fast zu plakativ, um sie wirklich ernst zu nehmen, zieht man jedoch die bisherige Entwicklung der Bewegung sowie die Aktionen, die von den 9/11-Skeptiker ausgehen, in Betracht, wird deutlich, dass die Botschaft für den Verfasser sicherlich ernst gemeint ist.

3.4 We Are Change

»9/11 was an Inside Job«, »Reopen 9/11«, »The Government did it« oder »9/11 was a Cover up« lauten einige der Sprüche auf den großen Plakaten, mit denen die verschiedenen Gruppen aus dem 9/11 Truth Movement in der Öffentlichkeit protestieren. Die Slogans sind zentrale Elemente ihres Wirklichkeitsverständnisses zu den Terroranschlägen vom 11. September. Eine dieser Gruppen, die in weiten Teilen der USA auf lokaler Ebene den Wahrheitskampf forciert, heißt *We are Change*. Dabei handelt es sich um eine lokale Gruppierung in New York, die nach ihren Aussagen an jedem 11. eines jeden Monats durch die Straßen von New York zieht und öffentliche Aufklä-

---

12) *http://www.truthaction.org/forum/viewtopic.php?t=31* [30.08.2007]

rungsarbeit betreibt, um den »normalen« Bürger zu informieren. In ihrer Selbstbeschreibung heißt es:

> Wir kennen nicht alle Antworten, wir wollen aber die Verteilung von Informationen zu neuem Leben erwecken. Nach unserem Verständnis funktioniert die Welt nicht nach einem Rechts/Links-Prinzip, sondern nach einer Oben/Unten-Hierarchie, die versucht, die Freiheit so wie wir sie kennen, zu zerstören […].[13]

Mithilfe von Flyern, die sie verteilen, sowie durch Gespräche, die sie mit Passanten führen, tragen sie die unbeantworteten Fragen in die Straßen von New York. Mit ihrem Protest sind sie vor der Börse, am Times Square, vor dem neuen WTC-Gebäude Nr. 7 von Larry Silverstein oder an Ground Zero anzutreffen, und immer sind die Reaktionen der Passanten gespalten. Mit Zustimmung und aufbauenden Worten bis hin zu Ablehnung und verbalen Angriffen reagieren die New Yorker auf die Thesen, mit denen sie aus ihrem Alltag gerissen werden. Anhand der Darstellung auf ihrer Internetseite lässt sich ablesen, dass es den Männern und Frauen von *We are Change* ernst ist und es sich bei ihrer Aufklärungsarbeit nicht nur um einen Freizeitspaß handelt. Eine der Hauptfiguren von *We are Change* ist Luke Rudkowski, der nach eigenen Aussagen Ende 2004 zur Bewegung gestoßen ist und mittlerweile zu einer treibenden Kraft in der New Yorker 9/11-Szene geworden ist. In einem Interview sagte er, dass er u.a. durch Alex Jones' Internetseiten auf die Merkwürdigkeiten des 11. Septembers aufmerksam geworden sei, in dessen Sendung er mehrmals zu Gast war, um über die Entwicklung der Bewegung in New York zu sprechen. Der 24-jährige Rudkowski hat auch einen Film mit dem Titel *Dedicated* gemacht, worin im Wesentlichen die Aktivität der Bewegung in New York dokumentiert ist. Wie er selbst im Internet sagt, habe er noch nie einen Film produziert und nur durch Versuch und Irrtum in einem längeren Prozess gelernt, wie es funktionieren könnte. Deshalb sei das Resultat auch nicht perfekt.[14] Eine Vielzahl von Videos, die von den Gruppenmitgliedern während der verschiedenen Aktionen gemacht wurden und auf ihrer Internetseite zu finden sind, zeigen einmal mehr, wie hartnäckig *We are Change* vorgeht.

Eines dieser Videos zeigt, wie ein Kamerateam des Fernsehsenders *NBC* an Ground Zero einen Beitrag zu dem Freedom Tower macht, der an der Stelle, an der das WTC gestanden hat, entstehen soll, während im Hintergrund der Szene eine Gruppe von *We are Change* mit großen Transparenten

---

13) *http://www.wearechange.org/whoischange.html* [13.11.2007]
14) *http://www.truthaction.org/dedicated.htm* [13.11.2007]

die Aufnahmen stört. Konzentriert, aber sichtlich angespannt, moderiert der Reporter[15] weiter seinen Beitrag, bis die Gruppe anfängt, im Chor zu rufen: »9/11 was an inside job!« Darauf bricht das Kamerateam die Arbeit ab, wobei *We are Change* versucht, das Fernsehteam darauf aufmerksam zu machen, dass der 9/11-Cover-up doch die eigentliche Story sei. Es kommt, wie es kommen muss: Der Reporter des Kamerateams und einer der 9/11-Aktivsten liefern sich ein Rededuell, in dem der Reporter seinen Nervenverlust durch den Ausruf »Arschloch!« dem Truther entgegenschleudert.[16] In einem anderen Video ist zu sehen, wie *We are Change* bei einem Vortrag von Zbigniew Brzeziski, dem ehemaligen Nationalen Sicherheitsberater der USA, den Geostrategen in einer Fragerunde auf die These der Regierungsbeteiligung an den Anschlägen anspricht, was zu einem Eklat führt und die Eskortierung des Fragestellers durch Sicherheitsleute nach draußen zur Folge hat. Überhaupt gehört diese Methode zu dem Standardrepertoire der Aktivisten. In kleinen Gruppen besuchen sie eine Veranstaltung, auf der ein Prominenter spricht, um dann entweder während einer Fragerunde zu den Hintergründen von 9/11 auf ihre Angelegenheit aufmerksam zu machen oder aber durch eine Störung, die sozusagen außerhalb der vorgegebenen Struktur der jeweiligen Veranstaltung liegt, ihre Thesen zu verbreiten.

Ein gutes Beispiel hierfür sind Videos, die auf *YouTube* zu sehen sind und in denen jeweils ein Mann oder eine Frau während der Rede eines prominenten Politikers plötzlich aufspringt und mit einer Pfeife laut pfeift, um daraufhin lautstark zu proklamieren: »9/11 was an inside job!« Ein anderes Beispiel dafür, wie die modernen politischen Aktivisten sich mittels Videokameras für ihre Sache einsetzen, zeigt ihr Verhalten während des Auftritts des ehemaligen Präsidentschaftskandidaten der Demokraten, John Kerry, als dieser mit seiner Frau in einem Buchladen in Austin, Texas eine Lesung zu seinem neuen Buch hielt. Dabei stellte Truther Aaron Dooley eine Frage über den Zusammensturz von WTC-Gebäude Nr. 7, worauf Kerry sagte, dass, soweit er wüsste, die eine Mauer des Gebäudes schwer beschädigt gewesen sei und man sich deshalb dafür entschieden habe, das Gebäude zu sprengen, bevor etwas passiere.[17] Seitdem verbreitete sich die Nachricht als »amtliches Eingeständnis«, dass das Gebäude also doch gesprengt wurde. Webster Tarpley, ein amerikanischer Buchautor, der mit zu den führenden Kräften in der Bewegung

---

15) Bei dem Reporter handelt es sich um Pat Dawson, ein mit mehreren Auszeichnungen geehrter Korrespondent des Senders, der als Erster für den Sender *NBC* über die Terroranschläge auf das World Trade Center berichtete.

16) *http://www.wearechange.org/deptaction.html* [13.11.2007]

17) *http://video.google.de/videoplay?docid=-6009198774250358784&q=wtc+7+%2B+john+kerry&total=30&start=0&num=10&so=0&type=search&plindex=0* [03.11.2007]

zählt, hat in einem Interview mit Gerhard Wisnewski gesagt, dass diese Art des politischen Aktivismus aus einer Begebenheit des US-amerikanischen Wahlkampfes stamme:

> Ich weiß nicht, ob das bekannt ist [in Deutschland; Anmerkung MBK], aber es gab einen sehr rechten, reaktionären Senator, George Allen aus dem Bundesstaat Virginia, der wollte sogar Präsident werden. Er hat [...] rassistische Äußerungen gemacht - während des Wahlkampfs - und das hätte vielleicht niemand gemerkt, wenn nicht ein Aktivist da gewesen wäre mit einer Kamera und das Ganze gefilmt hätte. Das ist dann in YouTube im Internet gezeigt worden und dadurch ist dieser von allen völlig diskretitiert worden. [...] Am Anfang diesen Jahres habe ich praktisch vorgeschlagen - der Bewegung gegenüber -, wir sollten diese 9/11 Truth Squad bilden.[18]

Auf die Bemerkung von Wisnewski, dass diese Idee ja eine sinnvolle Aktionsform für Deutschland sein könne, antwortete Tarpley, dass diese Form des Aktivismus deshalb gut sei, weil sie nicht kontrolliert werden könne und dass bei zukünftigen Wahlveranstaltungen beispielsweise von Hillary Clinton Aktivisten aus der Truth Squad auftauchen würden, um 9/11 anzusprechen.

Zwischenzeitlich sind weitere regionale Ortsgruppen von *We are Change* innerhalb der USA, aber auch in anderen Ländern wie etwa Deutschland entstanden.

3.5 911 Blogger

Eine Internetseite, die von den Skeptikern geschätzt wird, ist *911 Blogger*[19]. Darauf werden Nachrichten und Informationen rund um das Thema 11. September aufgeführt. Dabei handelt es sich um Nachrichten sowohl von den Mainstreammedien als auch aus den alternativen Medien. Zahlreiche Meldungen, teilweise mit Videoclips, die Tag für Tag auf dem Blog erscheinen, verdeutlichen, wie groß das Interesse der Internetcommunity an dem Thema 11. September ist. Die Nachrichten, die auf *911 Blogger* erscheinen, werden zum größten Teil von Nutzern der Seite vorgeschlagen und anschließend vom Betreiberteam auf der Seite veröffentlicht und verlinkt. Die Mitglieder des Blogger-Teams nennen sich dz, Reprehensor, Somebigguy und GeorgeWashington.[20] Neben einem Terminkalender, auf dem alle Ereignisse eines jeden Monats aufgelistet werden, die mit dem 9/11 Truth Movement zu tun haben,

18) *http://www.raf-phantom.de/* [12.03.2007]
19) *http*://www.911blogger.com/ [17.08.2007]
20) Stand 2007. Mittlerweile haben sich die Namen geändert.

haben die Betreiber des Blogs eine blogeigene Suchmaschine integriert, mit deren Hilfe alle auf dem Blog veröffentlichten Nachrichten durch die Eingabe entsprechender Schlagwörter gefunden werden können. 2004 entstand diese Seite in ihren Grundzügen. Heute ist sie zu einer Art »Institution« innerhalb der Szene geworden und wurde seit April 2005 von über sechs Millionen Besuchern aufgerufen. Die Seite stellt für die 9/11-Skeptiker einen eigenen großen Informations- und Meinungspool dar, der auch einen guten Überblick für Außenstehende hinsichtlich der Entwicklung innerhalb der Wahrheitsbewegung bietet.

3.6 9-11 Research

Auch Jim Hoffman, Gregg Roberts und Victoria Ashley gehören zu den aktiven 9/11-Truthern. Hoffmann hat zum ersten Mal 2003 von den Theorien der Bewegung erfahren. Daraufhin hat ihn das »Forschungsfieber« gepackt. In Eigenarbeit konzentrierten sich die nun folgenden Recherchen auf den Zusammensturz der Twin Towers. Hoffmann ist von einer Sprengung der Türme überzeugt. Während seiner Nachforschungen kam dem Softwareingenieur die Idee, die Ergebnisse seiner Nachforschungen auf einer Internetseite zu präsentieren. So entstand *9-11 research*[21]. Gemeinsam mit Roberts und Ashley hat Hoffman seine Internetseite zu einer der größeren Seiten der Bewegung aufgebaut. Mit über einem Dutzend Essays, einer bis in kleinste Detail nachgezeichneten Liste der Ereignisse des 11. Septembers und verschiedenen mit Graphiken versehenen Analysen, treten die drei der medialen Auslegung der Terroranschläge entgegen. 2006 führten die Erkenntnisse über eine angebliche Sprengung des WTC zu einer in Eigenarbeit hergestellten DVD, auf der angeblich die offizielle These über den Einsturz widerlegt werden soll.[22] Seit September 2003 hat das *9-11 research*-Team über 40 Veranstaltungen in Kalifornien und Kanada organisiert, auf denen die alternativen Thesen zum 11. September thematisiert wurden. Die Veranstaltungen tragen Namen wie »Physik, der gesunde Menschenverstand und der Einsturz des World Trade Center«, »Die große Lüge im Herzen des Krieges«, und »Die Täuschung dekonstruieren: 9/11, die Medien und falsche Informationen«, wobei der Flyer zu dieser Veranstaltung das brennende World Trade Center mit einer im Vordergrund stehenden Freiheitsstatue zeigt, die sich vor Kummer die Hände vors Gesicht hält.[23]

---

21) *http://www.911research.wtc7.net/re911/about.html#who* [04.08.2007] bzw.: *http://911research.wtc7.net/* [02.02.2011]

22) *http://wtc7.net/store/videos/proof/* [07.08.2007]

23) *http://www.wtc7.net/events/index.html* [07.08.2007]

4 Entwicklungen: ein Ausschnitt

In zehn Jahren 9/11 Truth Movement gab es zahlreiche Aktionen und Ereignisse, anhand derer man erkennen kann, *wie* die Mitglieder der Bewegung ihren Kampf um die Wahrheit führen. Es gab Auftritte im Fernsehen und Radio, bei denen die Skeptiker eher selten die Möglichkeit hatten, ohne Anfeindungen, sachlich über ihr Anliegen zu sprechen, und es gab diverse Aktionen auf öffentlichen Plätzen und bei Veranstaltungen, wo rasch die Polizei zur Stelle war, um zu intervenieren. Im Verlauf des Buchs wurde immer wieder auf die einzelnen Schritte im Öffentlichkeitskampf der Skeptiker verwiesen. Im Folgenden werden drei Ereignisse separat dargestellt. Sie dokumentieren beispielhaft die Entwicklungen in der Bewegung. Darüber hinaus hat sich in den vergangenen Jahren die 9/11-Skepsis auch in diversen Umfragen ausgedrückt. Die Umfragen und Ergebnisse werden in diesem Kapitel vorgestellt.

4.1 9/11-Skepsis im Europaparlament

Nachdem das japanische Parlament über die alternativen Lesarten zum 11. September aufgeklärt wurde (siehe Kapitel: *Yukihisa Fujita: Japanischer Politiker diskutiert 9/11-Zweifel im Parlament*), sollte auch im Europäischen Parlament über das andere 9/11 diskutiert werden. Der italienische Parlamentsabgeordnete Giulietto Chiesa lud am 26. Februar 2008 zu einer Veranstaltung ein, bei der ein neuer Film aus dem 9/11 Truth Movement aufgeführt wurde. In dem Doku-Film *Zero Investigation into 9/11* werden die nach Ansicht der Skeptiker strittigen Aspekte der Terroranschläge thematisiert. Als Gäste erschienen u.a. der japanische Parlamentsabgeordnete Yukihisa Fujita sowie Dr. David Ray Griffin, um mit dem Publikum über eine mögliche neue Untersuchung der Terroranschläge vom 11. September zu diskutieren. Doch die Veranstalter hatten kein Erfolg: Kaum jemand vonseiten der Politik oder der Medien zeigte Interesse an den Thesen der Zweifler. Von 1000 geladenen Journalisten kam nicht ein einziger ins Parlament. Von den 765 EU-Abgeordneten wohnten sechs der Veranstaltung bei. Einer der Initiatoren der Veranstaltung sagte:

> Heute Abend ist kein einziger italienischer Journalist anwesend. Und wir haben nur sechs Repräsentanten...des europäischen Parlaments hier. Ich kann Ihnen gegenüber nicht genug betonen, wie mächtig die Vereinigten Staaten von Amerika sind, denn sie können der europäischen Presse verbieten, an so einer Veranstaltung wie dieser teilzunehmen. [...] Das System der Information wird völlig durch die USA kontrolliert [...] Man kann die Macht der USA nicht unterschätzen. [...] Es hätte kein 9/11 gegeben, keinen Krieg in Afghanistan, wir hätten keinen Krieg im Irak, wenn die USA nicht alles kontrollieren würden. [...][1]

Die Nachricht über die schlecht besuchte Veranstaltung verbreitete sich rasch im Internet. Die Kommentare auf den diversen Internetseiten dokumentieren Frustration und Enttäuschung über die mangelnde Bereitschaft von Medien und Politik, sich mit der alternativen Lesart zu den Terroranschlägen auseinanderzusetzen:

> Wie kann man als Politiker und als Presse so ein Desinteresse an 9/11 haben, wenn dieses Ereignis unser aller Leben seitdem beeinflusst hat? Es werden Kriege damit begründet, alle Freiheitseinschränkungen und die Einführung des totalen Überwachungsstaats gerechtfertigt. Dieses unverständliche Verhalten der Politiker und Medien beweist: Hier findet eine gigantische Vertuschung und Unterdrückung der Wahrheit statt.[2]

schreibt der Verfasser eines Artikels zu dem Sachverhalt auf einem Blog. Einer der Kommentatoren des Artikels verspricht Aktionismus:

> Danke Freeman für diese Info. Ich persönlich werde diesen Artikel [...] jedem, den ich kenne, zukommen lassen. Ich wohne in einem kleinen Dorf in Nordbayern. Ihr Einverständnis vorausgesetzt, werter Herr Freeman, werde ich diese beiden Artikel bei uns in Papierform verteilen (ca. 250 Haushalte). Der Kopierer ist schon warmgelaufen!!! Wir brauchen Multiplikatoren!!! Und jeder, der hier mitliest, kann einer sein.[3]

---

1) *http://alles-schallundrauch.blogspot.com/2008/03/die-macht-der-usa-ber-eu-parlament-und.html* [20.09.2008]

2) ebd.

3) ebd.

Trotz der geringen medialen Öffentlichkeit sehen die Skeptiker in den Ereignissen einen weiteren Schritt für sie nach vorne. Immerhin, so lässt sich sagen, ist nun der 9/11-Skeptizismus auch in den Parlamenten angekommen – im weitesten Sinne.

4.2 Deutsche Befindlichkeiten: Bitte kein *Loose Change* an der Uni

In Berlin hat sich eine Gruppe von Zweiflern zusammengeschlossen, um sich gegen die offizielle Erklärung der Terroranschläge auszusprechen. Der Name ihrer Internetadresse – *freeloosechange.de* – lässt erahnen, was es mit der Gruppe auf sich hat. Eine möglichst breite Distribution von *Loose Change* ist ihr Ziel. Laut einem Artikel der linken Tageszeitung *junge Welt* ist Heinrich Bueckner einer der Mitbegründer dieser Initiative. In dem Artikel heißt es weiter, dass er selbst ein Café in Berlin-Mitte betreibe und 2005 angefangen habe, gemeinsam mit Freunden *Loose Change* mit deutschen Untertiteln zu versehen, um daraufhin den Film auf DVD in seinem Laden kostenlos zu verteilen.[4]

Nach und nach griffen auch andere Geschäftsleute diese Idee auf, bis sich des Anliegens der Gruppe über 100 Geschäfte wie z.B. Videotheken, Kinos, Gastronomiebetriebe usw. angenommen haben, die dann ebenfalls kostenlose *Loose-Change*-DVDs an ihre Kunden abgegeben haben. Auf diese Weise ist ein regelrechtes Verteilungsnetzwerk entstanden, mit dessen Hilfe auch in Berlin der Graswurzel-Gedanke der Wahrheitsbewegung zum Tragen kommt.

Eine öffentliche Filmvorführung in einem Saal der Berliner Humboldt-Universität im November 2006, für die sich die Gruppe eingesetzt hatte, sorgte für mediale Aufmerksamkeit, da die Universitätsleitung die Aufführung des Films untersagte. In einer eigens für diesen Sachverhalt herausgegeben Presseerklärung heißt es:

> Der Film behandelt die Attentate und terroristischen Akte des 11.9.2001 in den Vereinigten Staaten und stellt Behauptungen auf, die eine Verantwortlichkeit und unmittelbare Täterschaft des Präsidenten der Vereinigten Staaten und anderer Personen der dortigen Administration, aber auch von Personen aus der dortigen Wirtschaft und Gesellschaft unterstellen.[5]

---

4) *http://www.911komplott.de/index.php?option=com_content&task=view&id=239&Itemid=2* [12.08.2008]

5) *http://www.das-gibts-doch-nicht.info/seite4157.php* [20.08.2007]

Und weiter im Schreiben der Uni:

> Das öffentliche Interesse wird auch mit dem AGG und dem dort enthaltenen Diskriminierungsverbot begründet. Der Film enthält rassistische und diskriminierende Behauptungen, die innerhalb des öffentlichen Bereichs nicht unterstützt und verbreitet werden dürfen. Ferner wird durch eine solche Verbreitung das Ansehen der Bundesrepublik Deutschland und das internationale Zusammenwirken gefährdet. Auch droht ein Imageverlust für die HU, wenn sie in einem Atemzug mit dieser Filmpräsentation genannt wird. [...] Der Film ist ein Machwerk, das Vorurteile und unwissenschaftliche Behauptungen vorträgt und pseudo-wissenschaftlich Beweise vorspiegelt, die weder natur-wissenschaftlich noch geistes- oder rechtswissenschaftlich sowohl im amerikanischen Wissenschaftssystem als auch in der europäischen Science Community tragbar sind.[6]

Die *taz* griff die Geschichte auf und titelte »Uni will Verschwörungsfilm nicht sehen«. In der Online-Ausgabe der *Berliner Zeitung* (*BZ*) hieß es: »US-kritischer Film darf nicht gezeigt werden«. Nach Angaben der *BZ* haben die Veranstalter auf die Absage ebenfalls eine Presserklärung herausgegeben, in der von Zensur und vorauseilendem Gehorsam die Rede ist:

> Sie wiesen in einer Pressemitteilung darauf hin, dass der - auch in vielen deutschen Zeitungen besprochene - Film bislang über 70 Millionen Mal aus dem Internet heruntergeladen worden sei und von Fernsehstationen in Frankreich, Israel, Italien, Polen, Belgien, Holland und Australien ausgestrahlt worden sei. »Es gibt zu denken, dass ein Film aus den USA, der dazu aufruft, selbst zu recherchieren und zu prüfen, an der Humboldt-Universität zensiert wird«, hieß es in der Pressemitteilung, in der auch juristische Schritte gegen die Entscheidung der Uni-Leitung angekündigt wurden.[7]

Die Kommentare auf der Internetseite *meinberlin.de*, auf der ebenfalls ein Artikel zu dem Vorfall publiziert ist, zeugen wie immer von einer Meinungsgespaltenheit der Leser, wobei die meisten Kommentatoren sich für eine Aufführung des Films ausgesprochen haben. Einige stimmen der Entscheidung des Uni-Präsidenten voll zu, da der Film »... populistisch und nicht sachlich« sei, andere finden den Film »... absolut beeindruckend«. Das Verhalten der Universität rief natürlich auch bei der deutschen Wahrheitsbewegung Reaktionen hervor. In den Kommentaren der bekannten deutschen 9/11-Skeptiker, die auf die Entscheidung des Uni-Präsidenten eingehen, dokumentieren sich

---

6) Zitiert nach *http://infowars.wordpress.com/2006/11/05/69/* [20.08.2007]

7) *http://www.berlinonline.de/berliner-zeitung/archiv/.bin/dump.fcgi/2006/1104/lokales/0070/index.html* [19.08.2007]

Unmut und Verärgerung. Als direkte Anknüpfung an die in der Presserklärung getätigte Aussage der Universität, wonach der Film das Ansehen der BRD gefährde, schrieb Mathias Bröckers:

> Das freudige »Zusammenwirken« mit dem Bush-Imperium könnte durch die Indizien für einen inside job am 11.9., die der Film zusammenträgt, in der Tat gefährdet werden - aber ist das ein Grund, den Studenten an einem Hort der angeblich freien Wissenschaft solche Thesen vorzuenthalten?[8]

Und Gerhard Wisnewski schreibt provokant:

> Liegt die Humboldt-Universität zu Berlin nicht nur geografisch, sondern auch geistig auf dem Gebiet der ehemaligen DDR? Lebt der Stalinismus weiter - und zwar an der Humboldt-Universität? Ist die Wende auch über 15 Jahre später noch nicht überall angekommen, zum Beispiel an der Humboldt-Universität? In einem einmaligen Akt der dreisten und verfassungswidrigen Zensur hat die Universität die Vorführung des weltberühmten 9/11-Filmes »Loose Change« in ihren Räumen untersagt.[9]

Wie auch immer die einzelnen Parteien ihre Standpunkte begründen: Nach eigenen Angaben hat die Berliner Initiative über 50.000 *Loose-Change*-DVDs unters Volk gebracht. Unterdessen ist aus der Verteilaktion ein 9/11-Aktivismus geworden, den die Berliner Gruppe so zum Ausdruck bringt, wie es in den USA schon länger der Fall ist. Am 11. Juni 2007 hielten Vertreter der Gruppe eine Mahnwache vor dem Brandenburger Tor ab. Mit Protestschildern, auf denen die Thesen zum angeblichen Inside Job sowie die Forderung für eine neue Untersuchungskommission stehen, informierten sie auf Graswurzelebene die Berliner Öffentlichkeit.[10]

Andere deutsche 9/11-Skeptiker, die sich als Ableger der US-amerikanischen 9/11-Aktivistengruppe *We are Change* zusammengeschlossen haben, bzw. Aktivisten, die mit dem Blog *Alles Schall und Rauch* verbunden sind, haben weitere Aktionen in der Öffentlichkeit durchgeführt. In Deutschland, aber auch in der Schweiz, standen zu den Jahrestagen der Anschläge Kreideaktionen an. So haben die Skeptiker etwa in den Städten Frankfurt, Düsseldorf, Gelsenkirchen, Hamburg oder Zürich 9/11-kritische Sprüche mit Kreide auf den Boden von belebten Plätzen oder Straßen gemalt, um die Öffentlichkeit auf ihr Anliegen aufmerksam zu machen.

---

8) *http://www.zweitausendeins.de/writersblog/broeckers/index.cfm?mode=entry&entry=AFB2E40C-65BF-D72D-A7E56F6E74395900* [19.08.2007]

9) *http://www.gerhard-wisnewski.de/Allgemein/News/Kaum-zu-glauben-Humboldt-Uni-verbietet-Loose-Change-Vorfuhrung.html*

10) *http://www.bushtrash.com/links/truthaction/110607/* [04.08.2007]

4.3 Eine Schüler-AG und die Deutungsgeschichte des 11. Septembers

Welch ein Gegensatz zur Berliner Humboldt-Universität: Die Altkönigsschule (AKS) in Kronberg im Hochtaunus hat eindrucksvoll unter Beweis gestellt, dass sie mit ihren Schülern am Puls der Zeit ist. Bereits im Herbst 2008 formierte sich eine Arbeitsgemeinschaft von Schülern, die sich unter der Aufsicht ihres Lehrers Christian Schmeiser mit dem Thema »aktuelle Zeitgeschichte« auseinandersetzen wollten.[11]

Und so standen plötzlich die Aufarbeitung der Stay-behind-Strukturen der NATO, Peak Oil, die Ermordung Siegfried Bubacks genauso wie die Kontroverse um die Deutungsgeschichte der Terroranschläge vom 11. September 2001 in den USA auf dem Stundenplan.[12]

Schüler und Schule bewiesen bei der Aufarbeitung der nicht gerade leichten Themen einen großen Ehrgeiz: Die Schüler-AG begnügte sich nicht mit dem Studieren der entsprechenden Literatur, sie gingen viele Schritte weiter. Neben Interviewanfragen an diverse Geheimdienste (die in höflicher Form allesamt abgelehnt wurden), gelang ihnen auch der Kontakt zu Michael Buback (Sohn des von der RAF ermordeten Generalbundesanwalts Siegfried Buback), der ihnen ein Interview gab und die Schüler-AG zu einem Theaterstück, das sich mit seinem Fall auseinandersetzte, nach Frankfurt einlud.

Das Engagement der Schüler setzte sich fort. Am 28.04.2009 stiegen die AKS-Schüler mit ihrem Lehrer in einen Zug, um sich in Basel mit dem Historiker und Friedensforscher Daniele Ganser zu treffen (siehe Kapitel: *Daniele Ganser: Ein Schweizer Forscher und die verdeckte Kriegsführung*). Vorangegangen war dem Treffen eine Kontaktaufnahme der Schüler-AG mit dem Schweizer Wissenschaftler per Brief. Darin schilderten die Schüler, dass sie sich mit dem Spezialthema des Forschers, der verdeckten Kriegsführung, auseinandersetzten, und fragten ihn, ob er bereit wäre, sich von der Schüler-AG interviewen zu lassen.

Ganser antwortete prompt und lud die damals noch 19 Schüler umfassende AG kurzerhand zu sich an die Baseler Universität ein. In einem gut 60-minütigen Vortrag erzählte Ganser den Schülern und ihrem Lehrer von seiner Forschung in Sachen Gladio, um im Anschluss gemeinsam mit der Gruppe zu diskutieren und Fragen zu beantworten. Begleitet wurden die AKS-Schüler auf ihrer Exkursion von einem Kamerateam und Martin Maurer (Drehbuchautor und Verfasser des 2011 im DuMont-Verlag erschienenen Romans *Ter-*

---

11) *http://www.verdeckte-kriegsfuehrung.de/* [25.03.2011]

12) *http://www.fr-online.de/rhein-main/bad-homburg/schueler-als-terror-forscher/-/1472864/3116368/-/index.html* [25.03.2011]

ror), der zu diesem Zeitpunkt an einer Fernsehdokumentation zum Thema Gladio arbeitete.[13]

Die Schüler-AG, die sich in den darauffolgenden Jahren neu formierte, interessierte sich auch nach 2009 weiterhin für die wichtige Frage, ob Terroranschläge auch als Instrument einer Tiefenpolitik von Staaten inszeniert werden können, und konzentrierte sich somit verstärkt auf die diversen Wirklichkeitskonstruktionen zum 11. September.

Am jährlich stattfindenden »Tag der Oberstufe« in der Altkönigsschule informierten im März 2011 die Teilnehmer an der AG ihre Mitschüler über ihre Erkenntnisse, die sie im Laufe der Zeit gewinnen konnten.

Doch der 18. März war für die AG-Schüler ein ganz besonderer Tag. Den Schülern gelang es, den Buchautor und 9/11-kritischen Blogger Dirk Gerhard,[14] den dänischen Universitätsdozenten für Chemie Niels Harrit (Harrit geht von einer Sprengung des WTC aus) sowie den Menschenrechtsaktivisten Elias Davidsson zum Tag der Oberstufe einzuladen. Harrit und Gerhard referierten schließlich vor gut 200 Schülern und Eltern über die alternativen Lesarten zum 11. September.

Ein Schüler der AG, Manuel Mehlhorn, beschrieb die Zusammenkunft an der AKS in einem Artikel für die Lokalzeitung *Kronberger Bote* dann so:

> Knapp zehn Jahre nach den Anschlägen auf das World Trade Center in New York am 11. September 2001 zweifelt bereits ein Drittel der US-Bürger an der staatsoffiziellen Erklärung der US-Regierung über die Anschlagsmotive, nach der ausschließlich islamistische Attentäter für die Anschläge in diesem bisher nie gekannten Ausmaß verantwortlich seien. [...] Zu Beginn der 90-minütigen Referatsreihe las Autor Gerhardt nicht nur einen kurzen Ausschnitt aus seinem im August 2010 veröffentlichten Thriller »Nanospuren« vor, den er am Samstag bereits auf der Leipziger Buchmesse präsentierte, sondern berichtete den Oberstufenschülern auch von seiner persönlichen Motivation, sich innerhalb der Wahrheitsbewegung um den 11. September zu engagieren: »Da ich mich am 11. September 2001 während der Anschläge selbst in einem Flugzeug auf dem Weg nach Kuba befand, begann ich nach dem ersten Schock über den Mord an über 3000 Menschen eigene Recherchen anzustellen«, so der 34-Jährige. Da ihn die fehlende Bereitschaft der Massenmedien ärgerte, angesichts der Ungereimtheiten um den 11. September, die Prof. Harrit später darlegte, zur aktiven Wahrheitsfindung beizutragen, begann er, im Internet auf Plattformen wie *www.911-archiv.net* zu bloggen und Bücher wie »Nanospuren« zu schrei-

13) *http://www.youtube.com/watch?v=NDJlamuOkeo* [25.03.2011]
14) *www.911archive.net* [25.03.2011]

ben. […] Die politische Interpretation von Prof. Harrits Forschungen übernahm der Menschenrechtsaktivist und Kritiker der staatsoffiziellen Darstellung der Terroranschläge am 11. September, Elias Davidsson. Er berichtete in einem Workshop vor der Veranstaltung von seiner Sicht der Tatmotive. »Die westlichen Mächte um das Militärbündnis NATO (North Atlantic Treaty Organization) brauchten mit dem Ende des Kalten Krieges und dem Wegfall des Kommunismus ein neues Feindbild«, so Davidssons These. Mit dem 11. September habe das »Feindbild Islamismus« etabliert werden können, da islamistische Attentäter der Terrororganisation »al Qaida« als Täter angegeben wurden.[15]

Am gleichen Abend kamen Davidsson, Harrit und Gerhard auch bei einer Veranstaltung des Freidenker-Verbands in Frankfurt zusammen, um ebenfalls vor Publikum über den 11. September zu referieren. Auch hierbei war die Schüler-AG anwesend.[16] Nach Angaben des Lehrers der Schüler-AG wurde die Frankfurter Presse über die Ereignisse informiert, doch kein Medienvertreter habe sich eingefunden, um über die Veranstaltungen zu berichten.

Anmerkung: Die Veranstaltung in der Altkönigsschule hat eindrucksvoll bewiesen, dass Bildungseinrichtungen durchaus in der Lage sein können, auch kritische politische Themen ohne Denkverbote aufzuarbeiten. Es spricht für die Altkönigsschule, dass sie ihren Schülern ein möglichst breit gefächertes Wissen zugänglich macht und sich nicht scheut, ihre Schüler als vernunftbegabte junge Menschen zu betrachten, denen zugetraut wird, sich eine eigene Meinung zu bilden. Im Vergleich mit der AKS dürfte, was die Kultur eines freien Meinungsaustauschs und Kommunikationsprozesses angeht, die Humboldt-Universität noch Nachholbedarf haben.

4.4 Statistisches zum Wahrheitskampf

Im Kampf um die Geschichte des 11. Septembers finden sich auch statistische Bezugswerte.

In diversen Umfragen wurde in den vergangen Jahren der Zweifel der 9/11-Skeptiker quantifiziert. Auf einige der Umfragen, die u.a. in den USA, Kanada und Deutschland durchgeführt wurden, soll an dieser Stelle näher eingegangen werden.

---

15) *Kronberger Bote*, Ausgabe 24.03.2011

16) *http://www.freidenker.org/cms/dfv/index.php?option=com_content&view=category&layout=blog&id=87&Itemid=128* [25.03.2011]

1. *ZEIT*-Umfrage:
   In einer repräsentativen Umfrage vom 23. Juli 2003, die von der Wochenzeitung *DIE ZEIT* in Auftrag gegeben und vom Meinungsforschungsinstitut *Forsa* durchgeführt wurde, zeigte sich, dass 19 Prozent der Befragten es für möglich halten, dass die US-amerikanische Regierung die Terroranschläge in den USA selbst inszeniert hat. In der Gruppe der 18- bis 30-Jährigen sind es 31 Prozent, die eine Regierungsbeteiligung an den Anschlägen für möglich halten. 68 Prozent der 1010 befragten Frauen und Männer sagten, dass sie sich nicht ausreichend über die wahren Details der Geschehnisse vom 11. September informiert fühlten. Bei den 18- bis 30-Jährigen waren es gar 78 Prozent.[17]
2. *Toronto Star*-Umfrage:
   Die kanadische Zeitung *Toronto Star* gab im Mai 2004 eine repräsentative Umfrage zu den Terroranschlägen in den USA in Auftrag. Hierbei kam heraus, dass 63 Prozent der befragten Kanadier davon ausgehen, dass die US-Führung ein Vorauswissen über die Anschläge hatte, aber ganz bewusst nicht handelte, die Anschläge also geschehen ließ.[18]
3. *Zogby*-Umfrage:
   Das Meinungsforschungsinstitut Zogby führte in der Zeit vom 24. bis 26. August 2004 eine Umfrage in New York und in New York State durch. Hierbei ging es um die Frage, inwieweit die US-Regierung bezüglich der Terroranschläge vom 11. September ihre »Finger mit im Spiel haben könnte«. 66 Prozent der New Yorker und 56,2 Prozent der Menschen aus New York State und New York sind demnach der Auffassung, dass eine komplett neue Untersuchung der Anschläge vonnöten sei.[19]
4. *CNN*-Umfrage 1:
   Nachdem der US-Schauspieler Charlie Sheen sich in der Radiosendung Alex Jones im Frühjahr 2006 als 9/11-Zweifler geoutet hat, griff die landesweit auf *CNN* ausgestrahlte Sendung *Showbiz Tonight* das Thema 9/11-Verschwörung auf. Dabei sprach Moderator A. J. Hammer mit Alex Jones live in seiner Sendung. Passend zum Thema führte *CNN* eine Online-Umfrage durch. Dabei gaben 41.386 Personen ihre Stimme ab. 84 Prozent stimmten mit Sheen überein, dass die US-Regierung hinter den Anschlägen des 11. September stecken könnte.[20] Die Umfrage ist allerdings nicht repräsentativ.

---

17) *http://www.esoturio.com/de/wahrheit/umfrage_11_9_2001.php [03.06.2008]*
18) ebd.
19) ebd.
20) ebd.

5. *CNN*-Umfrage 2:
An einer weiteren *CNN*-Umfrage vom 10. November 2004 beteiligten sich 4987 Personen. Die Frage lautete: »Glauben Sie, dass es einen Regierungs-Cover-up bezüglich 9/11 gibt?« 89 Prozent der Teilnehmer (4417 Stimmen) an der Umfrage stimmten mit ja, 11 Prozent (570 Stimmen), stimmten mit nein. Auch diese Umfrage war, so weit bekannt, nicht repräsentativ.[21]

6. Umfrage von *9/11 Truth.org*:
Die Personen aus dem Kreise der Skeptiker, die sich mit der Internetseite *9/11 Truth.org* zusammengeschlossen haben, gaben im Frühjahr 2006 eine Umfrage beim Meinungsforschungsinstitut Zogby in Auftrag. Vom 12. bis 16. Mai befragte Zogby per Telefon 1200 erwachsene Männer und Frauen in den USA. Dabei kam heraus, dass über 40 Prozent der Befragten an den Resultaten der 9/11-Untersuchungskommission ihre Zweifel haben bzw. dass die Befragten glauben, dass die Ermittlungskommission zu den Anschlägen etwas vertusche.

   Laut Internetberichten ergibt sich hochgerechnet aus dieser Zahl, dass nahezu 100 Millionen US-Bürger zum Kreise der Skeptiker zu rechnen sind. Die Fragestellung in der Umfrage lautete: »Es gibt Personen, die davon ausgehen, dass die US-Regierung sowie die 9/11-Kommission kritischen Beweisen, die ihrer offiziellen Erklärung zu den Terroranschlägen des 11. Septembers widersprechen, nicht nachgehen bzw. diese zu vertuschen versuchen. Andere sagen, dass die 9/11-Untersuchungskommission eine unvoreingenommene Gruppierung gewesen sei, bestehend aus ehrenwerten und respektierten Persönlichkeiten. Einen Grund, dass diese Personen etwas vertuschen sollten, gäbe es nicht. Wem glauben Sie eher?«[22]

   45 Prozent der Befragten antworteten mit ja auf die Frage, ob es eine neue Untersuchung zu den Terroranschlägen geben sollte. Interessant: 55 Prozent der Teilnehmer an der Umfrage gaben an, dass sie sich nicht ausreichend von den Massenmedien über die unbeantworteten Fragen zu 9/11 informiert fühlten.

7. *AM 640 Toronto*:
Der Radiosender *AM640Toronto* ließ am 12. September 2006 eine Umfrage durchführen, nach der 25 Prozent der Kanadier davon ausgehen, dass der Terror des 11. Septembers 2001 auf einen »Inside Job« zurückzuführen ist.[23]

---

21) *http://www.prisonplanet.com/articles/november2004/111104cnnpoll.htm* [16.05.2009]
22) *http://www.zogby.com/features/features.dbm?ID=231* [16.05.2009]
23) *http://www.prisonplanet.com/articles/September2006/120906_b_Poll.htm* [16.05.2009]

8. *New York Times/CBS News*-Umfrage:
Für eine repräsentative Umfrage ließen die *New York Times* und *CBS-News* 983 US-Bürger befragen. Die Frage lautete: »Wenn man darüber spricht, was sie [die US-Regierung; Anmerk. des Autors] vor dem 11. September 2001 über mögliche Anschläge gewusst habe, glauben Sie dann, dass die Mitglieder der Bush-Regierung die Wahrheit sagen, hauptsächlich die Wahrheit sagen, aber etwas verbergen oder hauptsächlich lügen?« 16 Prozent der Befragten sagten, dass sie davon ausgehen, dass die Regierung die Wahrheit sagt, während 53 Prozent davon ausgehen, dass sie zum Teil belogen werden. 28 Prozent gaben an, dass die Regierung im Großen und Ganzen lüge.[24]
9. Passend zum 11. September 2008 hat das Internetmagazin *Telepolis* eine (nicht repräsentative) Online-Umfrage durchgeführt. Demnach sagten von gut 6335 Personen 59 Prozent, dass sie Teile der US-Regierung hinter den Anschlägen vermuten, 12 Prozent der Befragten sehen Bin Laden als Drahtzieher und 8 Prozent stimmten der Aussage »Keine Ahnung, alles ist möglich« zu.[25]
10. Ebenfalls zum siebten Jahrestag der Anschläge wurden die Ergebnisse einer internationalen Umfrage veröffentlicht, die in 17 Ländern unter der Führung der Universität von Maryland/USA durchgeführt wurde. Das Ergebnis lässt sich so zusammenfassen: Lediglich in neun der Länder, in denen die Untersuchung durchgeführt wurde, gaben die Befragten eindeutig an, dass sie Bin Laden als Drahtzieher von 9/11 sehen. 27 Prozent der Palästinenser und 36 Prozent der Türken sehen die USA hinter den Anschlägen. In Deutschland waren es 23 Prozent der Befragten, die an eine US-Verschwörung glauben. Für die Umfrage wurden über 16.000 Personen befragt.[26]
11. Die jüngste Umfrage wurde Anfang 2011 im Magazin *Welt der Wunder* veröffentlicht. »Was glauben die Deutschen noch?«, fragte das Meinungsforschungsinstitut EMNID für *Welt der Wunder*. In der Erhebung wurde auch eine Frage zu den Terroranschlägen vom 11. September gestellt. Sie lautete:

---

24) *http://www.angus-reid.com/polls/view/13469* [02.06.2009]
25) *http://www.heise.de/tp/r4/umfrage/archiv.shtml?7* [02.06.2009]
26) *http://www.sueddeutsche.de/politik/793/309728/text/* [02.06.2009]

»Die Anschläge vom 11. September 2001 veränderten die Welt – die USA marschierten in Afghanistan und im Irak ein, Bürgerrechte wurden massiv beschnitten. Glauben Sie, dass die US-Regierung der Weltöffentlichkeit die ganze Wahrheit über die Anschläge sagt?«

89,5 Prozent der Befragten antworteten mit »nein«, 9,2 Prozent mit »ja« und 1,4 Prozent hatten »keine Ahnung«.[27]

Anmerkung zur *ZEIT*-Umfrage: Zu den Hintergründen dieser Umfrage ist nichts weiter bekannt. Anhand des Zeitpunkts lässt sich jedoch feststellen, dass die Umfrage just zu jener Zeit auftauchte, als sich die Bücher von Bröckers und Co. auf dem deutschen Buchmarkt behaupteten. Die Berichterstattung der großen Medien zur alternativen Wirklichkeitskonstruktion der Anschläge, wie sie die 9/11-Skeptiker vertreten, erreichte in diesen Monaten ihren Höhepunkt. Dabei spielten die Ergebnisse der Umfrage eine wesentliche Rolle in der Berichterstattung der großen Medien. Mindestens ein Fall ist bekannt, wo die Umfrage durch Verfälschung gegen die Skeptiker benutzt wurde:

> 31 Prozent der deutschen Jugendlichen unter 30 Jahren glauben, dass Juden und Amerikaner hinter den Anschlägen vom 11. September stecken.[28]

So berichtete es das *Kulturzeit*-Magazin des Fernsehsenders 3sat. Bröckers bemerkt hierzu:

> Bei der Umfrage im letzten Jahr war allerdings nur gefragt worden, ob die US-Regierung möglicherweise selbst hinter den Anschlägen stecken könnten – von »Juden« war überhaupt nicht die Rede. Dass sie hier von der »Kulturzeit«-Redaktion hineingedichtet werden, scheint wohl weniger dem Zufall als der Diskreditierung der 9/11-Skepsis geschuldet sowie der Diffamierung der üblichen Verdächtigen: von Bülow, Wisnewski, Bröckers. Als Experten fährt 3sat dann zwei Jungwissenschaftler auf, die den 9/11-Unglauben als typischen Fall von »Schuldabwehr-Antisemitismus« diagnostizieren – ein mentales Krankheitsbild, das mittlerweile auch die Hälfte der New Yorker Bevölkerung befallen hat, aber das konnten die »Wissenschaftler« ja nicht ahnen als sie diesen typisch deutschen Mumpitz erfanden.[29]

---

27) *http://revodude.blogspot.com/2011/01/umfrage-des-wissensmagazins-welt-der.html*
28) *http://www.heise.de/tp/r4/artikel/18/18327/1.html* [02.06.2009]
29) ebd.

5 Innenansichten

Die Terroranschläge vom 11. September 2001 haben tiefe Spuren hinterlassen. Innenpolitisch, außenpolitisch, rund um den Globus. In unzähligen Büchern sind die Anschläge Gegenstand von Analysen, Recherchen, Diskussionen. Die Tatsache, dass eine breite Gegenöffentlichkeit zur offiziellen Lesart von 9/11 existiert, wird hingegen kaum in der Literatur thematisiert. Eine Auseinandersetzung mit dem 9/11 Truth Movement in Sachbüchern gibt es allenfalls am Rande.

Einige Aspekte, die bei der Auseinandersetzung mit dem 9/11 Truth Movement auffallen, werden daher hier besprochen. Wir werden der Frage nachgehen, wie der Protest der Skeptiker zu bewerten ist und was es mit dem Begriff »Verschwörungstheorien« auf sich hat. Außerdem werden filmische Darstellungen aus der Bewegung, aber auch aus dem medialen Mainstream, die sich mit den Terroranschlägen beschäftigen, besprochen und bewertet.

5.1 Ein moderner politischer Protest

In den vorangegangenen Kapiteln wurde aufgezeigt, dass nach und nach auf die Äußerungen im Internet Taten folgten. Mit den diversen Mittel des politischen Protests haben die 9/11-Aktivisten ihren Wahrheitskampf auf die Straße getragen. Die 9/11-Skeptiker bedienen sich bei ihrem Kampf bestimmter Zeichen, anhand derer sie ihre Gruppenzugehörigkeit zur Bewegung ausdrücken. Mit Aufklebern oder Spruchbändern bei Demonstrationen wird in kurzen Formeln versucht, die offizielle Deutung der Terroranschläge zu konterkarieren. Sprüche wie »9/11 was an inside job« oder »Bush did it« werden zu einem formelhaften, sichtbaren Ausdruck ihres Meinungskampfs. Sie werden nicht nur bei gemeinsamen Demonstrationen der unterschiedlichen Gruppen in den USA gezeigt, sondern sie sind auch auf den diversen Internetseiten der Zweifler zu finden. Häufig sind auf den Protestzeichen in der einen oder anderen Weise die Türme des WTC zu sehen, die als kollektives Erkennungssymbol auch außerhalb der Bewegung zum ikonischen Ausdruck für den Terror jenes Septembermorgens geworden sind. Die Umrahmung der Türme mit den entsprechenden alternativen Slogans ist als Versuch der 9/11-Skeptiker zu kennzeichnen, der von offiziellen Stellen und den Mainstreammedien erzeugten gesamtgesellschaftlichen Wirklichkeitsinduktion bezüglich der Anschläge entgegenzutreten. Während das brennende WTC weitläufig und geradezu automatisch mit der Vorstellung »Osama Bin Laden war es!« verbunden ist, versuchen die Aktivisten die in Flammen stehenden Türme mit ihrer Wirklichkeitskonstruktion zu belegen. Der Spruch »9/11 was an inside job« ist zu *dem* Slogan der Bewegung geworden. Mittlerweile wird er auch auf T-Shirts gedruckt, die im Internet käuflich zu erwerben sind. Die Bilder der bei Demonstrationen in einer Reihe stehenden Skeptiker, die alle dieselben T-Shirts mit dem entsprechenden Spruch tragen, legen einmal mehr Zeugnis über einen tiefen verinnerlichten politischen Widerstand ab, der sich nun auch als Symbol auf den Kleidern der Demonstranten manifestiert hat. Durch die Botschaft auf den T-Shirts kommunizieren die 9/11-Skeptiker in komprimierter Form ihre These vom Inside Job. Der Spruch, der auf den T-Shirts steht, ist auch als eine Kampfansage an die Berichterstattung des massenmedialen Mainstreams zu lesen, da in ihm ein Inhalt zum Ausdruck gebracht wird, der von den großen Medien ignoriert wird. Der Spruch vom »Inside Job« wird jedoch nicht nur in der Schriftsprache als schnell für Außenstehenden zu erkennende Kernaussage der Wahrheitsbewegung benutzt. Bei öffentlichen Demonstrationen rufen die Aktivisten gemeinsam im Chor: »9/11 was an inside job! 9/11 was an inside job!«, wodurch auch auf akustischem Wege versucht wird, die Aufmerksamkeit der Menschen auf der Straße zu erreichen. Die weiter vorne angesprochene Methode, dass sich zwei oder mehr 9/11-Skeptiker bei einer Veranstaltung, bei der ein prominenter Redner auftritt, unter die Zuhörer mischen, plötzlich aufspringen, mit einer Trillerpfeife laut pfeifen und »9/11 was inside job!« rufen, ist von daher interessant, weil es sich hierbei um eine äußerst gewagte Form des politischen Protests bzw. der öffentlichen Meinungsäußerung handelt. Aus ihr sind Schlussfolgerungen zu ziehen. Zunächst einmal lässt sich feststellen, dass so ein Auftritt äußerst heikel für die Aktivisten ist, weil sie sozusagen »mitten im Feindesland« sind. Da die anderen Versammelten, die der Veranstaltung beiwohnen wollen, gekommen sind, um einem bekannten Politiker oder einer bekannten Persönlichkeit zuzuhören, ist davon auszugehen, dass von ihnen wenig Sympathie zu erwarten ist, denn sie sind logischerweise eher »auf Linie«, als dass sie für subversive Theorien empfänglich wären.

Wie in den im Internet gezeigten Videos zu sehen ist, ernten diese Aktionen kaum Beifall, sondern werden mit Spott, Pfiffen und Buh-Rufen belegt und führen dazu, dass die Aktivisten unter dem körperlichen Einsatz von

Sicherheitspersonal nach draußen begleitet werden. Einerseits verständlich, da der Eintritt der Aktivisten in das »Hoheitsgebiet« der Versammelten auf höchst »unverschämte Weise« geschieht. Der Akt des Aufstehens, des Pfeifens, des Rufens durchbricht den formalen Rahmen eines für die Versammelten bedeutsamen Ereignisses und bricht die eigentlich »unveränderbare« bzw. starre Struktur der Veranstaltung auf, um gezielt die politische Botschaft der Bewegung zu verbreiten. Dass die Aktivisten oft nur zu zweit sind (einer tritt in Aktion, der andere filmt), ist für die 9/11-Skeptiker besonders prekär.

Auf der analytischen Ebene kann man aus dieser Aktionsform eine interessante Erkenntnis ziehen. Aus dem »kleinen Einmaleins« der Gruppentheorien wissen wir, dass die Mitglieder einer Gruppe häufig nur bei einem Auftritt der Gruppe bereit sind, ihren Protest laut zu artikulieren. Denn die Gruppe biete Schutz und Halt in Zeiten des »Gefechts«. Aus dem Auftritt von nur zwei Aktivisten lässt sich das ableiten, was sich auch immer wieder an anderer Stelle bemerkbar macht: Die Mitglieder des 9/11 Truth Movement sind zu einem großen Teil sehr individualistisch, weisen tendenziell eher keine Hammelherdenmentalität auf. Man denke nur an Alex Jones oder an Mark Dice, die alleine (und mit jemandem, der filmt) durch die Straßen mit einem Megaphon ziehen und ihre kontroversen Ansichten öffentlich äußern.

Dass die Aktivisten ihre Unternehmungen filmen, gehört mit zum Konzept dieser modernen Protestbewegung. Der kostengünstige Erwerb von Kameras gepaart mit den Möglichkeiten des Internets erlaubt es, den 9/11-Protest auch ohne die Massenmedien sichtbar zu machen. Einige dieser filmischen »Beweismittel« für die Aktionen der Wahrheitsbewegung wurden bei den Internetfilmportalen mehrere tausend Male angeklickt. Erst durch diese Möglichkeiten kann der Protest, kann das Wirken des 9/11 Truth Movement in die Öffentlichkeit getragen werden. Die in einem vorangegangenen Kapitel (siehe Kapitel: *Gruppierungen und weitere Teile der Wahrheitsbewegung*) beschriebene Aktion der Gruppe *We are Change,* bei der diese die Aufnahmen eines Fernsehteams des US-amerikanischen Fernsehsenders NBC stört, wurde auf *YouTube* 10.000 Mal angeklickt. Die Aktion funktioniert nach einem ähnlichen Prinzip wie die vorangegangenen beschriebenen Auftritte der 9/11-Truther. Das NBC-Filmteam wird gestört, indem durch laute Rufe und das Zeigen von Transparenten versucht wird, eine Gegenbotschaft in die Filmaufnahmen zu »schmuggeln«. Die Konfrontation zwischen Nachrichten-Anchorman Pat Dawson, der für den Beitrag als Sprecher fungiert, und den Aktivisten ist vor allem deshalb zu beachten, weil sich in der knapp dreiminütigen Szene, die auf den Videoaufnahmen zu sehen ist, im Allgemeinen der Kampf um die Interpretationshoheit, das Zerren zwischen etablierten Journalisten und »illegitimen Informationsübermittlern« in anschaulicher Weise verdichtet.

Das NBC-Filmteam erscheint am Drehort sozusagen mit dem Wissen, über die geballte Kraft der legitimen Nachrichtenverbreitung zu verfügen. Das Equipment, wie z.B. die auf den ersten Blick als hochwertig zu erkennende Kamera, ist als äußere Objektivation der quasi in das Filmteam eingeschriebenen höchst amtlichen Kompetenz und Legitimität zu verstehen. Die Professionalität von Dawson, die durch die Konzentriertheit des Moderators trotz sichtlicher Anspannung wegen der Aktivsten dokumentiert wird, genauso wie seine, wenn auch aufgrund der schlechten Tonqualität nur in Auszügen zu verstehende, geschliffene Moderation, liefern weitere Zeichen des sichtbaren bzw. hörbaren legitimen Berichterstattungsanspruchs ab. Demgegenüber steht eine Gruppe von Aktivisten, die durch ihre Rapper-Kleidung, ihre Transparente und mit den sich darauf befindenden Slogans den bildhaften Ausdruck des »Illegitimen«, des Außenseiters darstellen. Zu diesem schon alleine durch die äußeren »Bilddifferenzen« sofort entstehenden Spannungsverhältnis kommen dann aber auch noch die divergierenden Wirklichkeitskonstruktionen, wie sie »in den Köpfen« der Beteiligten vorhanden sind, hinzu. Während Pat Dawson den Bau des Freedom Tower, der auf dem Gelände des ehemaligen WTC gebaut werden soll, zum Hauptgegenstand seiner Berichterstattung macht, kommunizieren die Aktivisten durch ihre Plakate die Botschaft des »Inside Job«. Die offensichtlich nicht in Harmonie zu bringenden äußeren und inhaltlichen Differenzen der beiden Gruppen münden in einer verbalen Auseinandersetzung, in der sich die emotionalen Strukturen des Wahrheitskampfs, wie sie auch die großen Publikationsorgane in Deutschland aufzeigen, entschleiern und schließlich offen zu erkennen sind. Als Dawson seinen Beitrag abbricht (es ist nicht zu erkennen, ob er den Beitrag zu Ende gebracht hat und deshalb aufhört oder ob ihn die Einmischung der Truther zu sehr gestört hat und er seinen Beitrag nicht zu Ende bringen konnte) und der mittlerweile laut Internetberichten verstorbene Aktivist Dan Wallace ihm mit den Worten entgegentritt, er, Dawson, möge doch die Story des 9/11 Cover-up aufgreifen (»C'mon guys, this a great story. Film that!«) kollidieren die beiden Wirklichkeitsauffassungen. Dawson bezeichnet den Auftritt der Aktivisten als »Bullshit« und beleidigt einen Truther als »Arschloch«. Dan Wallace hingegen beschuldigt mit lauter Stimme die großen Medien der Manipulation und sagt, dass er nun verstehe, warum Dawson seine Position als Anchorman im Nachrichtengeschäft innehabe.

Das Verhalten der Medienvertreter mag auch mit dem Selbstverständnis zu tun haben, mit der sich die 9/11-Bewegung inszeniert. Das Selbstverständnis von *truthaction* beispielsweise, einer Gruppierung, die im Kapitel *Gruppierungen und weitere Teile der Wahrheitsbewegung* vorgestellt wurde, bewegt sich im Kontext von Widerstands- und Freiheitskämpfern. Am 11. eines jeden Monats, so fordert die Gruppe auf, solle der Protest gegen die offizielle Version in der Öffentlichkeit durch Demonstrationen zum Ausdruck gebracht werden. Sollte ihr Ziel, die wahren Schuldigen der Anschläge zur Strecke gebracht zu haben, erreicht worden sein, dann müsse der 11. eines jeden Monats zum Ehrentag für die Opfer der Verbrechen werden. In ihrer Selbstdarstellung wird das Bild eines Untergrundkampfs gezeichnet, in dem sich das aus Filmen und Büchern bekannte Motiv einer Widerstandsbewegung gegen eine diktatorische Staatsmacht verdichtet. Bereits die Idee, am 11. eines jeden Monats auf die Straßen zu gehen, lehnt sich unverkennbar an die Hollywood-Comic-Verfilmung *V wie Vendetta* an. In dem Film aus dem Jahre 2005 errichtet eine korrupte Machtelite in Großbritannien durch einen selbst inszenierten Staatsterrorismus eine Art Diktatur. Ein Held, der selbst zum Opfer dieser antidemokratischen Politik wird, überlistet durch einen beispiellosen Untergrundkampf die bösen Herrschenden und entblößt ihre destruktiven Machenschaften einer entsetzten Öffentlichkeit mit einem Angriff auf das System, den er am 5. November durchführt. In einer pathetischen Mitteilung fordert der Held, dass von nun an der 5. eines jeden Novembers als Tag der Mahnung an die schrecklichen Ereignisse dienen solle (»remember, remember the 5th of November«). Durch die Referenz zu dieser filmischen Heldenleistung, aber auch im Allgemeinen zum Kontext der Widerstandskämpfer, erringt sich die Wahrheitsbewegung Sympathiepunkte. Untergrundkämpfer, Freiheitskämpfer verdienen Anerkennung. Man ist z.B. an die Résistance in Frankreich im Zweiten Weltkrieg erinnert oder an die Widerstandskämpfer in Deutschland gegen die Nazi-Diktatur. Durch Film und Literatur wird zwar das Leben und Schicksal von Untergrundkämpfern mitunter romantisiert und auch ideologisiert, der Anerkennung der für Freiheit und Gerechtigkeit Kämpfenden schadet dieses jedoch wenig. Viele der 9/11-Skeptiker verstehen sich selbst als Kämpfer gegen ein »Regime«, das auch vor Terror gegen die eigene Bevölkerung nicht haltmacht. Der Bezug der 9/11-Skeptiker zum »Widerstand« hilft den Aktivisten, ihre »subversiven« Unternehmungen moralisch zu legitimieren. Eine Konfrontation zwischen der Selbstwahrnehmung der Truther und der Wahrnehmung der Außenstehenden, also der Mainstreammedien usw., ist vorprogrammiert.

5.2 Verschwörungstheorien: ein Kampfbegriff

In einem Buch, das sich mit dem Kampf um die Interpretationshoheit der Terroranschläge des 11. Septembers auseinandersetzt, kommt man nicht umhin, sich auch mit den Begriffen zu beschäftigen, die vor allem durch die etablierten Medien zu Kampfbegriffen geworden sind. Es sind die Wörter *Verschwörungstheorien* und *Verschwörungstheoretiker.*

In seinem Buch *Verschwörungen, Verschwörungstheorien und die Geheimnisse des 11.9.* setzt sich Mathias Bröckers mit dem Begriff Verschwörungstheorie auseinander. Bröckers geht davon aus, dass ohne Verschwörungstheorien »[...] unsere hochgradig komplexe und konspirative Welt.«[1] nicht mehr zu verstehen sei. Der Autor fordert, »[...]die Konspirologie aus der Verbannung als schmutzige, unscharfe Erkenntnistheorie zu befreien und als kritische Wahrnehmungswissenschaft ernst zu nehmen.«[2] Mit seiner Aussage, die in ähnlicher Weise auch andere 9/11-Skeptiker vertreten, stellt sich Bröckers gegen die vom medialen Mainstream verbreitete Lesart des Begriffs *Verschwörungstheorien.* Von Journalisten der großen Medien, aber auch von entsprechenden Wissenschaftlern wird immer wieder angeführt, dass Verschwörungstheorien von Menschen verbreitet würden, die nicht in der Lage seien, die Komplexität der Welt zu verstehen und sich deshalb einfach erfahrbare Sinnwelten konstruierten. Verschwörungstheorien reduzieren demnach »Komplexität«, indem sie tiefenschichtige Ursachen für komplexe geschichtliche Ereignisse ausblenden oder verkennen und sich auf die simple Frage nach einem »Wer war es?« konzentrieren.

Die beiden Standpunkte verdeutlichen, dass der Ausdruck Verschwörungstheorie klar als inhaltlich umkämpfter Begriff zu identifizieren ist. Die vorangegangenen Kapitel haben gezeigt, dass dies auch gar nicht anders sein kann: Wenn es zwei Lager gibt, die in Teilen eine miteinander unvereinbare Wirklichkeitskonstruktion und Wirklichkeitsauffassung vertreten und sich diese Differenzen (zugespitzt formuliert) auf ein Wort konzentrieren lassen – nämlich hier: im Begriff *Verschwörungstheorien* – dann muss der Begriff inhaltlich geradezu von jedem Lager anders besetzt, anders gelesen werden. Da der Begriff nun nicht nur innerhalb der jeweiligen Lager Verwendung findet, sondern beide Lager den mit ihrer Sichtweise besetzten Begriff auch in die Gesellschaft tragen wollen, kommt es zu einem Wortbesetzungskampf«. Einen klaren Vorteil in diesem Kampf hat die Seite, die über Benennungs-

---

1) Bröckers, Mathias: Verschwörungen, Verschwörungstheorien und die Geheimnisse des 11.9., S. 9, Verlag 2001

2) ebd. S. 10

macht verfügt. Journalisten gehören aufgrund ihrer Stellung in der Gesellschaft mit zu den legitimen Wirklichkeitsbestimmern (Vgl. Pierre Bourdieu, *Über das Fernsehen*).

Wie die Analysen der Artikel aus den großen Medien in den nachfolgenden Kapiteln zeigen werden, haben bestimmte Journalisten von ihrem Gewicht als Meinungsproduzenten in ihrer Berichterstattung zum 11. September und zu den Verschwörungstheorien reichlich Gebrauch gemacht.

Doch Kämpfe um Benennungsmacht gab es schon immer und sie haben ihre Gründe:

> Die entscheidende politische Schlacht ist völlig unblutig gewonnen, wenn es gelingt, dem Gegner eine Sprache aufzuzwingen, die ihn daran hindert, seine Interessen und eine eigene geistig-politische Position zu artikulieren. Bei Helvetius, dem französischen Aufklärer, findet sich der Satz, Unterdrückung habe darin ihren Grund, dass die Unterdrückten sich nicht verständigen können. [...] Und Nietzsche folgte Helvetius, als er voraussagte, künftig werde der Kampf um die Macht vor allem ein Kampf um die Machtübernahme im Reich der Sprache sein [...] Wer die Sprache beherrscht, der beherrscht auch die Menschen, hat Helmut Schelsky vor Kurzem festgestellt: Die Beherrschung durch die Sprache scheint uns die vorläufig letzte Form der Versklavung von Menschen zu sein. [...] In der Herrschaft durch die Sprache ist ein Herrschaftsgrad von Menschen über Menschen erreicht, demgegenüber physische Gewalt geradezu harmlos und veraltet erscheint.[3]

Die Aussagen heben die Bedeutung von Sprache in politischen Angelegenheiten hervor. Wenn es nun gelingt, den Begriff Verschwörungstheorien inhaltlich so zu besetzen, dass er von weiten Gesellschaftsteilen als negativ empfunden wird, dann wird jeder Verschwörungsverdacht als indiskutabel angesehen. Da es nun aber immer wieder in der Geschichte Verschwörungen gab und folglich anzunehmen ist, dass es auch zukünftig Verschwörungen geben wird, wäre eine Stigmatisierung des Begriffs Verschwörungstheorien ein wirksames Mittel, um jede Überlegung, die eine Verschwörung bei einem bestimmten Ereignis in Betracht zieht, von vorneherein als illegitim zu klassifizieren.

Das große Problem, dass diejenigen jedoch haben, die den Ausdruck Verschwörungstheorien positiv besetzt sehen möchte liegt darin, dass es eine Reihe von Gesichtspunkten gibt, die in der Tat zunächst Advokat einer eher negativen Konnotierung des Begriffes sind:

---

3) Kaltenbrunner, Gerd-Klaus: Sprache und Herrschaft, S. 8, Herder TB, 1975

- Verschwörungstheorien reduzieren oftmals Komplexität
- Verschwörungstheorien können als ideologisches Kampfinstrument gegen Minderheiten bzw. andere unliebsame Gegner eingesetzt werden
- In Extremfällen kann eine verschwörungstheoretische Denke eine Art Eigenleben entwickeln, sie kann sich der Akteure bemächtigen und diese dazu bringen, die Welt nur noch durch die »verschwörungstheoretische Brille« wahrzunehmen
- Verschwörungstheoretiker gehen in ihrer Arbeit mangelhaft vor, sie schreiben voneinander ab, sie recherchieren schlecht, sie zitieren falsch, sie ignorieren Fakten, die nicht in ihr Bild einer Verschwörung passen, usw.

All diese Vorwürfe treffen zu. Doch auch diese Erkenntnisse sind genau genommen längst keine Rechtfertigung für eine negative Konnotierung der Begriffe im Allgemeinen. Denn nicht jede Verschwörungstheorie ist per se absurd. Nicht jede Verschwörungstheorie reduziert Komplexität. Nicht jeder sogenannte Verschwörungstheoretiker betreibt eine unsaubere Recherche. Wer hinter irgendeinem gesellschaftlichen Ereignis eine Verschwörung vermutet, kann nicht alleine deshalb als unzurechnungsfähig eingestuft werden.

Es gilt von Fall zu Fall zu klären, inwieweit die in einer Verschwörungstheorie angelegten Vermutungen der Realität entsprechen oder eben nicht. Zur Klärung sind echte Recherchen, Überprüfungen und Untersuchungen notwendig. Da Verschwörungstheorien sich oftmals mit brisanten politischen Sachverhalten beschäftigen, wäre es dringend notwendig, dass insbesondere vonseiten der Medien Verschwörungstheorien »enttabuisiert« werden. Für eine sachliche und dezidierte Auseinandersetzung des medialen Feldes mit Verschwörungstheorien gibt es zwei gute Gründe:

1. Um eine mitunter tatsächlich vorhandene Verschwörung zu erkennen und dann entsprechend zu berichten, oder aber
2. wenn eine Verschwörungstheorie jeder Realität entbehrt, im Detail darzulegen, warum an dieser oder jener Verschwörungstheorie nichts dran ist, um die Öffentlichkeit über ein so möglicherweise entstehendes falsches Geschichtsbild zu informieren.

Wenn die großen Medien sich mit Verschwörungstheorien auseinandersetzen, dann allerdings bestenfalls, um unter dem Gesichtspunkt 2 mit fehlender Neutralität diese oder jene Verschwörungstheorie als Unsinn zu klassifizieren. Diese Auseinandersetzungen lassen jedoch nur in seltenen Fällen eine echte, auf fundierten Recherchen basierende Überprüfung der Verschwörungstheorien erkennen.

Die Gründe dafür, dass es so gut wie keine ergebnisoffenen und sachlich fundierten Recherchen vonseiten der großen Medien zu den diversen Verschwörungstheorien gibt, sind vielschichtig und können an dieser Stelle nur kurz skizziert werden. Angeführt werden drei Gesichtspunkte:

a) Strukturelle Probleme des journalistischen Feldes
Die Verdächtigungen und Vermutungen, die Bestandteil von Verschwörungstheorien sind, sind oft weitreichend. Um sich ihrer ernsthaft anzunehmen, müssen die Medien zentrale Ressourcen wie Zeit, Geld und Personal zur Verfügung stellen. Zeit, Geld und Personal sind bekanntlich bei vielen Medien knapp. Insbesondere die Medien, die in zweiter und dritter Reihe hinter den sogenannten Leitmedien stehen, können aufgrund ihrer »Mittelknappheit« kaum entsprechende Recherchen bewältigen. Zwar gibt es durchaus auch kleinere Medien, die über genügend Ressourcen verfügen bzw. die durch Umschichtungen und mit etwas gutem Willen durchaus Recherchen von größerem Umfang und Anspruch leisten können, allerdings fehlt es dann oft an der notwendigen Erfahrung. Hinzu kommt: Selbst wenn kleinere Medien große Recherchen leisten könnten, steht der Möglichkeit das Selbstverständnis dieser Medien entgegen. Medien aus der zweiten und dritten Reihe richten sich lieber an den Leitmedien aus, das spart Ressourcen und ist bequemer.

Die großen Leitmedien verfügen zwar durchaus über genügend Ressourcen, um sich auch journalistisch angemessen verschwörungstheoretische Ansätze anzunehmen, allerdings stehen dort u.a. Abhängigkeitsverhältnisse sowie problembeladene Wahrnehmungskategorien bei den Journalisten und Selektionsmechanismen diesen Recherchen im Wege.

b) Sozialisationsbedingte Faktoren
Darunter sind vor allem zwei Gesichtspunkte zu berücksichtigen. Erstens rütteln Verschwörungstheorien häufig an tief internalisierten Glaubensgrundsätzen und Überzeugungen (»ein demokratischer Staat würde doch niemals...«). Diesen tief in die Akteure (auch Journalisten) eingegrabenen weltbildhaften Denkschablonen beruhen u.a. auf einem Wirklichkeitsverständnis, wie es sich durch unzählige Akte der Fremd- und Selbstaffirmation im Laufe des Lebens entwickelt und verfestigt hat. Zweitens kommt bei Journalisten natürlich neben dieser »normalen äußeren« Sozialisation noch eine berufsspezifische (»innere«) Sozialisation hinzu. Bei dieser werden journalistische Wahrnehmungs-, Denk- und Handlungsschemata ausgebildet, die sich allzu häufig an breiten, als konsensfähig klassifizierten Themen ausrichten, gleichzeitig weisen diese Schemata eine eigentümliche Blindheit gegenüber Sachverhalten auf, die

nicht auf ihrer Wahrnehmungsachse angesiedelt sind (vgl. die Medienanalysen des französischen Soziologen Pierre Bourdieu, z.B. *Über das Fernsehen*, Suhrkamp Verlag, Frankfurt am Main, 1998). Mit anderen Worten: Bereits die erste Hürde, die es zu nehmen gelte, nämlich ein verschwörungstheoretisches Thema überhaupt erstmal (vielleicht sogar als Erster, bevor es das Internet tut) zu erkennen, um es dann auch aufzunehmen, ist fast schon unüberwindbar.

c) Gründe, die auf die Persönlichkeit zurückzuführen sind
Diese sind eng mit den beiden zuvor besprochenen Faktoren verbunden, sollten aber dennoch getrennt aufgeführt werden. Journalisten werden natürlich nicht nur von unbewusst leitenden Wahrnehmungs-, Denk- und Handlungsschemata angetrieben. Journalisten dürften im Allgemeinen ihre eigene Position im medialen Feld gut einordnen können. Werden sie mit einer Verschwörungstheorie konfrontiert, wissen sie, dass eine Auseinandersetzung mit dieser nicht unbedingt ihrer Karriere förderlich ist. Insbesondere reputierte Journalisten scheinen dazu zu neigen, ihre Arbeit dem Primat von Anerkennung und Reputation unterzuordnen. Zu groß ist der Drang nach einem weiteren beruflichen Vorwärtskommen, als dass man bereit wäre, sich ernsthaft Themen anzunehmen, die unter dem Label »dumme Verschwörungstheorie« klassifiziert sind. Hinzu kommt, dass sich im Journalismus eine eigenartige Abneigung in Bezug auf kritische Recherchen auszubreiten scheint. Vielen Journalisten scheint es geradezu peinlich zu sein, wenn sie im Zuge ihrer Recherchen auch mal Amts- und Funktionsträgern auf die Füße treten müssen. Im Eigenverständnis sind alle Journalisten kritisch, in der Praxis wird Kritik dann allzu häufig durch Feigheit ersetzt. Kritisch will man schon sein, aber nicht um den Preis, dass man Gefahr läuft, anzuecken.

Am Rande: Um einen peinlichen Höhepunkt dieser Entwicklung anzusprechen, sei auf jene glorreiche Pressekonferenz verwiesen, bei der der niederländische Journalist Rob Savelberg durch eine einzige Frage gezeigt hat, wozu ein ganzer Saal an wichtig dreinschauenden Journalisten nicht in der Lage war: zu einen herrschaftskritischen Journalismus. Zur Erinnerung: U.a. Bundeskanzlerin Angela Merkel und Guido Westerwelle luden Medienvertreter zu einer Pressekonferenz, bei der der Koalitionsvertrag vorgestellt wurde. Savelberg stellte Merkel die Frage, wie sie einem Wolfgang Schäuble, der eine Rolle in der Parteispendenaffäre gespielt hat, das Amt des Finanzministers anvertrauen könne.[4]

---

4) *http://www.welt.de/politik/deutschland/article4982040/Journalist-nervt-Merkel-und-wird-zum-YouTube-Star.html#* [25.01.2011]

Er sagte:

> Sie reden heute ziemlich viel über Geld, über Finanzen auch der Bundesrepublik Deutschland. Nun wollen Sie das Finanzministerium besetzen mit einer Person [die] öffentlich beteuert hat im deutschen Bundestag, dass [sie] einen Waffenhändler nur einmal getroffen hat und dabei vergessen hat, dass [sie] auch noch 100.000 D-Mark von ihm angenommen hat. Also wie können Sie eine solche Person als sehr kompetent schätzen [...] [und ihr] die Finanzen dieses Landes [in der Finanzkrise anvertrauen].[5]

Merkels Antwort lautete:

> Weil diese Person mein Vertrauen hat.[6]

Die Frage, die Savelberg stellte, dürfte sich durchaus auch der eine oder andere Bürger gestellt haben, doch da diese kaum die Möglichkeit haben, mit einem Wolfgang Schäuble in einem entsprechenden Rahmen in Kontakt zu kommen, sollten idealtypischerweise Vertreter der Medien diese und ähnliche Fragen, stellen. Savelberg hat diese im Prinzip selbstverständliche Frage gestellt, doch anstatt von »seinen Kollegen« unterstützt zu werden, um die Kanzlerin dazu zu bewegen, ihre Nicht-Antwort in eine dem Sachverhalt angemessene ernsthafte Antwort zu verwandeln, wurden die Gesichter verzogen und man lachte irgendwie peinlich berührt über einen Journalisten, der es doch tatsächlich wagte, den nicht ausgesprochenen, aber doch sichtbaren *Nichtangriffspakt* zwischen Medienvertretern und Politikern (eine Formulierung, die der französische Soziologe Pierre Bourdieu gerne verwendete) zu brechen.

Maybrit Illner griff in ihrer Polit-Talkshow, in der Wolfgang Schäuble zu Gast war, dann tatsächlich den Vorfall auf und fragte in einem durch ein ironisches Lachen fast schon zotenhaften markierten Rahmen nach, ob »[...] holländische Journalisten die schlaueren Fragen stellen?« Worauf Schäuble antwortet: »Ich habe mir angewöhnt, die Qualität von Fragestellungen von Journalisten jedenfalls öffentlich nicht zu beurteilen, das gilt für Abwesende wie für Anwesende.« Nach einem kurzen Dialog zwischen Schäuble und Illner gibt sich die TV-Moderatorin zufrieden und sagt: »[...] und danke für die Antwort.«[7]

Der Vorfall um die Frage zeigt deutlich, dass es keine Totalität der Strukturen gibt (selbst wenn die Strukturen gewiss einen großen Einfluss haben), dass Journalisten durchaus die Möglichkeit haben, auch kritisch zu handeln,

---

5) *http://www.youtube.com/watch?v=XaWE8K2nRVs* [30.05.2011]

6) ebd.

7) *http://www.wikio.de/video/maybrit-illner-fragt-wolfgang-schauble-reporter-2047444* [25.01.2010]

aber es aufgrund ihrer persönlichen Entscheidung nicht bereit sind zu tun. Und logischerweise gilt dann: Je größer die Zahl der Journalisten, die den Nichtangriffspakt zwischen ihnen und den Politikern stillschweigend akzeptieren, desto schwieriger wird es für jene Journalisten, die durch ihre Arbeit (bzw. Fragen) dokumentieren, dass sie die impliziten Spielregeln des »Zweckbündnisses« nicht akzeptieren. Am Beispiel der Pressekonferenz lässt sich sehr schön das quantitative Verhältnis zwischen kritischen Journalisten und Duckmäusern ablesen.

Zurück zum Thema: Die Feststellungen, die in den drei hier aufgestellten Kategorien angeführt wurden, machen deutlich, dass die Reaktionen des *Spiegels* und anderer großer Medien auf die »Verschwörungstheorien« der 9/11-Skeptiker geradezu so ausfallen mussten, wie sie ausgefallen sind. Wer als Journalist auf einer Pressekonferenz nicht in der Lage ist, die »100.000-Mark-Frage« zu stellen, der wird es gewiss nicht wagen, 9/11 im Kontext Staatsterrorismus zu untersuchen.

Doch der Kampf um die Definitionsmacht wird nicht nur zwischen den sogenannten Verschwörungstheoretikern und den etablierten Medien geführt.

Auch Vertreter des akademischen Feldes beteiligen sich daran. 1997 erschien ein Buch des reputierten US-amerikanischen Professors Daniel Pipes, in dem dieser sich auf über 300 Seiten mit Verschwörungstheorien auseinandersetzt. Obwohl das Buch keine wissenschaftliche Studie ist, sondern mehr an ein Essay erinnert, wie Pipes im Vorwort klarstellt,[8] kann man es dennoch als einen interessanten Einblick in den Zusammenhang zwischen dem akademischen Feld und Verschwörungstheorien einordnen. Denn gerade der essayistische Charakter ermöglicht es Pipes, in einer offeneren Sprache seine Gedanken auszudrücken, als es in einer wissenschaftlichen Arbeit möglich wäre.

Prinzipiell offenbart sich Pipes als ein Gegner von Verschwörungstheorien, bedient sich relativ einseitig der »legitimen« Sichtweisen über diese (z.B. Verschwörungstheorien sind komplexitätsreduzierend) und spricht ihnen den Bezug zur Realität ab. Dabei benutzt er eine Sprache, wie wir sie auch aus den in diesem Buch analysierten Produkten des medialen Mainstream, zu den 9/11-Verschwörungstheorien kennen (paranoid, verrückt, Fanatiker, pathologische Höchstform usw.). Es seien insbesondere die »politisch unzufriedenen und kulturell Argwöhnischen«[9], die sich verschwörungstheoretischer Ansätze bedienten. Die Argumentation von Pipes, dessen Ansichten als Experte für den Mittleren Osten und den Islam sich häufig in den großen

8) Pipes, Daniel: Verschwörungen. Faszination der Macht, Gerling Akademie-Verlag, München, 1998, S. 12

9) Pipes, Daniel: S. 16

Medien der USA wiederfinden, ist sehr eindimensional. Sie funktioniert so: Wenn die Warren-Kommission festgestellt hat, dass Kennedy kein Opfer einer CIA-Verschwörung war, dann ist dem auch so. Anders gesagt: Wenn der mit Reputation und legitimem Kapital ausgestattete A sagt, dass »es« so war, dann war »es« auch so. Punkt.

Prinzipiell derselben Klaviatur bedient sich auch der Geschichtsprofessor Wolfgang Wippermann, der ein Buch verfasst hat, in dem er die Ursachen für Verschwörungstheorien in einem primitiven Teufelsglauben verwurzelt sieht.

> Verschwörungstheorien haben Konjunktur, nicht erst seit dem 11. September. Ausgangspunkt allen verschwörungsideologischen Denkens ist seit jeher der Glaube, dass für jegliches Übel in der Welt das leibhaftige Böse - der Teufel - verantwortlich ist. Doch vollbringt er nicht alles Teufelswerk allein, sondern mit Hilfe seiner Helfershelfer: den Agenten des Bösen. Zu solchen Agenten erklärt wurden in den verschiedenen Epochen Hexen, Freimaurer und Illuminaten, Sozialisten und Kommunisten, Islamisten und immer wieder »die Juden«.[10]

Anhand der geschichtlich dokumentierten Tatsache, dass Menschen schon immer dazu geneigt haben, Unglücke, Verbrechen, schwer Greifbares dem Bösen, dem Teufel zuzuschreiben, will Wippermann auch die Erklärung für die Existenz moderner Verschwörungstheorien, wie etwa die zum 11. September, gefunden haben. In seinem Buch setzt sich der Berliner Professor auch mit den 9/11-Verschwörungstheorien auseinander. Auf neun Seiten versucht Wippermann darzulegen, dass die Thesen der 9/11-Skeptiker wie Mathias Bröckers und Andreas von Bülow einen antisemitischen Einschlag erkennen ließen. Da wird Bröckers unterstellt, dass es für ihn wohl noch das »internationale Judentum«[11] gäbe und er wird dann praktischerweise gleich als »antisemitischer Täter«[12] tituliert, während Andreas von Bülows Ansicht, dass es eine »Mossad-Spur« im Fall 9/11 geben könnte, für Wippermann ausreicht, um dem ehemaligen Politiker ebenfalls eine Nähe zum Antisemitismus zuzuschreiben. Wie realitätsverzerrend Wippermann seine Thesen konstruiert, sei an einem Beispiel aufgeführt. Der Historiker schreibt:

> Als Beleg für all diese Verdächtigungen gibt von Bülow dann penibel genau an, wie viele Juden (nur dreißig) und Israelis (nur ein einziger) sich unter den Opfern des Anschlags befunden haben.[13]

---

10) Wippermann, Wolfgang: Agenten des Bösen – Verschwörungstheorien von Luther bis heute, be.bra verlag, Berlin, 2007, Rückseite Cover
11) Wippermann, Wolfgang: S. 136
12) Wippermann: S. 134
13) ebd. S. 138

Die Fußnote, die Wippermann diesem indirekten Zitat anfügt, führt zum Buch von Andreas von Bülow. Dort lesen wir dann Folgendes:

> Unter den 3000 wurden aufgrund der Suchanfragen von Angehörigen zunächst 300, dann 30 Israelis vermutet. Laut CNN (korrigierte Liste vom 9.9.2003) kam ein Israeli im Flugzeug UA 175 ums Leben, eine andere Liste nennt ein israelisches Opfer als Besucher des WTC.[14]

An diesen beiden Buchauszügen wird deutlich, wie Wippermann, der durchaus als namhafter Historiker bzw. Wissenschaftler bezeichnet werden kann, im Gegensatz zu seiner wissenschaftlichen Verpflichtung zur Akkuratesse und Wahrheitstreue handelt. Ähnlich wie Sandra Maischberger die Worte »Juden« und »Israelis« im Interview mit Andreas von Bülow durcheinanderwirft und dadurch einen falschen Eindruck erweckt (siehe Kapitel: *ARD-Interview: Sandra Maischberger mit Mimik, Gestik und Semantik gegen Andreas von Bülow*), unterstellt Wippermann auch Bülow, dass dieser die toten »Juden« gezählt habe. Dabei schreibt Bülow von *israelischen* Staatsbürgern. Hinzu kommt, dass Bülows Frage nach den israelischen Opfern kontextuell zu verstehen ist. Der Geheimdienstkenner geht eben davon aus, dass es sowohl Auffälligkeiten für eine CIA- als auch eine Mossad-Aktivität bei den Terroranschlägen gibt bzw. geben könnte. Dies führt ihn zu der Frage, wie viele Israelis am 11. September ums Leben gekommen sind. Man kann diese Frage für geschmacklos halten, setzt man sie jedoch in den Kontext seines Buchs, wird die scheinbare Geschmacklosigkeit doch relativiert, und alleine aus diesen Zeilen dem ehemaligen Bundesminister Antisemitismus vorzuwerfen, ist nicht nur grotesk, es ist unverantwortlich, da ein solcher Vorwurf die Reputation eines Menschen beschädigen und auch zerstören kann. Anhand dieser Textstelle aus Wippermanns Buch können wir ablesen, dass gerade die Wortführer im Stigmatisierungskampf um den Begriff *Verschwörungstheorien* längst nicht so glaubwürdig sind, ihre Sichtweise längst nicht so frei von Widersprüchen ist, wie sie es für sich beanspruchen und wie sie es der Öffentlichkeit glauben machen wollen. Es verwundert nicht, dass gerade die Journalisten, die den Begriff Verschwörungstheorien stigmatisiert sehen wollen, sich genau auf jene Wissenschaftler stützen, die mit dem Anspruch der Unumstößlichkeit erkannt haben wollen, was es mit dem Phänomen der Verschwörungstheorien auf sich hat. Also Wissenschaftler, die letztlich durch ihre Beiträge zur Diskussion doch nur erkennen lassen, wie großzügig die eigenen subjektiven Glaubensgrundsätze ihr »unantastbares Urteil« über Verschwörungstheorien wohl beeinflusst haben.

---

14) Bülow, Andreas von: Die CIA und der 11. September, S. 216

An dieser Stelle sei daher für eine differenzierte Betrachtung in Bezug auf die umkämpften Begriffe plädiert. Bei einer Auseinandersetzung bzw. bei einem Gebrauch der Begriffe *Verschwörungstheorien* und *Verschwörungstheoretiker* sollte man das Denken nicht gängeln lassen von den negativen Konnotierungen dieser Wörter. Es gilt eine Sichtweise zu veranschlagen, die in jede Richtung kritisch ist und folglich ganz im Sinne eines kritischen Verstands es versteht, zwischen manipulativen Absichten und realistischen Tatbeständen abzuwägen. Da mit Sprache, die nun mal ein Instrument zur (manipulativen) Wirklichkeitskonstruktion ist, immer wieder großes Unheil erzeugt werden kann, soll und muss man von denjenigen, deren Aufgabe es ist, mit Sprache professionell umzugehen, im Umgang mit den Begriffen *Verschwörungstheorien* und *Verschwörungstheoretiker* ein größeres Reflexionspotenzial erwarten. Dass gerade Journalisten die beiden Kampfbegriffe mit aller Gewalt nach ihrem Geschmack bestimmen wollen, ist publizistisch nicht tragbar, dass reputierte Wissenschaftler eine dem Gegenstand angemessene distanzierte und differenzierte Sichtweise durch »Meinungswissenschaft« ersetzen, hilft dem Konflikt leider gar nicht.

5.3 Filmbeiträge zu 9/11

Die Terroranschläge des 11. Septembers und ihre Hintergründe wurden in unzähligen kleineren und größeren Dokumentationen sowie journalistischen Features in dem Medium Film zum Ausdruck gebracht.

Am 11. September waren die filmischen Beiträge, die den Rezipienten gezeigt wurden, Bestandteil von Live-Berichterstattungen und mehr oder weniger kurzen Zusammenschnitten der Ereignisse dieses Tages. Im Lauf der Zeit kamen dann auch »komplexere« journalistische Produktionen zustande, die den 11. September aus diversen Blickwinkel beleuchteten.

Eine dieser Dokumentationen wurde am 30. August 2002 zum ersten Mal in der ARD ausgestrahlt. In ihr rekonstruieren Angela Andersen, Thomas Berbner und Claus Kleber die Ereignisse des 11. Septembers aus der Sicht von Betroffenen. Deutlich wird in der Doku, dass ihre Macher eine ganz bestimmte Absicht hatten. Andersen, Berbner und Kleber ging es darum, Betroffene, die ganz nahe privat oder beruflich mit dem Terror dieses Tages konfrontiert waren, zu Wort kommen zu lassen, damit sie die Geschehnisse in stark personalisierter Form darstellen konnten. Die Dokumentation entwickelt ihre Stärke aus den Erzählungen der Augenzeugen, der Betroffenen und den sich daraus ergebenden emotionalen Momenten. Durch die geführten Gespräche mit Präsident George W. Bush und dem damaligen Verteidigungsminister Donald Rumsfeld, die in der Doku zu Wort kommen, kleiden die Macher ihr Werk ein in die Zeichen einer um die Macht der »Legitimation« wissenden journalistischen Symbolsprache. Figuren wie Bush oder Rumsfeld übertragen quasi automatisch ihr symbolisches Kapital, das u.a. in ihrer herausgehobenen politischen Position wurzelt, auf die Dokumentation, woraus die Dokumentation wiederum einen eigenen symbolischen Wert generiert, der in dem Anspruch mündet, dass ihre Macher hier Informationen von höchster Qualität vermitteln (sozusagen: von höchster Ebene).

Die Journalisten, die diese Dokumentation erstellt haben, scheinen dabei vergessen zu haben, wie problematisch eine (selbstdarstellerische?) Einbindung von hochrangigen politischen Persönlichkeiten in journalistische Beiträge generell ist. Dass sich zu diesem Zeitpunkt bereits eine breite Gegenöffentlichkeit gebildet hat, die das Verhalten von Bush und Rumsfeld am 11. September hinterfragt, und Widersprüche ausgemacht haben will, wird von den Machern völlig ausgeblendet. Anstatt die Möglichkeit zu nutzen, kritische Fragen zu den Terroranschlägen zu stellen, begnügen sich die Dokumentaristen mit den emotionalen Erzählungen der prominenten Politiker. Die ARD zielt in der Ankündigung der Dokumentation sprachlich ganz bewusst auf die Macht, die von den Symbolfiguren auf die Rezipienten ausgehen dürfte:

> Exklusiv äußert sich US-Präsident Bush zu seinen Gefühlen an diesem Tag. US-Verteidigungsminister Rumsfeld schildert, ebenfalls nur für die ARD, wie er im Pentagon Menschen rettete.[15]

Die Worte »Exklusiv« und »nur für« sind die sprachlichen Spitzmarken, die auf die Besonderheit der Dokumentation hindeuten. Mit der Ankündigung, dass Präsident Bush seine Gefühle äußere, die er am 11. September hatte, entsteht ein subtiles Problemfeld. Denn ob das, was Präsident Bush in der Dokumentation anspricht, tatsächlich den Gefühlen entspricht, die er an dem Tag des Terrors hatte, kann der verantwortliche Redakteur beim besten Willen nicht wissen. Er kann es glauben, was er dann aber auch sprachlich kenntlich machen müsste. Nun könnte man dieser Argumentation entgegenhalten, sie sei spitzfindig und außerdem falsch, da der Verfasser der Meldung ja nur schreibe, was auch passiert sei. Schließlich habe Bush vor der Kamera über seine Gefühle gesprochen, ob diese nun falsch oder richtig seien, darüber sage die Meldung ja nichts aus. Der Subtext dieser oberflächlich neutral scheinenden Botschaft (»äußert sich US-Präsident Bush zu seinen Gefühlen an diesem Tag«) transportiert aber dennoch den Anspruch, »wahr zu sein«. Wir erfahren etwas von *den* Gefühlen *des* Präsidenten, von *seinem* Innenleben am 11. September – und zwar genau so, wie sie auch tatsächlich bei ihm vorka-

15) *http://www.ndrtv.de/doku/20020830_tag_des_terrors.html* [20.07.2006]

men (bzw. angeblich vorgekommen sein sollen) – das ist es, was da steht, was die Aussage impliziert. Genau genommen lässt die Aussage die Möglichkeit gar nicht zu, dass der Präsident in dem ARD-Beitrag lügt. Stellen wir uns vor, der Verfasser hätte geschrieben: US-Präsident Bush äußert sich exklusiv in der ARD. Dabei spricht er über Gefühle, die er angeblich am 11. September gehabt hat. Zumindest hat es so den Anschein. Ob seine Aussagen nun aber tatsächlich seinen Gefühlen entsprechen, können wir nicht sagen. – So wäre die Meldung zwar korrekt, aber der Reiz wäre dahin.

Ist es nicht naiv, völlig unkritisch den Anspruch zu erheben, dass ein Politiker seine aufrichtigen und ehrlichen Gefühle gegenüber einem Journalisten unter der Aufnahme einer Kamera zum Ausdruck bringt?

Dieser kleine Satz, der ganz unverdächtig und auf den ersten Blick ganz sauber erscheint, ist nur ein kleiner Teil von einer schier unendlichen Zahl an fragwürdigen journalistischen Erzeugnissen, wie sie jeden Tag an die Rezipienten herangetragen werden, anhand derer der Verdacht einer mangelhaft aufgearbeiteten journalistischen Konstruktion von Wirklichkeit erhoben werden kann. Man muss es noch mal sagen: Derjenige, der diese Sätze verfasst hat, kann nicht wissen, dass die angeblich zum Ausdruck gebrachten Gefühle von Präsident Bush der Wahrheit entsprechen. Allerdings hat dieser subtile Fehler nichts mit einer großen Verschwörung im Mediengeschäft zu tun. Wahrscheinlich glaubt der Verfasser wirklich an den Inhalt seiner Aussage. Und genau das ist das Fatale. Wir erkennen sowohl in der Vorankündigung der ARD als auch in den Szenen, in denen Bush und Rumsfeld in der Dokumentation gezeigt werden, keinerlei kritische Distanz der involvierten Journalisten zu dem Verhalten und den Aussagen der Politiker. Stattdessen werden die Statements der politischen Funktionsträger zum konstituierenden Bestandteil der in der Doku zum Tragen kommenden Wirklichkeitskonstruktion.

Untermalt ist die Vorankündigung des Films von der ARD noch durch eine Sprache, die erkennen lässt, dass der Inhalt einer Selbstinszenierung untergeordnet wird:

> Das Material war so beeindruckend, dass aus den ursprünglich vorgesehenen 45 Minuten Sendezeit 70 Minuten wurden. Erstmalig illustrieren grafische Animationen und nachgestellte Szenen den Flug der Todesmaschinen. Die ARD-Dokumentation »Der Tag des Terrors« zeichnet mit nie zuvor gesehenen Aufnahmen ein Bild dieses besonderen Tages und gibt dem Grauen des 11. September ein Gesicht.[16]

16) ebd.

Helge Hopp von der *Berliner Zeitung* missfällt einiges an der Doku:

> Im Rausch des Grauens. Die ARD-Doku über den 11. September irritiert durch reißerische Inszenierung.[17]

und er erkennt in der Dokumentation »Die Gier der Medienmaschine [...].« Er schreibt:

> Doch der Film reiht das Grauen, die Bestürzung, die Schicksale seltsam routiniert aneinander, so als gälte es einen Vollständigkeitswettbewerb zu gewinnen. Das Leid der Menschen, der Überlebenden wie der Toten, bleibt konturlos im Konzert der Tränen, des Stammelns und der Zusammenbrüche. Die Szenen des Schreckens dann zusätzlich nicht nur mit pathetischer Musik zu unterlegen, sondern auch noch mehrfach in Zeitlupe vorzuführen – solche vom Boulevard-TV her vertrauten Inszenierungsmätzchen sind nicht das, was eine seriöse Dokumentation ausmacht. Die Gier der Medienmaschine scheint groß, sie nutzt jedes Geschehen, auch dieses, zum eitlen Anpreisen. So spricht der NDR in seiner Ankündigung von »nie zuvor gesehenen Aufnahmen« und protzt, hier äußere sich US-Präsident Bush »exklusiv und erstmals zu seinen Gefühlen an diesem Tag« – darin zeigt sich eine unappetitlich marktschreierische Haltung. Dass Bush dann Dinge sagt, die er seitdem gewiss hundert Mal vortrug, wirkt dann umso peinlicher. So ist der Versuch, eine minutiöse Chronologie der Ereignisse zu bieten und zugleich Augenzeugen mit ihren persönlichen Erlebnissen zu Wort kommen zu lassen, gescheitert, beißt sich die kühle Schilderung der Abläufe mit der sichtbaren – und verstimmenden – Absicht, möglichst viel an Rührung unterzumischen. Die Sensibilität, die man gerade bei diesem Sujet erwarten darf, ist irgendwo im Rausch des Grauens verlorengegangen.[18]

Das Spielen der Emotionskarte in der Dokumentation hat einen Grund. Warum, so kann man die berechtigte Frage stellen, haben sich die Macher überhaupt entschlossen, Betroffene über ihre Betroffenheit vor der Kamera aussagen zu lassen?

> [...] Hubschrauberpilot Donald Gromling, der hilflos die brennenden Türme umkreiste. Er wünscht sich eine »magische Planke« auf der er die Menschen hätte retten können, die keinen anderen Ausweg sahen, als aus den Fenstern des brennenden WTC zu springen.[19]

---

17) *http://www.berlinonline.de/berliner-zeitung/archiv/.bin/dump.fcgi/2002/0830/medien/0053/index.html* [30.08.2008]

18) ebd.

19) *http://www.ndrtv.de/doku/20020830_tag_des_terrors.html* [30.08.2008]

Ja, was soll sich Gromling denn sonst gewünscht haben? Was sollen die anderen, die für die Dokumentation aufgesucht wurden, denn sonst empfunden haben, als Leid, als Schmerz, als Schock, eben auf ihre je spezifische Situation zurechtgeschnitten? Musste das sein? Will die Öffentlichkeit wirklich sehen, was ein Hubschrauberpilot fühlt, wenn er mit ansehen muss, wie Tausende Menschen unter ihm begraben werden? Ja, vielleicht will die Öffentlichkeit das erfahren. Aber worum geht es denn dabei, wenn ein Journalist dieses Thema und dann auch noch in der Art, wie in der Dokumentation geschehen, aufgreift? Um einen aufrichtigen Ausdruck von purem Mitgefühl? Vielleicht auch dies, mitunter. Aber es kann nicht geleugnet werden, dass jeder erfahrene Journalist weiß, dass Emotionen Quote bringen. Warum haben Kleber & Co. keine Doku über die zu diesem Zeitpunkt immer noch nicht berufene Untersuchungskommission gemacht? Warum haben sie keine Dokumentation über die Gründe für das »Versagen« der Luftabwehr am 11. September gemacht? Die Fragen sind denkbar einfach zu beantworten. Eine Doku über die emotionale Situation der Betroffenen der Terroranschläge ist verhältnismäßig leicht gemacht. Die größte Schwierigkeit ist es, Betroffene zu finden, die bereit sind, vor der Kamera zu sprechen. Der Rest ist Handwerk. Aber noch viel wichtiger: Mit so einem Thema stößt man kaum an, man tritt niemanden auf die Füße. Und besser noch: Aufgrund der systemimmanenten Gesetzlichkeiten des journalistischen Feldes, bekommt man dafür in aller Regel auch noch Lob, ein Schulterklopfen (die Kritik der *BZ* zeigt, dass es vereinzelt auch anders gehen kann). Wobei die dokumentarische Umsetzung eines politischen Themas im Stile der oben aufgeworfenen Fragen einem Spießrutenlauf gleichen würde. Warum sich Ärger machen, wenn es auch anders geht?

❖ ❖ ❖

Auch das 9/11 Truth Movement hat sich auf filmische Weise mit den Terroranschlägen auseinandergesetzt. In den filmischen Darstellungen aus der 9/11-Bewegung werden, wie zu erwarten, die Geschehnisse von jenem Tag sowie die Erklärungen und Auslegungen von US-Regierung und Mainstreammedien in den Kontext Staatsterrorismus eingebunden. Diese filmischen Produkte können in zwei Kategorien eingeteilt werden: In die eine Kategorie fallen »dokumentationsartige« bzw. im Stile eines »journalistischen« Fernsehbeitrags gehaltene kurze oder lange Darstellungen, die bei *YouTube*, *Google Video* oder auf privaten Homepages zu finden sind. Kennzeichnend für diese filmischen Beiträge ist eine an nahezu allen Stellen innerhalb des Films oder des Kurzbeitrags auffallende Unprofessionalität. Themenwahl, Kameratechnik, Vertonung, Schnitt und Kommentierung lassen erkennen, dass es sich bei den Machern um Laien handelt, die – im weitesten Sinne – journalistisch »etwas zu sagen haben« und ihre Informationen und Ansichten mithilfe von Kamera, PC und Internet an die Internetöffentlichkeit weiterleiten. In einer beträchtlichen Zahl dieser Filme werden die Szenen des Terroranschlags selbst, also der Einschlag der Flugzeuge in die Twin Towers, der Zusammensturz der Gebäude und das brennende Pentagon, zu Leitbildern, die immer wieder zu Beginn, in der Mitte, am Ende und zwischendurch eingeschnitten werden. Die Dramatik der Ereignisse, diese Szenen des Grauens, werden den Rezipienten so immer wieder in Erinnerung gerufen – ähnlich wie in den Tagen danach diese Szenen durchgehend in den Medien zu sehen waren. Über die Gründe, warum die Macher der Internet-Dokus die Szenen des Terrors in geradezu inflationärer Weise aufgreifen, kann spekuliert werden. Auf der psychologischen Ebene ließe sich sagen, dass die Macher durch den filmischen Umgang mit diesen Bildern für sich selbst die Anschläge verarbeiten. Genauso könnte man aber auch die »Lust« und die »Faszination« an der »Action«, die diese Bilddokumente in sich tragen und in ihrer Art eher an einen Hollywood-Film erinnern, anführen. Aber es gibt noch eine weitere Erklärung: Die Bilder von den Terroranschlägen sind aufgrund der medial konstruierten Wirklichkeit zu den Anschlägen mit einer Vielzahl von Wirklichkeitsfragmenten beladen, die sich fest in die Köpfe der Rezipienten des medialen Mainstreams eingebrannt haben. Die Wahrheitsbewegung des 11. Septembers muss, um ihre Wirklichkeitskonstruktion als legitim in der Öffentlichkeit durchzusetzen, einen Benennungskampf führen, in dem um Auslegungen und Interpretationen gerungen wird. Und um in diesem Kampf Boden zu gewinnen, ist es wichtig, an zentralen Stellen der legitimen Wirklichkeitsauffassung eine Umbenennung durchzuführen. Der extensive Gebrauch der Szenen des Terrors in den angesprochenen Filmbeiträgen deutet auf die Bemühungen der Bewegung hin, die in die Köpfe der Rezipienten des medialen Mainstreams eingebrannten Bildern mit ihren entsprechenden Subtexten umzucodieren. Denn die filmischen Produkte des 9/11 Truth Movement stehen konträr zur offiziellen Wirklichkeit der Terroranschläge. Die Kommentierungen, die die Filme umrahmen und die immer wieder die gezeigten Terrorszenen begleiten, sprechen von einer anderen Wirklichkeitskonstruktion, als sie in den Massenmedien vermittelt wird.

Die angesprochene Unprofessionalität, die in diesen Filmen, die wir als Filme der »Kategorie 1« bezeichnen wollen, auszumachen ist, läuft jedoch in ihrer Gesamtheit der Absicht, im Benennungskampf zu punkten, wohl eher entgegen. Neben der handwerklich mangelhaften Umsetzung der filmischen Beiträge, kommt es immer wieder auch zu gravierenden inhaltlichen Widersprüchen, denen die Macher nicht entgegenzutreten in der Lage sind. Manche

Filmbeiträge sind in ihrer Qualität in jedem Bereich so schlecht, dass sie geradezu als Argument gegen die Glaubwürdigkeit der von dem Truth Movement offerierten alternativen Wirklichkeitskonstruktion angesehen werden können. Den Machern dieser qualitativ minderwertigen »journalistischen Erzeugnisse« kann man also durchaus viele Vorhaltungen machen, allerdings muss man diese Filmbeiträge auch in einen größeren Bezugsrahmen einordnen. Beurteilt man die Filmbeiträge aus der Kategorie 1 nach ihrer handwerklichen und inhaltlichen Qualität, gemessen an dem Standard sogenannter seriöser journalistischer Handwerkskunst, würde man ihnen nicht gerecht. In einer Vielzahl dieser im Internet veröffentlichten Filme lässt sich durchaus erkennen, dass für die Macher der Filme die Sache ernst ist und eine Bedeutung hat. Durch bewusstes Zitieren der Kompetenzinsignien des etablierten Journalismus (z.B. sieht man eine Person, die wie ein Nachrichtensprecher an einem Schreibtisch sitzt und die alternativen News vorliest, grafische Elemente werden in die Filme geschnitten, wie sie auch in filmisch professionell umgesetzten journalistischen Beiträgen vorkommen usw.) versuchen sie einen Glaubwürdigkeitsstatus aufzubauen. Das heißt: Der Anspruch, als legitime Berichterstatter anerkannt zu werden, da, so ihr Glaube, die von ihnen präsentierten Informationen gewichtig sind, ist immer wieder zu erkennen. Er kann nur kaum erfüllt werden. Dazu ist die hohe Professionalität im Journalismus, was die äußeren Strukturen angeht, zu groß. Die bekannten Nachrichtensprecher in den großen Medien tragen feine Anzüge, haben Sprecherziehung genossen, sind eloquent usw. Die Nachrichtensendungen, in denen sie auftreten, sind in Bezug auf den Präsentationsmodus von höchster Qualität, genau so wie die verschiedenen Features, Reportagen und Dokumentationen, die im Fernsehen gezeigt werden. Unser Auge hat sich an diesen hohen Standard gewöhnt. Er wird auch mit Glaubwürdigkeit in Verbindung gebracht. Im Vergleich dazu wirken die den alternativen »Dokumentaristen« in der Kategorie 1 zuzuordnenden filmischen Darstellungen wie eine schlechte Karikatur. Doch bei aller Kritik gilt zu bedenken: Die Filmemacher sind absolute Laien. Die Qualität ihrer Produktionen ist nur die eine Seite der Medaille. Auf der anderen Seite steht das Phänomen als solches. Ist es nicht merkwürdig, dass überhaupt so viele Menschen gegenüber der massenmedialen Mainstreamberichterstattung konträre Beiträge veröffentlichen?

In die zweite Kategorie fallen jene Filme, die in der Qualität ihrer äußeren Struktur (also Schnitt, Ton etc.) weit über denen der Kategorie 1 einzuordnen sind. Sie lassen sich zwar durchaus graduell bezüglich ihrer Qualität noch einmal unterscheiden, in ihrer Gesamtheit sind sie dennoch als bereits eher professionell zu bewerten.

Einer der Filme überhaupt, der zum filmischen Ausdruck des Wahrheitskampfs geworden ist, ist *Loose Change* (siehe Kapitel: *Dylan Avery, Jason Bermas und Korey Rowe: Loose Change oder durch allmählichen Wandel zum Ziel?)*. Die äußeren Strukturen des Doku-Films lassen kaum erkennen, dass es sich bei den Filmemachern um Amateure handelt, für die *Loose Change* ihr erster Film ist. Die spannungssteigernde, teils dramatisch wirkende Hintergrundmusik, die schnellen Schnitte und selbst die Kommentierung durch die Stimme von Dylan Avery erscheinen verhältnismäßig professionell. Gleich zu Beginn demonstrieren die Filmemacher ihre Abgrenzung zur offiziellen 9/11-Version, indem sie Erklärungen und Aussagen von Rumsfeld und anderen Offiziellen zu den Terroranschlägen als falsch markieren. Die Aussagen von Rumsfeld und Co. werden in Schriftform eingeblendet und anschließend nacheinander, graphisch veranschaulicht, mit einem Kugelschreiber durchgestrichen. Dieser interessante Einstieg in den Film verdient Aufmerksamkeit. Zunächst einmal ist der Akt des Durchstreichens eines fremden Textes oder einer Aussage immer etwas, was mit Legitimation verbunden ist. Wer schriftlich korrigiert, ist in aller Regel jemand, der qua Position, qua Beruf das »Recht« zur Korrektur hat. Beispielsweise ein Lehrer oder ein Redakteur, ein Vorgesetzter. Gleichzeitig schwingt in dem Akt des Durchstreichens aber auch häufig eine Form von symbolischer Aggression mit. Das Durchstreichen einer Aussage wertet diese ab, disqualifiziert sie als ungültig, nicht brauchbar. Häufig reagieren Menschen sehr sensibel auf solche »Korrekturen«. Deshalb ist es wichtig, dass diejenigen, die »korrigieren«, wissen was sie tun, über Erfahrung verfügen und zwischen einer Korrektur, die notwendig ist, und einer Korrektur, die nicht notwendig ist, klar unterscheiden können. Aus der gezeigten filmischen Darstellung in der Eingangssequenz können wir zunächst herauslesen, dass die Filmemacher einen Legitimitätsanspruch erheben bzw. dass sie sich Legitimität selbst zuschreiben. Da nun aber ihre selbst proklamierte Legitimität faktisch vonseiten der Institutionen, aber auch von Teilen der Gesellschaft nicht anerkannt wird – denn genau genommen besitzen die Filmemacher ja auch keine Legitimation beispielsweise beruhend auf Reputation – verdichtet sich der Akt des Durchstreichens in dem konkreten Fall zu einer »Unverschämtheit«. Polemisch formuliert: Drei Jungs, die gerade ihrem Jugendbett entwachsen sind, wagen es, hoch reputierte Persönlichkeiten zu korrigieren bzw. deren Aussagen als falsch abzustempeln. Die Aussagen von Funktionsträgern werden nicht, wie häufig vom medialen Mainstream, aufgrund institutionalisierter Anerkennungsverhältnisse quasi reflexartig mit einem Wahrheitswert versehen, sondern es wird gewagt, sie infrage zu stellen. Das Durchstreichen versinnbildlicht nicht nur den Zweifel an der Glaubwürdigkeit von Rumsfeld & Co. sondern auch die Opposition zu den Mainstreammedien, da diese die getätigten Aussagen der Funktionsträger mit in ihre Lesart eingebunden haben.

Im weiteren Verlauf des Films folgt ein Kaleidoskop an originalen Bild- und Tonaufnahmen, die zu einem großen Teil aus unmittelbar nach den Anschlägen zusammengestellten Fernsehaufnahmen stammen. In ihnen hört man immer wieder, wie Journalisten der Mainstreammedien von Explosionen und von Bomben sprechen. Eine Nachrichtenjournalistin sagt:

> Um 10.30 Uhr wollte ich das Gebäude verlassen. Draußen hörte ich eine weitere Explosion. Eine weitere Erschütterung und mehr Rauch. Ich rannte ins Gebäude, der Kronleuchter wackelte und wieder füllte sich die Luft mit schwarzem Rauch. Innerhalb von 5 Minuten waren wir mit Staub bedeckt. Dann kam ein Brandmeister rein und sagte, wir müssen raus, denn einer 3. Explosion könnte das Gebäude nicht standhalten.[20]

Ein Reporter des Senders WCBS äußert sich wie folgt: »Vor wenigen Sekunden gab es eine riesige Explosion und Turm 2 ist soeben zusammengestürzt.«[21] Diese Originalaufnahmen sowie das Aufzeigen kontroverser politischer Sachverhalte, wie beispielsweise Operation Northwoods[22], dienen *Loose Change* dazu, den eigentlichen Themenschwerpunkt, nämlich die Anschläge auf das WTC, das Pentagon und UA Flug 93 in einer Weise zu deu-

---

20) Loose Change 2 Recut: 42:50

21) ebd.

22) Die ehemals streng geheime Operation Northwood ist für die 9/11-Skeptiker einer der deutlichsten Hinweise darauf, dass die Fabrizierung eines Kriegsgrunds sowie Terror gegen die eigene Bevölkerung durchaus dem Herrschaftsapparat der USA bekannt ist. Operation Northwood ist der Name eines 1962 entworfenen Papiers, in dem hochrangige Militärs den Abschuss eines US-Flugzeugs sowie gezielte Anschläge in den USA vorschlagen, um diesen Terror dann Fidel Castro in die Schuhe zu schieben. Damit hätte es einen Grund gegeben, Kuba anzugreifen. Das Papier kam 1998 durch den Freedom of Information Act an die Öffentlichkeit. In einem Buch über die NSA heißt es: »[...] verabschiedete der [...] Generalstab Pläne, die vielleicht die schlimmsten waren, die je von einer US-amerikanischen Regierungsinstanz produziert worden sind. Im Namen des Antikommunismus schlugen die Militärs einen geheimen und blutigen Terrorkrieg gegen ihr eigenes Land vor, um die amerikanische Öffentlichkeit für den irrwitzigen Krieg zu gewinnen, den sie gegen Kuba führen wollten.« (James Bamford: NSA. Die Anatomie des mächtigsten Geheimdienstes der Welt, 2001, S. 89), Als der Geheimplan dem damaligen Präsidenten John F. Kennedy vorgelegt wurde, lehnte dieser das Vorhaben ab. *http://www.gwu.edu/%7Ensarchiv/news/20010430/northwoods.pdf* (Originaldokument aus der George Washington Library)

ten, die völlig konträr zu der Mainstreammedialen steht. Stück für Stück bauen die jungen Filmemacher die Version der Ereignisse auf, wie sie ihrer Meinung nach tatsächlich stattgefunden haben, um ihren Zweifeln einen filmischen, visuellen Ausdruck zu geben. Schnell fällt auf, dass Avery immer wieder den Zuschauer persönlich anspricht. Er stellt ihm Fragen wie: »Verstehst Du, was ich meine?« oder: »Glaubst Du immer noch, dass Kerosin den Einsturz verursachte?«, womit er demonstriert, dass der Film nicht neutral ist, er hat ein Anliegen, und dieses will er an die Rezipienten mithilfe von Suggestivfragen herantragen: nämlich, dass die Rezipienten anfangen, an der offiziellen Version zu zweifeln.

Natürlich haben wir es hier mit einer Form der Manipulation zu tun. Der gesamte Film, wenn man so will, ist eine Manipulation. Bilder, Szenen, Aussagen und Geschehnisse rund um die Terroranschläge werden so zusammengesetzt, dass den Rezipienten eigentlich nichts anderes mehr übrig bleibt, als die offizielle Version als ein großes Lügengebäude zu betrachten.

In einem Gegenfilm mit Namen *Screw Loose Change* und auf diversen Internetseiten werden Fehler aufgelistet, die die *Loose-Change*-Gegner ausgemacht zu haben glauben. Nach ihren Worten ist *Loose Change* voller Lügen und Verdrehungen. Aus dem Zusammenhang gerissene oder sinnentstellte Zitate, falsche Schlüsse, selektive Augenzeugenauswahl usw. wollen die Kritiker erkannt haben. Auf die Vorwürfe der Kritiker reagieren wiederum die Vertreter aus dem Lager der 9/11-Skeptiker, die den Kritikern von *Screw Loose Change* ebenfalls unsaubere Arbeit bei der Diskreditierung des Films vorwerfen.

Sicher ist jedoch, dass die präsentierten vermeintlichen Fakten in *Loose Change* mit Bedacht zu bewerten sind. Nur ein Beispiel: Die Filmemacher sagen, dass eine Person, die für die Luftraumüberwachung zuständig war, gesagt habe, die Art und Weise, wie sich das Flugzeug bewege, entspreche niemals dem eines zivilen Passagierflugzeugs, sondern eher dem eines Militärflugzeugs. Eine Boeing 757 werde nicht auf diese Weise geflogen. Die Aussage führt die Filmemacher zu dem Schluss, dass das Flugzeug hinter Flug 77, auf den sich diese Aussage bezieht, in Wirklichkeit keine Boeing war, was sie auch ihren Zuschauern mitteilen. Die Filmemacher müssen aber offensichtlich das Ende des Zitats außer Acht gelassen haben, da durch die Aussage zum Schluss die Gesamtaussage in einer völlig anderen Weise zu verstehen ist, als es die Filmemacher interpretieren (wollen?). Die für die Luftraumüberwachung zuständige Frau meinte nämlich nicht, dass man eine Boeing so nicht fliegen könne, also dass es aufgrund der Eigenheit der Flugzeugs unmöglich sei, sondern nur, dass man eine Boeing so nicht fliegen könne, weil das sehr unsicher sei, also gefährlich für die Passagiere usw. Das vollständige Zitat lautet:

> »The speed, the maneuverability, the way that he turned, we all thought in the radar room, all of us experienced air traffic controllers, that that was a military plane,« says O'Brien. »You don't fly a 757 in that manner. It's unsafe.«[23]

Durch den Zusatz »It's unsafe« (»Es ist unsicher«) kann die von den Filmemachern dargestellte Wirklichkeit in Bezug auf dieses Zitat nicht aufrechterhalten werden.

Doch auch hier gilt: Man muss mit solchen Filmen differenziert umgehen. Es wäre zu einfach, würde man aufgrund von Qualitätsmängeln solche alternativen Doku-Filme ablehnen, da sie ja durchaus auch Inhalte und Informationen transportieren, über die diskutiert werden sollte.

Einer der Filme, der alleine bei Google-Deutschland über 350.000 Mal aufgerufen wurde[24] und der ebenfalls als ein zentrales Filmdokument im Wahrheitskampf der Bewegung zu verstehen ist, ist *Terrorstorm*.

Die Kernthese der 9/11-Skeptiker, dass die Anschläge vom 11. September ein Akt von Staatsterrorismus waren, wird zum filmischen Leitmotiv in *Terrorstorm*. Der Filmemacher Alex Jones geht darin »historisch« vor, das heißt, er greift verschiedene Ereignisse aus der Geschichte auf, die als Staatsterrorismus vermutlich kenntlich gemacht werden können und nutzt diese, um zu zeigen, dass seine Schlussfolgerung von einer Regierungsbeteiligung an den Anschlägen nicht aus der Luft gegriffen ist.

Bereits in der Eröffnungsszene wird die pessimistische Grundhaltung des Films deutlich. Mit eindringlicher Musik, die direkt aus einem Endzeitfilm stammen könnte, und einer Art metallfarbener Schrift, die in Farbe und Typographie an die Terminator-Filme erinnert, erzeugt *Terrorstorm* bereit in den ersten Sekunden ein Gefühl der Beklemmung, der Angst. »Eine Generation nach der anderen wird ihre Freiheit aufgeben müssen in einem endlosen Krieg für ein Weltreich«, sagt Alex Jones, dessen Stimme aus dem Off kommt, während in relativ schnellen Bildfolgen die bildhaften Darstellungen eingeblendet werden, die im Kontext des »Kampfs gegen den Terror« zu Erkennungszeichen des »nie enden werdenden Kriegs« wurden. Es sind die Bilder von Soldaten im Gefecht, von George W. Bush, Osama Bin Laden und dem Pentagon, die u.a. zum visuellen Ausdruck der kriegerischen Entwicklungen nach dem 11. September geworden sind, mit denen Jones sein Werk einkleidet. Nach zwei Minuten sieht man zum ersten Mal eine Szene der Ter-

---

23) http://screwloosechange.blogspot.com/2006/05/it-was-military-plane.html
24) Stand: 11.06.2007

roranschläge von 9/11. Unmittelbar davor blenden die Macher des Films ein Bild von Hitler ein, wie er in Kampfpose dasteht. Die Kommentierung aus dem Off spricht dabei vom Staatsterrorismus, da der Reichstagsbrand nach Meinung des Filmemachers, wie er später erklärt, von den Nazis selbst arrangiert wurde. In einer anderen Szene werden durch das Zeigen von Übertragungswagen und Satellitenschüsseln die Medien bildhaft dargestellt. Die großen Medien werden als »moderne Propagandamaschine [betrachtet], mit der Gehirnwäsche betrieben wird, die die Köpfe der Menschen mit Sport und geistlosem Müll füllt«.[25]

Die Aussage über die Medien markiert die Konfliktlinie zwischen dem 9/11 Truth Movement und den Massenmedien. In den Worten »Propagandamaschinen« und »Gehirnwäsche« spiegelt sich das große Misstrauen einer offensichtlich zutiefst verinnerlichten kritischen Grundhaltung gegenüber den Medien wider. Die Massenmedien werden in *Terrorstorm* als ein entscheidendes Hilfsinstrument der Herrschenden begriffen, durch das es ihnen gelingt, die Masse der Bevölkerung zu manipulieren.

Auch im weiteren Verlauf des Films wird immer wieder auf die Massenmedien im Kontext der Manipulation Bezug genommen. So heißt es, in einer Rede nach der Absetzung des Regimes im Irak habe Bush gesagt, der Irak sei nun frei und endlich gäbe es auch eine freie Presse. In Wirklichkeit, so der Kommentator, habe der Verfasser eines Zeitungsartikels, der etwas Kritisches gegen die Besatzungsmacht sage, mit 30 Jahren Haft zu rechnen. Nicht nur würde das Pentagon im Irak massiv die Medienlandschaft unter Zuhilfe nahme von entsprechenden PR-Firmen beeinflussen, sondern dasselbe auch in den USA tun. Es ist die »Eroberung des Bewusstseins«, die die Medienmanipulation bezweckt, so Jones.

Immer wieder klingt in dem Doku-Film neben der Medienkritik Gesellschaftskritik an, wonach die Bevölkerungen der demokratischen Staaten, teilweise aus Bequemlichkeit, aber auch aus Angst vor den politischen Abgründen einer »Neuen Weltordnung«, ihre Augen verschlössen.

Alex Jones' Film bietet eine Fülle von wissenswerten Sachverhalten und Fakten, die den Rezipienten der medialen Mainstreamberichterstattung fremd sein dürften. Darin liegt seine große Stärke. Die große Schwäche des Films besteht aber in einer viel zu einseitigen Aufarbeitung des Themenkomplexes. Die Themen Staatsterrorismus, Aufbau von Überwachungsinfrastruktur, politische und mediale Manipulationen im Kampf gegen den Terror usw. sind wichtig, aber Jones betrachtet diese äußerst subjektiv und einseitig.

---

25) Jones, Alex: Film *Terrorstorm* (dt. Version)

Dennoch kann man dem Doku-Film nicht zum Vorwurf machen, er sei nicht neutral. Denn die fehlende Neutralität wird, wie bei *Loose Change*, in nahezu jeder Szene des Films sichtbar. Eine fehlende Neutralität ist in gewisser Weise über 110 Minuten der ständige Begleiter, d.h., der Filmemacher scheint erst überhaupt nicht den Anspruch der Neutralität zu erheben. Doch der Vorwurf der mangelnden Neutralität wiegt in diesem Falle, eben weil *Terrorstorm* erst gar nicht vorgibt, neutral zu sein, weniger schwer als es bei sogenannten seriösen Dokumentationen der Fall ist, die Neutralität vorgeben, ihren Anspruch aber nicht erfüllen. Ein weitaus schwerwiegenderer Vorwurf ist dann angebracht, wenn man dem Macher der Doku falsche Aussagen oder schlampige Recherchen vorwerfen kann. Im Internet finden sich mehrere Webseiten, auf denen versucht wird, den Doku-Film auseinanderzunehmen. Auf einem Blog[26] will ein Schreiber, der sich mit den Anschlägen auf die U-Bahn in Großbritannien beschäftigt, die auch Jones zum Thema in seinem Film gemacht hat, allein zu diesem Thema über 20 inhaltliche Fehler entdeckt haben.[27]

Jonathan Mendel[28] schreibt auf einem Blog, Jones behaupte in dem Film, dass der britische Premierminister Tony Blair zum Zeitpunkt der Terroranschläge in Großbritannien einen Wahlkampf geführt hätte, woraus Jones schlussfolgert, dass die Anschläge gerade rechtzeitig gekommen seien, um Blair bei der bevorstehenden Wahl die Wiederwahl zu ermöglichen.[29] Da die britischen Unterhauswahlen tatsächlich bereits am 5. Mai 2005 stattfanden, die Anschläge aber erst am 7. Juni verübt wurden, müsse dem Macher ganz deutlich an dieser Stelle eine ungenügende Rechercheleistung vorgeworfen werden, heißt es. Wenn die Behauptung aufgestellt wird, dass die Anschläge vom Juni 2005 in Großbritannien der Blair-Regierung zur Wiederwahl verholfen haben und man damit in gewisser Weise auch eine Regierungsbeteiligung unterstellt, und sich dann herausstellt, dass die Wahlen einen Monat vor den Anschlägen stattgefunden haben, dann kann man hier nicht nur von einem »kleinen Fehler« sprechen. Für diese Fehlinformation gibt es zwei Gründe. Entweder hat Jones an dieser Stelle tatsächlich schlampig gearbeitet oder der Zeitpunkt der Wahl war bekannt und er hat mit Absicht den nicht vorhandenen Zusammenhang zwischen Anschlägen und Regierungswahl hergestellt, um die eigene Sicht der Dinge durchzusetzen. Beide Erklärungen lassen jedoch die Problemstelle des Films erkennen.

---

26) *http://www.watsonblogs.org/* [07.03.2009]

27) *http://www.watsonblogs.org/jmendel/2006/09/alex_jones_terrorstorm_more_de.html* [07.03.2009]

28) *http://www.dundee.ac.uk/geography/staff/jmendel.htm* [07.03.2009]

29) ebd.

Allgemein muss die Frage gestellt werden:
Wie ist mit den filmischen Darstellungen zum 11. September umzugehen?

Die in diesem Buch keineswegs ausgeschöpfte Auseinandersetzung mit den ausgewählten Filmen bzw. Dokumentationen zeigte einmal mehr, wie problematisch filmische Darstellungen sowohl aus dem medialen Mainstream als auch vonseiten der 9/11-Skeptiker sein können. Grundsätzlich muss festgehalten werden, dass filmischen Darstellungen, egal wie sachlich, distanziert und neutral sie auch vorgeben zu sein, immer als Konstrukt betrachtet werden müssen. Das gilt auch für Dokumentationen, die beispielsweise im öffentlich-rechtlichen Fernsehen gezeigt werden und häufig für sich beanspruchen, »qualitativ wertvoll« zu sein. Auch diese zeigen in erster Linie eine journalistisch-konstruierte Wirklichkeit mit all den damit einhergehenden möglichen Problemen (z. B. Wirklichkeitsverzerrung, Aufbau einer Scheinwirklichkeit durch falsches Zusammenfügen von »Wirklichkeitspartikeln«).

In den filmischen Darstellungen beider Lager, also aufseiten der Mainstreammedien genau so wie aufseiten der 9/11-Skeptiker, sind Wirklichkeitsverzerrungen auszumachen. Die großen Medien haben die Hypothese von der Täterschaft Bin Ladens und Al Qaidas unverzüglich akzeptiert, jede weitere Berichterstattung baut darauf auf, die Grundhypothese wird nicht mehr hinterfragt – reflexhaft wird jeder Terroranschlag mit dem Terrornetzwerk in Verbindung gebracht. Die 9/11-Skeptiker z. B., die von der Pentagon-No-Plane-These überzeugt sind, bauen automatisch jede Aussage, die ihre These stützt, mit in ihre Wirklichkeitskonstruktion ein, eine Hinterfragung findet ebenfalls nicht mehr statt.

Dennoch gibt es wesentliche Unterschiede zwischen den beiden Parteien, die sich sowohl auf negativer als auch auf positiver Ebene zeigen:

Über die filmischen Erzeugnisse des medialen Mainstreams lässt sich folgendes sagen:	
Positiv	**Negativ**
- Sie sind hoch professionell. - Der formale Rahmen (Präsentationsmodus, Schnitt, Ton, Kameraführung usw.) zeugt von hoher handwerklicher Qualität. - Die angesprochenen Inhalte, die auf konkret nachvollziehbaren Daten, Fakten usw. beruhen, entsprechen tendenziell der Wahrheit. - Journalistische Sorgfaltspflicht und Sachlichkeit sind tendenziell vorhanden. - Eine »verfälschte« Darstellung von Sachverhalten kommt zwar vor, ist aber tendenziell eher selten.	- »Verfälschungen« ergeben sich in diesen Beiträgen tendenziell eher durch bestimmte Wahrnehmungs-, Denk- und Handlungsschemata, die sich zumindest zum Teil dem diskursiven Bewusstsein der Medienschaffenden entziehen oder aber bewusst akzeptiert werden, da so ein relativ reibungsfreies Bewegen im journalistischen Feld möglich ist. - Sie sind tendenziell herrschaftskonform. - Sie sind häufig geprägt von vorauseilendem Gehorsam. - Sie neigen dazu, Außenseitermeinungen zu ignorieren. - Individualität ist tendenziell selten zu erkennen. - Die in ihnen zum Ausdruck kommende und durch sie erzeugte Wirklichkeitskonstruktion entspricht nahezu immer auch der, wie sie »allgemein« anerkannt wird oder besser: wie sie in der öffentlichen Darstellung als allgemein akzeptiert dargestellt wird.

Über die Filmbeiträge zu 9/11 vonseiten der Skeptiker ist festzustellen:	
Positiv	**Negativ**
- Sie sind nonkonformistisch. - Sie sind sehr individuell. - Sie greifen Themen und Sachverhalte auf, die von den großen Medien ignoriert werden. - Sie stellen durchaus ein (wenn auch kleines) Gegengewicht zu dem medialen Mainstream dar. - Sie sind sehr kritisch. - Sie zeugen von einem großen politischen Interesse. - Sie wagen es, in einer Schärfe sogenannten Autoritäten entgegenzutreten, wie es etablierte Journalisten nur selten tun.	- Sie sind tendenziell unprofessionell. - Sie sind handwerklich häufig minderwertig. - Sie sind selten objektiv. - Sie versuchen mitunter, die Zuschauer zu manipulieren. - Sie sind auch inhaltlich tendenziell sehr fehlerhaft. - Journalistische Sorgfaltspflicht und Sachlichkeit sind tendenziell selten vorhanden.

Da an den Filmbeiträgen zu den Terroranschlägen Unzulänglichkeiten auf beiden Seiten ausgemacht werden können, kann man den Rezipienten nur raten, sich mit den wesentlichen positiven wie negativen Aspekten auseinanderzusetzen und im Sinne eines kritisch abwägenden Zuschauers zu handeln.

Die Probleme, die mit den jeweiligen filmischen Darstellungen einhergehen, sollten klar geworden sein. Die meisten Filme aus dem 9/11 Truth Movement sind wenig objektiv, wollen ihre Wirklichkeitskonstruktion durchsetzen. Die Filme und Dokumentationen aus dem medialen Mainstream wirken oberflächlich journalistisch anspruchsvoll, transportieren aber durch diverse Unzulänglichkeiten eine Wirklichkeitskonstruktion, die in ihrem Kern strittig, fragwürdig sein kann. Der Rezipient sollte wissen, dass beispielsweise die Dokumentation *Der Tag des Terrors – Anschlag aus heiterem Himmel* von Kleber & Co. durch komplexe Wechselwirkungen und Gesetzlichkeiten des journalistischen Feldes und des Systems Massenmedien zum unbewussten Ausdruck eines Stücks medialer »Mainstream-Propaganda« wurde, während Doku-Filme wie *Loose Change* und *Terrorstorm* mehr ein bewusster Ausdruck eines manipulativen Widerstands aus dem 9/11 Truth Movement sind. Unabhängig von diesen Differenzierungen geht von den filmischen Bildern aus beiden Lagern eine Macht aus, die auf ihre je eigene Art auf den Rezipienten einzuwirken versucht. Ihr gilt es sich zu entziehen, um nicht der Suggestionskraft der mangelhaften Wirklichkeitskonstruktionen zu verfallen, wie sie von beiden Seiten erzeugt werden.

6 Kritik am 9/11 Truth Movement

Selbst wer das Anliegen der 9/11-Bewegung als berechtigt bewertet, dürfte früher oder später feststellen, dass die Mitglieder der Gegenöffentlichkeit bei Weitem nicht so fehlerfrei arbeiten, wie sie es selbst gerne darstellen. Den großen Medien nicht unähnlich, gibt es auch auf Skeptikerseite eine fragwürdige Resistenz gegenüber Kritik von außen. Die mangelnde Bereitschaft, eigene Fehler einzugestehen oder zuzugeben, dass Hinweise und Indizien noch lange keine Fakten sind, führt dazu, dass die Bewegung trotz ihrer breiten Sympathien noch immer ein Glaubwürdigkeitsproblem hat. Insbesondere die einzelnen Thesen der Skeptiker haben in der Vergangenheit eine harte Kritik vonseiten der Medien hervorgerufen – eine Kritik, die zum Teil auch ihre Berechtigung hat. Für viele der Skeptiker steht fest, dass kein Flugzeug ins Pentagon gestürzt ist, dass die Türme des World Trade Center gesprengt wurden, dass in Shanksville kein Flugzeug abgestürzt ist und dass einige der Attentäter noch nach dem 11. September am Leben waren.

So sehr man die Schlussfolgerungen der Skeptiker auch nachvollziehen kann (selbstverständlich sah das Loch im Pentagon, das den Einschlag des Flugzeugs markieren soll, »zu klein« aus, selbstverständlich erinnert der Zusammensturz des WTC an eine »Sprengung«, gewiss sieht der Krater, den Flug UA-93 hinterlassen hat, »merkwürdig« aus), so klar muss aber auch gesagt werden, dass die Indizienketten, die die Skeptiker bezüglich der genannten Thesen aufgestellt haben, mit Vorsicht zu genießen sind. Für jede dieser Thesen gibt es (teilweise sehr gute) Gegenargumente. Doch die hier veranschlagte Kritik soll sich nicht mit den Thesen der Skeptiker im Einzelnen auseinandersetzen, da dieser Ansatz kaum Früchte tragen würde. Zu komplex sind die Zusammenhänge, zu zahlreich sind die Meinungen der Experten auf der einen wie auf der anderen Seite, als dass eine umfassende Bewertung der Thesen, die sich nur auf vom Schreibtisch aus zugängliche Quellen stützen könnte, den Sachverhalten gerecht würde. In erster Linie trüge man dazu bei, dass den vielen Meinungen, die die Thesen der Skeptiker bewerten, eine weitere hinzugefügt würde. Da im Rahmen dieses Buchs die nötigen Recherchen an Ort und Stelle nicht geleistet werden können, werden die Thesen der Zweifler nur am Rande gestreift. Dem Leser steht es frei, mithilfe der Links sich selbst die Meinungen der Zweifler im Detail zugänglich zu machen und sich damit auseinanderzusetzen. Die Ansichten der 9/11-Skeptiker können von jedem im Internet, aber auch in der Literatur nachgelesen werden. Kritische Stimmen (fundierte und um Differenziertheit bemühte genauso wie polemische und substanzlose) zu den Thesen sind ebenfalls im Internet zu finden.

Die folgende Kritik richtet sich auf Negativmerkmale, die bei einem Teil der Gegenöffentlichkeit auszumachen sind. Die Kritik ist keinesfalls erschöpfend, sie dient vor allem dazu, sich einen Überblick zu verschaffen. Allerdings trifft die veranschlagte Kritik bei Weitem nicht auf alle 9/11-Skeptiker zu. Der Schweizer Forscher Daniele Ganser, der US-9/11-Kritiker David Ray Griffin oder etwa der deutsche 9/11-Blogger Dirk Gerhard dokumentieren in ihrer Arbeit zum 11. September Differenziertheit und um Sachlichkeit bemühte Aufklärung. Neben ihnen gibt es viele andere Zweifler, die sich mit der alternativen Deutung der Anschläge weitestgehend vernünftig befassen.

6.1 Selbstverständnis/Gedankenwelt der Truther

Viele Truther verstehen sich als Kämpfer gegen eine hochgradig kriminelle Machtelite, die von Profitgier und anderen machtelitären Interessen angetrieben wird und vor keiner noch so menschenverachtenden Tat zurückschreckt. Kriege werden inszeniert, um sich geostrategisch behaupten zu können, Terroranschläge gegen die eigene Bevölkerung sind dabei nur ein Mittel zum Zweck. Die Truther konstruieren sich als Gegenpart, sie sind diejenigen, die erkannt haben wollen, dass der 11. September eine skrupellose False Flag Operation war, ein Inside Job aus dem Machtzentrum der USA. Sie versuchen das böse Spiel der Machtelite zu durchkreuzen, indem sie im Internet und in der Öffentlichkeit Stellung beziehen, die breite Bevölkerung über ihre Thesen informieren.

Es muss kritisiert werden, dass insbesondere bei jüngeren Truthern der Kampf gegen die Machtelite Züge einer fast schon filmischen Scheinwirklichkeit entwickelt. Die Terroranschläge des 11. Septembers werden eingebunden in das Paradigma der »Neuen Weltordnung«, die von einer Machtelite angestrebt wird mit dem Ziel, die Menschen zu versklaven und eine Art Weltdiktatur herbeizuführen. Wie in den vergangenen Kapiteln aufgezeigt, ist Alex Jones eine Leitfigur dieses Ansatzes. Man kann gewiss darüber diskutieren, ob es diesen großen Masterplan einer gerissenen Machtelite gibt oder nicht, die Probleme, die sich aus dem Denkansatz ergeben, sind jedoch klar bei so manchem Truther zu erkennen: nämlich ein viel zu simples Verständnis der gegebenen Realität.

Alle (gesellschafts-)politischen Ereignisse und alle Aussagen von Funktionsträgern, die man im Kontext dieses Masterplans deuten könnte (mitunter nur unter sehr großer Anstrengungen und erheblicher Strapazierung der Logik), werden dann auch tatsächlich so gedeutet. Jede Aussage, die als Teil der großen Verschwörung gelesen werden kann, wird fast schon reflexhaft zur Festigung der eigenen Wirklichkeitskonstruktion genutzt, eine Wirklichkeitskonstruktion, wohlgemerkt, die dann ähnlich undifferenziert ist wie jene mangelhaften Wirklichkeitskonstruktionen, die mitunter von den großen Medien erzeugt werden und an die deren Vertreter genauso glauben. Letztlich kommt es genau zu jenem Tunnelblick, den die Kritiker von Verschwörungstheorien immer wieder ansprechen und kritisieren.

Insbesondere das Wirklichkeitsverständnis von so manchem Truther in Bezug auf die Position und die Macht der Medien unterliegt einer groben Vereinfachung.

6.2 Truther und ihr Verständnis der Medien

Die Gegner der 9/11-Bewegung sind nicht nur die angeblichen Verschwörer aus dem Herrschaftsapparat der USA, sondern vor allem auch die Medien.

In Ansätzen wurde in den Kapiteln über die Bewegung aufgezeigt, dass schon bei der Formierung der 9/11-Gegenöffentlichkeit die Skeptiker die Medien attackierten, ihnen Vorwürfe einer einseitigen und unkritischen Berichterstattung machten.

Die Leitmedien sind für die Skeptiker ein rotes Tuch. Mathias Bröckers spricht immer wieder mal vom Pre$$titute oder vom Medienbordell, andere 9/11-Skeptiker bezeichnen die Mainstreammedien als Handlanger der Machtelite.

Doch während Bröckers, der selbst Journalist ist, eine recht differenzierte Sicht auf die Medien hat, in seinen Artikeln immer wieder erkennen lässt, dass er die Strukturen der Medien versteht und seine spitzen Seitenhiebe gegen die Medien mehr als polemische Verdichtung zur Markierung des Zustands der Massenmedien dienen (was übrigens so mancher Journalist des Mainstreams, der Bröckers mit spitzer Feder kritisiert, nicht zu verstehen scheint), machen viele andere Zweifler einen entscheidenden Fehler: Sie erkennen nicht, dass Journalisten aus einem komplexen Medienfeld heraus agieren, ein Medienfeld mit eigenen Gesetzlichkeiten und eigenen Strukturimpulsen. Die zentralen Akteure im Medienfeld, also die Journalisten, sind eingebettet in die dem Feld immanenten Strukturen, die mit enormen Zwängen auf die Akteure einwirken. Darüber hinaus handeln Journalisten – wie jeder Mensch – schlicht auch durch sozialisations- und persönlichkeitsbedingte Antriebe (zu dieser Problemlage ein Anriss im Kapitel: *Verschwörungstheorien: ein Kampfbegriff*).

Viele Skeptiker bewerten die unkritische Berichterstattung der Medien zum 11. September jedoch so, als seien die Medien selbst Teil der großen »Inside-Job-Verschwörung«.

Dass diese undifferenzierte Sichtweise Angriffsfläche bietet, zeigt beispielsweise SZ-Journalist Hans Leyendecker:

> Aber es ist schon Chuzpe, dass Leute wie der Journalist Bröckers über Medien räsonieren, die angeblich nicht die Wahrheit erkunden wollten. Die etablierten Medien werden von Verschwörungstheoretikern ignoriert, denn die etablierten Medien – und so natürlich auch die Süddeutsche Zeitung oder die Frankfurter Allgemeine Zeitung – befinden sich entweder in der Hand der Geheimdienste oder gar der Weltregierung. (Schade, dass weder Geheimdienste noch Weltregierung in der Lage waren, die allgemeine Anzeigenkrise zu verhindern, die sie aber andererseits zuvor vermutlich selbst erfunden hatten, nicht wahr?)
>
> Wäre es anders, müssten die Blattmacher nach der Logik der Paranoiker endlich zugeben, dass geheime Mächte die Anschläge vom 11. September in Auftrag gegeben haben, um an billigeres Öl zu kommen, dem Islam den Krieg zu erklären, der Bush-Familie noch mehr Einfluss zu verschaffen, die Weltherrschaft der USA zu festigen und Abrüstung zu verhindern.[1]

Auch Sandra Maischberger macht sich die falsche Argumentationsweise der Skeptiker zunutze:

> Sie haben sehr viel aufgeklärt. Und Sie haben sehr viele Fehler im eigenen Lager gefunden. Die Frage ist nur, wenn die CIA so mächtig ist und so viele Dinge machen kann – wie Sie sagen – dann dürfte dieses Gespräch zwischen uns jetzt nicht stattgefunden haben. Dann wären wir nämlich zensiert worden – wie Sie ja sagen ...[2]

... so die TV-Moderatorin in dem Interview mit Andreas von Bülow.

Die Kritik der Truther, die Medien seien von den Verschwörern gesteuert, gar selbst eingebunden in die große Verschwörung, muss in dieser pauschalisierenden Art klar als falsch identifiziert werden. Zwar wurde durch Untersuchungsausschüsse in den USA deutlich, dass Geheimdienste auch Mitarbeiter in den Medien bzw. Presseagenturen haben und Steuerungen und Instrumentalisierungen der Medien vorkommen (man denke nur an den ersten Irak-

---

1) *http://www.sueddeutsche.de/politik/bingo-bibber-affen-der-angst-1.312421* [24.01.2011]
2) *http://www.arbeiterfotografie.de/galerie/kein-krieg/hintergrund/index-rezension-0012.html* [24.01.2011]

Krieg, wo sich eine ganze Medienlandschaft durch Verbreitung der gezielt gestreuten Propaganda, dass Iraker kuwaitische Babys aus den Brutkästen gerissen haben sollen, hat vorführen lassen, oder an das Beispiel der *Aginter Press*, eine eigens von Geheimdiensten eingerichtete Presseagentur[3]), doch diese Form der direkten Manipulation ist bei Weitem nicht so häufig, wie es die Truther vermuten. Die Skeptiker wären wohl überrascht zu sehen, wie relativ unabhängig Redaktionen doch arbeiten. Das trotz dieser relativen Unabhängigkeit dennoch viele Themen nicht aufgegriffen werden und die großen Medien sich in ihrer Berichterstattung kaum voneinander unterscheiden, hat weitaus komplexere Gründe, die in den Strukturen der Medien liegen. Und selbst wenn es vorkommt, dass Medien tatsächlich durch eine direkte Einflussnahme, wie beschrieben, gesteuert werden, dann verweist dies vor allem auch wieder auf das strukturelle Probleme der Medien (z.B. weil entsprechende Meldungen aufgrund von Personal-, Geldproblemen usw. nicht überprüft, nachrecherchiert werden) und nicht auf den totalen Verschwörungspakt zwischen Medien und Machtelite. Die Wut der Truther gegenüber den Medien ist auch aus einer falschen Vorstellung über die Medien entstanden, und aus eben dieser Wut hat sich eine Schärfe im Umgang mit den Vertretern der Leitmedien entwickelt, die wenig Raum für einen konstruktiven Dialog lässt.

6.3 Truther und ihre Ziele

Es gibt 9/11-Skeptiker, die erreichen wollen, dass die Terroranschläge des 11. Septembers von unabhängiger Seite neu untersucht werden. Und es gibt Truther, die nachweisen wollen, dass 9/11 ein Inside Job war. Der Unterschied bei beiden Anliegen wird schnell deutlich: Während von der einen Seite eher angenommen werden kann, dass sie ergebnisoffen an die Sache herangeht, steht für die andere Seite das Ergebnis bereits fest. Für sie war der 11. September eine geheimdienstgesteuerte Aktion aus dem Innern des US-amerikanischen Herrschaftszentrums. Die Unterschiede machen sich, wie wir gesehen haben, auch in der gesamten Darstellung der jeweiligen Gruppen bemerkbar. Während die einen tendenziell sauber arbeiten, sauber recherchieren, sich vorsichtig und mit Bedacht vortasten, rufen die anderen laut »Staatsterror!« und geben vor, genau zu wissen, was am 11. September tatsächlich passierte.

In zehn Jahren hat das 9/11 Truth Movement weder das eine noch das andere Ziel erreicht. Obwohl die Bewegungsmitglieder dafür gesorgt haben, dass die Terroranschläge vom 11. September von breiten Teilen der Bevölke-

3) *http://en.wikipedia.org/wiki/Aginter_Press* [25.01.2011]

rung hinterfragt werden, scheint die Verwirklichung der Ziele der Bewegung zehn Jahre nach den Anschlägen genauso weit weg wie noch ganz am Anfang. Dies hat mit einer Bewegung zu tun, der es nicht gelang, mit gebündelten Kräften und mit einer einheitlichen Stimme sprechen zu können und die durch eine unseriöse Außendarstellung immer wieder negativ aufgefallen ist, aber dies hat auch damit zu tun, dass aus realistischer Sicht das Ziel, eine unabhängige Untersuchung zu erreichen, die von den Nationen der Welt, aber auch vonseiten der USA akzeptiert wird, als nahezu unmöglich betrachtet werden kann.

Jede Einrichtung einer entsprechenden Kommission würde, so ist anzunehmen, vonseiten der USA als ungeheuerliche Provokation gedeutet werden. Aus politischen/diplomatischen Gründen würde wohl keine Nation, die außenpolitisch etwas zu sagen hat, so eine Untersuchung stützen. Es blieben allenfalls kleinere Länder oder Institutionen übrig, die sich für eine neue Untersuchung einsetzen könnten, doch deren Beteiligung würde unabhängig davon, was bei der Untersuchung herauskommen sollte, ohne Wert bleiben, da die anderen starken Nationen ihre Anerkennung verweigerten. Hinzu kommt ein ganz praktisches Problem: Um die Anschläge untersuchen zu können, müssen die USA selbst beteiligt werden, da davon auszugehen ist, dass nur die USA entsprechende, für die Untersuchung zentrale Unterlagen usw. zur Verfügung stellen könnte.

Doch selbst wenn Kräfte innerhalb der USA eine Neuuntersuchung der Anschläge erreichen sollten, kann davon ausgegangen werden, dass aus allerlei Gründen ein solcher neuer Untersuchungsausschuss genauso fragwürdig seine Arbeit beenden würde, wie es bei der 9/11-Kommission der Fall war (Untergrabung der Untersuchungsarbeit etc.). Die Gründe dafür, dass es wohl niemals eine neue, unabhängige Untersuchung geben wird, sind relativ einfach zu markieren. Für Amerika wäre die Erkenntnis, wenn **tatsächlich** Teile der eigenen Machtelite in die Anschläge verstrickt sein sollten, ein Albtraum. Regierungen rund um den Globus würden ihren Völkern Rede und Antwort zu stehen haben, warum ihre Geheimdienste nichts unternommen haben. Medien rund um die Welt hätten sich ohne Ende blamiert. Und dann wären da noch zwei Kriege (bis jetzt), viele Tote und ungeheure Kosten sowie die Frage, was mit den eigentlichen Verschwörern, die ja allesamt ehrenwerte Mitglieder der Gesellschaft sein dürften, zu tun wäre.

Bei allem Optimismus, den die Mitglieder der Bewegung verbreiten, wenn es um ihre Ziele geht, so ist doch bei nüchterner Betrachtung davon auszugehen, dass der 11. September auch noch in 30 Jahren offiziell das sein wird, als was er heute bereits in den Geschichtsbüchern steht: ein Terroranschlag von radikalen Islamisten (Irrtum selbstverständlich vorbehalten).

Teil II
Die Leitmedien

7 Festhalten am Deutungsmonopol

Die Kritik einer sich formierenden Gegenöffentlichkeit, die massive Zweifel an der offiziellen Deutungsgeschichte der Anschläge vom 11. September zum Ausdruck brachte, ignorierten die Leitmedien zunächst weitestgehend.

Erst nachdem im Jahre 2003 9/11-kritische Literatur in den Bestsellerlisten auftauchte und eine Umfrage (siehe Kapitel: *Statistisches zum Wahrheitskampf*) den Zweifel der deutschen Bevölkerung an der offiziellen Version quantifizierte, wechselten die großen Medien ihre Strategie. Ob im Fernsehen, im Radio oder in den Printmedien: Plötzlich richteten die Mainstreammedien ihren Fokus verstärkt auf die 9/11-Skeptiker. Doch wer damit rechnete, dass nun eine konstruktive Mediendebatte folgen würde, lag falsch. Ein ernsthaftes Interesse vonseiten der großen Medien an der Frage, ob 9/11 möglicherweise auch auf tiefenpolitische Impulse einer gerissenen US-amerikanischen Machtelite zurückzuführen sein könnte, gab es nicht. Unter Verwendung fragwürdiger Kommunikationsstrategien versuchten stattdessen die Leitmedien, die Skeptiker aus dem öffentlichen Diskurs zu verdrängen. Bekannte und hoch reputierte Journalisten veröffentlichten Beiträge, die meist mit aufklärerischer Attitüde vor den ketzerischen Thesen der »Verschwörungstheoretiker« und vor »selbsternannten Aufklärern« warnten. Die Beiträge waren häufig von einem stark suggestiven Stil geprägt, Sachebene und persönliche Meinung vermischten sich zu einem Journalismus, der vor allem eines im Sinn zu haben schien: sich das Deutungsmonopol zu den Ereignissen vom 11. September zu sichern. Und so kam ein Journalismus zustande, der nicht davor zurückschreckte, Menschen, die ihre Zweifel an der offiziellen Auslegung der Terroranschläge in den USA äußerten, zu diskreditieren, zu diffamieren und zu psychiatrisieren.

Im Folgenden werden Beiträge der großen Medien, die im Kampf um die Deutungshoheit des 11. Septembers eine entsprechende Rolle spielen, analysiert. Im Zentrum dieser Analyse stehen:

- ein Artikel aus der Wochenzeitung *DIE ZEIT*
- ein Artikel aus dem *Spiegel*
- ein ARD-Interview von Sandra Maischberger mit Andreas von Bülow

Die Auseinandersetzung mit diesen Beiträgen ermöglicht die Freilegung der charakteristischen und repräsentativen Diskursstrategien, mit denen die jeweiligen Medien versuch(t)en, die Gegenöffentlichkeit zu unterdrücken.

Für die Analyse wird auf die sozialwissenschaftliche Methode der Sequenzanalyse zugegriffen, mit der Texte (aber auch Filme) Schritt für Schritt, also *sequenziell*, analysiert werden. Durch diese Methode können grundlegende Sinn- und Tiefenstrukturen von Texten freigelegt werden. Da es sich bei dem vorliegenden Buch jedoch nicht um ein wissenschaftliches Buch handelt und die Sequenzanalysen mitunter recht langatmig und sperrig sein können, wird zugunsten der Lesbarkeit und der Verständlichkeit der Fokus auf die verdichtete Darstellung der Analyse und der daraus resultierenden Erkenntnisse gelegt.[1]

Hinweis: Es empfiehlt sich, die ausgewählten Artikel zuerst anhand der angeführten Links im Internet zusammenhängend zu lesen, bevor man in die Analyse einsteigt.

7.1 DIE ZEIT
Psychiatrisierung der 9/11-Gegenöffentlichkeit

Passend zum zweiten Jahrestag der Terroranschläge intervenierte *ZEIT*-Journalist Jörg Lau mit einem Artikel in Sachen »9/11-Wahrheitskampf«. In dem Beitrag kommen zentrale Strategien zum Tragen, wie sie immer wieder von den großen Medien gegen die 9/11-Skeptiker verwendet wurden. Schauen wir uns den Artikel aus der Nähe an.

> **Ein Wahn stützt den anderen**
> Von Jörg Lau
> **Warum die Linke den Verschwörungstheorien zum 11. September zuerst verfällt**[2]

---

1) Es sei hier auf den Soziologen Michael Walter hingewiesen, der sich an der Universität Konstanz im Rahmen seines Studiums aus einer wissenssoziologischen Perspektive mit der Berichterstattung der traditionellen Medien im Umgang mit den 9/11-Verschwörungstheorien befasst hat. Dabei hat er die Entstehung der alternativen Lesarten zu den Terroranschlägen ebenfalls von Anfang an mitverfolgt, den daraufhin entstehenden Deutungskampf beobachtet und diverse Artikel aus den großen Medien analysiert. Wir haben unsere Analysen miteinander verglichen und festgestellt, dass sie im Wesentlichen übereinstimmen. Für die vielen fachlichen Gesprächen, den Austausch zum Thema und die direkte Unterstützung für das Buch durch Ergänzungen meiner Analysen danke ich Herrn Walter an dieser Stelle.

2) DIE ZEIT. 11.09.2003. Nr.38, siehe auch: *http://www.zeit.de/2003/38/Verschw_9arung* [11.07.2007]

Die Überschrift offenbart die Intention des Artikels: Die 9/11-Skeptiker sollen durch Psychiatrisierung ein Stigma erhalten. Der Begriff Wahn ist im psychiatrischen Umfeld angesiedelt und bezeichnet eine psychische Störung, wie sie z.B. bei Menschen auftritt, die unter einer Schizophrenie leiden. Menschen, die einem Wahn verfallen sind, betrachten ihren Wahn als Bestandteil ihrer Realität und bemerken dabei nicht, dass der Wahn nichts mit der Wirklichkeit zu tun hat. Durch das Verb »verfallen« in der Unterzeile der Überschrift wird die Wirkung des Wortes »Wahn« verstärkt. Das Wort »verfallen« steht in einem direkten sprachlichen Zusammenhang mit dem Begriff »Wahn«. Ein Mensch *verfällt* einem Wahn. Und wer einem Wahn verfallen ist, dem kann man nur noch schwer helfen. Die Person ist: »irre«. Das Spielen der »Wahnsinnskarte« hat in dem Artikel Methode.

In Überschrift und Unterzeile kommt unmissverständlich eine der schlimmsten Waffen, die durch Sprache eingesetzt werden kann, zum Einsatz. Einem Menschen zu unterstellen, er leide unter einem Wahn, bedeutet, ihn von jeder Teilnahme an einem politischen Diskurs auszuschließen, der Mensch wird als unzurechnungsfähig gebrandmarkt. Der Artikel deklariert nicht nur eine Person für verrückt, sondern eine Vielzahl von Menschen: die »Linke« – wir kommen auf den Begriff noch zu sprechen – genauso wie tendenziell alle anderen, die den Inhalten der Verschwörungstheorien um den 11. September mehr Beachtung schenken als den Erklärungen der Mainstreammedien zu 9/11.

Interessant ist jedoch nicht nur das Wort »Wahn« in der Überschrift. Sie ist als Ganzes äußerst aussagekräftig. Offenkundig bezieht sich das Dossier auf die Verschwörungstheorien zum 11. September. Der Begriff »Wahn« wird von dem Autor referenzidentisch (im Bezugszusammenhang) mit dem Begriff »Verschwörungstheorie« gebraucht.

»Ein Wahn stützt den anderen« bedeutet »eine Verschwörungstheorie stützt die andere«. Da Lau den Begriff Verschwörungstheorie durch den Begriff Wahn ersetzt, verweist der Artikelschreiber implizit auf die Unsinnigkeit (im reinen Wortsinne) von Verschwörungstheorien. Die Überschrift des Artikels bewirkt zweierlei: Zum einen werden die Verschwörungstheorien um den 11. September als »wirklichkeitsentrückt« eingestuft, zum anderen werden diejenigen, die an die Verschwörungstheorien glauben, als »Wirklichkeitsentrückte«, also als »Wahnsinnige«, stigmatisiert. Die Intention des Artikels wird deutlich: Ein Sympathisieren der Leserschaft mit den Zweiflern soll auf alle Fälle verhindert werden. Wer will sich schon mit »Wahnsinnigen« einlassen?

Betrachten wir die Unterzeile genauer. Aus ihr ist abzulesen, wie der Autor selbst eine fragwürdige Wirklichkeit konstruiert. Zunächst fällt auf:

Mit dem Gebrauch der Phrase »die Linke« bedient sich der Autor einer Verallgemeinerung, die komplexitätsreduzierend ist. Einerseits wird die Internalisierung eines simplifizierenden politischen Verständnisses deutlich, welches sich in einer hochgradig ideologiebeladenen und geradezu trivialen Rechts-Links-Mitte-Auffassung manifestiert, die den dynamischen politischen Realitäten nicht gerecht wird. Andererseits treten mit dem generalisierenden Begriff »Linke« inhaltliche Ungenauigkeiten auf, die geradezu synonymisch für die Handschrift des Artikels sind. In dem Artikel heißt es: »die Linke ... verfällt«. Wer ist *die* Linke? Alle, die nach einem idealtypischen politischen Modell links von der FDP eingeordnet werden können? Oder diejenigen, die als 68er bekannt wurden? Was auch immer der Verfasser nun als »die Linke« versteht, bleibt an dieser Stelle undeutlich. Deutlich wird jedoch, dass in dem *ZEIT*-Artikel große Gruppen von Individuen unter einem Hut zusammengepfercht werden, um sie politisch erfahrbar zu machen. Zum Beginn der Analyse hat sich herausgestellt, wie der Artikelschreiber allen Personen, die an eine Verschwörungstheorie glauben, einen Wahn unterstellt. Nun ist festzustellen, wie in dem Dossier *den* Linken ein Zusammenhang mit der 9/11-Skepsis unterstellt wird. Die Aussage, dass *die* Linken an den Terroranschlägen zweifeln bzw. den Verschwörungstheorien zuerst »verfallen«, ist in ihrer verallgemeinernden Art nicht haltbar.

Legen wir den Kausalzusammenhang frei, der u.a. zu der Aussage des *ZEIT*-Journalisten führt. Das Kapitel über Mathias Bröckers (siehe Kapitel: *Mathias Bröckers: Von der Wahrheitsbewegung geachtet, von den großen Medien verachtet)* hat gezeigt, dass er einer der führenden Personen unter den 9/11-Skeptikern ist. Aufgrund seiner Vergangenheit kann man, wenn man mit diesen Begriffen unbedingt operieren möchte, Bröckers in einem politischen Spektrum »links« einordnen. Und es gibt andere, die an der offiziellen Version zweifeln, die wir ebenfalls »links« einordnen können. Da es also »Linke« gibt, die an den Anschlägen zweifeln, sind nach Aussage des Artikels »die Linken« den Verschwörungstheorien »verfallen« bzw. »verfallen diesen »zuerst«. Doch wie passt z.B. Alex Jones (siehe Kapitel: *Alex Jones: Die lauteste Stimme der Gegenöffentlichkeit*) in das Bild einer den Verschwörungstheorien des 11. Septembers zum Opfer fallenden Linken? Kann man Jones als links bezeichnen? Jones ist durch und durch Patriot, verhält sich eher wie ein »Rechter«. Oder spricht *DIE ZEIT* nur von den deutschen Linken? Im weiteren Verlauf des Artikels wird deutlich, dass der Artikel sich in der Tat nur auf die deutschen Linken konzentriert. Mit diesem verengten Blick klammert das Dossier aber die globale Ausbreitung des Phänomens der 9/11-Skeptiker aus. Dadurch entsteht der falsche Eindruck, die Verschwörungstheorien um den 11. September seien nur ein deutsches Phänomen.

Wir stellen fest: In nur 16 Wörtern reduziert der Verfasser des Artikels bereits drei Mal Komplexität – ähnlich wie manche Verschwörungstheorie!

Aber weiter im Artikel:

> Nichts verkauft sich derzeit auf dem Sachbuchmarkt so gut wie Verschwörungstheorien über »die Geheimnisse des 11. 9.«. Keine These über die »wahren Hintergründe« der Anschläge ist zu absurd, als dass sich nicht ein renommierter Verlag fände, sie unters Lesevolk zu bringen. Am vergangenen Wochenende trafen sich im Tempodrom, im Herzen des Berliner rotgrünen Milieus, die führenden Pseudo-Experten aus aller Welt, um sich vor Hunderten von Zuschauern mit steilen Thesen über den »inszenierten Terrorismus« zu überbieten.

Im Lead des Artikels wird die Popularität der 9/11-Skepsis thematisiert, was an dem Verkaufserfolg entsprechender Publikationen und einer gut besuchten Konferenz der 9/11-Skeptiker in Berlin festgemacht wird. Der Passus wird geprägt von gedanklichen und sprachlichen Spitzmarken, an denen die Voreingenommenheit des Autors abzulesen ist. Die in der Überschrift und deren Unterzeile angewandte Methode der Degradierung der 9/11-Zweifler durch Absprechen ihrer Glaubwürdigkeit wird fortgesetzt. Zunächst fällt der extensive Gebrauch von Anführungszeichen bei den Phrasen »Die Geheimnisse des 11. 9.«, »wahren Hintergründe« sowie »inszenierten Terrorismus« auf. Die Anführungszeichen dokumentieren, dass der Inhalt, der in den Phrasen zum Tragen kommt, von dem Autor abgelehnt bzw. nicht anerkannt wird. Es liegt auf der Hand: Der *ZEIT*-Artikel vertritt die offizielle Wirklichkeitskonstruktion zu den Anschlägen und folglich werden Zweifel daran ausgedrückt, dass es andere, »wahre Hintergründe« oder »Geheimnisse um den 11. September« gibt als die von den Mainstreammedien publizierten. Genauso distanziert sich der Artikel kategorisch von einem »inszenierten Terrorismus«, was alleine bereits in Anbetracht der gesamten Stay-behind-Geschichte (siehe Kapitel zu Daniele Ganser) unverständlich ist. Im zweiten Satz taucht ein gern benutztes Wörtchen auf, das zu einer Art Leitwort in der medialen Mainstreamberichterstattung über die 9/11-Skeptiker geworden ist. Es handelt sich dabei um das Wort »absurd«. Sprachwissenschaftler datieren den Ursprung des Wortes in das 16. Jahrhundert, abgeleitet aus dem Lateinischen »absurdus«. Man kann es mit widersinnig übersetzen (siehe *Wikipedia*). Durch die Verwendung des Wortes »absurd« wird textuell der negative Glaubwürdigkeitsstatus der Zweifler verdichtet. Der Begriff »absurd« verstärkt den negativen Eindruck über die Skeptiker, wie er bereits durch die Begriffe »Wahn« und »verfallen« suggeriert wird. Verschwörungstheorien kommen einem Wahn gleich, die 9/11-Skeptiker sind des Wahnsinns und ihre

Äußerungen im Großen und Ganzen widersinnig, lautet die in dem Wort transportierte Botschaft.

Kommen wir zu dem Wort »Lesevolk«. Gerade in einem Kontext, in dem es um Herabsetzung, um Abwertung geht, muss man dem Begriff einen negativen Einschlag zuweisen. Gibt man den Begriff bei *Google* ein, erhält man etwa 2000 Treffer. Dabei wird der Begriff häufig in einem »Gegenpolkontext« gebraucht. Auf der einen Seite steht das ungebildete Volk, das mit Literatur nicht umzugehen vermag, und auf der anderen stehen die Gelehrten, die dank ihrer ausgezeichneten Ausbildung und ihrer hohen intellektuellen Fähigkeit zwischen literarischer Qualität und literarischem Schund differenzieren können. Die Verwendung des Wortes »Lesevolk« verdeutlicht, dass *DIE ZEIT* mehreren hunderttausend Lesern in Deutschland und vielen Millionen Lesern auf der Welt, die mit den 9/11-Skeptikern bzw. ihren Thesen sympathisieren, mit Verachtung entgegentritt.

Der nächste Satz dient dem Autor dazu, eine Veranstaltung, die 2003 in Berlin stattfand und bei der zum ersten Mal in Deutschland die 9/11-Skepsis in größerem Umfang öffentlich zum Ausdruck gebracht wurde, mit in sein Thema einzubinden. Durch die Phrase »im Herzen des rot-grünen Milieus« entsteht erneut der Eindruck, als sei der Zweifel an den Terroranschlägen ein politisch ideologisiertes Phänomen. Der Satz in seiner Gesamtheit wird jedoch dominiert von dem Begriff »Pseudo-Experten«. Demnach sollen alle 15 Referenten der Veranstaltung mehr durch ihre Laienhaftigkeit als durch ihr Fachwissen geglänzt haben, was aufgrund der Biographien der einzelnen Teilnehmern (Guido Salvini ist beispielsweise Untersuchungsrichter in Italien und hatte sich in der Vergangenheit intensiv mit dem Terror in seinem Land auseinandergesetzt, um nur einen zu erwähnen) eine gewagte Behauptung ist.

Das Bild, das *DIE ZEIT* am Ende des Satzes zeichnet und das zugleich als sinntragendes Kernelement zu verstehen ist, knüpft an den negativen Dreh des Artikels an und erhöht die Wirkung des Begriffs »Pseudo-Experten«: »[...] um sich vor Hunderten von Zuschauern mit steilen Thesen über den ›inszenierten Terrorismus‹ zu überbieten«, heißt es. Diese Aussage erweckt den Eindruck, als handele es sich bei der kontroversen Veranstaltung um eine Zirkusvorstellung, bei der sich ein amüsiertes und wenig reflexionsfähiges Publikum an artistischen Kunststücken verzückt, die in der Manege aufgeführt werden. Die Redner bzw. nach Lau die »Pseudo-Experten« sind demnach nicht mehr als Zirkusdarsteller, die sich gegenseitig mit ihren Aktionen »überbieten«. Neben diesen zahlreichen Akten einer sprachlich-symbolischen Aggression, die wir bis zu dieser Stelle des Artikels ausgemacht haben und die relativ offensichtlich ist, steckt aber gerade in diesem Satz noch ein Akt der verdeckten Aggression. Selbst ein einfacher freie Mitarbeiter einer kleinen

Zeitung lernt zu Beginn seiner journalistischen Gehversuche, dass in einem Artikel die journalistischen W-Fragen (Wer? Wo? Was? Warum? Wie? Wann?) zu beantworten sind. Zwar handelt es sich bei dem Artikel um ein »Dossier« und nicht um einen nachrichtlichen Artikel, aber dennoch: Warum wird, wenn schon die Veranstaltung der 9/11-Skeptiker zum Gegenstand des Artikels wird, nicht auch ihr Titel genannt? Warum erwähnt *DIE ZEIT* beispielsweise nicht einige der Referatstitel wie »Staatliche Steuerung des italienischen Terrorismus«, »Aspekte des Völkerrechts nach dem 11. September« oder »Das strategische Konzept hinter den US-Kriegsplänen«? Warum erwähnt der Artikel nicht den Auftritt von Cynthia McKinney, die wohl erste US-Politikerin und (ehemalige) Abgeordnete im US-Kongress, die öffentlich und mit Nachdruck ihre Skepsis an der offiziellen Version zum Ausdruck brachte? In dieser Ignoranz von grundlegenden journalistischen Informationen liegt natürlich keine Inkompetenz. Für einen Journalisten der *ZEIT* wäre es nicht mehr als das kleine Einmaleins gewesen, den Namen zu erwähnen. Der Name der Veranstaltung lautet: *Unbeantwortete Fragen und die Forderung nach Antworten. Symposium zum 11. September 2001.* Vielmehr ist davon auszugehen, dass *DIE ZEIT* ganz bewusst den 9/11-Skeptikern keine Möglichkeit zur medialen Öffentlichkeit bieten will – und wenn, dann nur in einer negativen, unsachlichen Umrahmung. Mit dieser Informationsunterdrückung findet geradezu Zensur statt, da es mit zur Aufgabe von Journalisten gehört, die Öffentlichkeit über das, was sich in ihr zuträgt, zu informieren. Indem die Veranstaltung aber von vorneherein von Lau stigmatisiert wird und grundlegende Eckdaten ausgeklammert werden, untergräbt Lau ein Stück meinungspolitische Realität. Schauen wir uns an, wie es journalistisch besser gemacht wurde. *Die Welt* schreibt:

> Zweifler an den offiziellen Versionen zum Tathergang der Terroranschläge treffen sich in Berlin. Umstrittener Autor Bröckers verweist auf »unterdrückte Beweise«
>
> Unter dem Titel »Unanswered Questions - Demanding Answers« lud gestern die weltweit agierende Initiative »9/11 Truth Alliance« zu einem Symposium ins Tempodrom, um Fragen zu den Terroranschlägen vom 11. September 2001 zu diskutieren. Dazu sprachen unter anderem Cynthia McKinney, Abgeordnete im Kongress bis 2002 »und die erste US-Politikerin, die an der offiziellen Version zum 11. September gezweifelt hat« und der umstrittene Buchautor Mathias Bröckers (»11.9.« und »Fakten, Fälschungen und die unterdrückten Beweise des 11.9.«).[3]

---

3) *http://www.welt.de/print-welt/article258316/11._September_Mehr_Fragen_als_Antworten.html* [13.08.2007]

Auch dieser Artikel ist, wie an der Überschrift und an einigen anderen Stellen zu sehen ist, mit einem negativen Einschlag versehen, dennoch ist er journalistisch sachlicher als das *ZEIT*-Dossier.

In einem anderen *Welt*-Artikel äußert sich der Autor tendenziell eher sachlich, wenn auch das Erwähnen der Auschwitzlüge deplatziert ist:

> Man schafft diesen Verdacht nicht aus der Welt, indem man seine Teilhaber als Spinner abtut und dann über die psychologischen und volkspädagogischen Voraussetzungen des Verschwörungsbooms schwadroniert. Hinter solchen Tiraden wittern Skeptiker nur die Eifersucht professioneller Wahrheitskontrolleure, die ihr Monopol in Gefahr sehen. Nötig wären Rechercheure, die die ganzen Hinweise auf vermeintliche »Ungereimtheiten« so akribisch widerlegen, wie es andere mit der »Auschwitzlüge« getan haben.[4]

Lesen wir das *ZEIT* -Dossier weiter:

> Traditionell ist das politische Verschwörungsdenken eher eine Passion der Rechten. Heute aber ist ihm vor allem die Restlinke verfallen. Die Veranstalter des Berliner Symposiums distanzierten sich darum auch eifrig von der »rechten nationalistischen Szene«. Dass sie eine solche Abgrenzung nötig hatten, verrät einiges über die schillernde politische Funktion ihres Denkens.

Das ideologieverhaftete Denken in einem Rechts-links-Spektrum ist für den Artikel kennzeichnend und wird auch in diesem Abschnitt erneut zum Ausdruck gebracht. »Traditionell ist das politische Verschwörungsdenken eher eine Passion der Rechten«, schreibt der Autor und verkennt dabei, dass von jeher Personen, die – gebrauchen wir der *ZEIT* folgend erneut diese Begriffe – sowohl politisch *links* als auch als *rechts* einzustufen sind, schon immer sich mit Verschwörungstheorien auseinandergesetzt haben.

»Heute aber ist ihm vor allem die Restlinke verfallen.« Anhand dieser Aussage spezifiziert der Artikel zum ersten Mal, was er denn unter dem eingangs des Dossiers gebrauchten Begriffs der »Linken« versteht. Die *Rest*linken sind es also, die dem verschwörungstheoretischen Denken »verfallen« (ein abermaliger Gebrauch des problembeladenen Begriffs). Nicht nur, dass der Begriff »Restlinke« unscharf und verwirrend ist (wen meint er damit genau: die 68er? Was ist mit den anderen sogenannten »Linken«?), bereits nun zum fünften Mal verallgemeinert *DIE ZEIT* in einer unangemessenen Weise. Wie kann die Zeitung behaupten, dass *die*, also *alle* »Restlinken« Verschwörungstheorien verfallen? Zugespitzt gefragt: Hat *DIE ZEIT* mit allen

4) *http://www.welt.de/print-welt/article258372/Horst_Mahler_soll_draussen_bleiben.html* [10.07.2007]

gesprochen? Korrekterweise hätte der *ZEIT*-Autor schreiben müssen: »Teile der Restlinke« bzw. »das Verhalten bestimmter Personen aus dem Kreis der Restlinken deutet darauf hin, dass [...]«. Der generalisierende Gebrauch der politisch hochgradig aufgeladenen Bezeichnung »Linke« verweist darauf, dass in dem Dossier der 9/11-Skeptizismus in den Bereich der Linkenkritik transferiert wird.

> Die Veranstalter des Berliner Symposiums distanzieren sich darum auch eifrig von der »rechten nationalistischen Szene«.

Der Kausalzusammenhang, der durch das Wort »darum« begründet wird, ist äußerst schwach. Er soll an den ersten Satz anknüpfen (»Traditionell ist das politische Verschwörungsdenken eher eine Passion der Rechten«). Genau genommen liegt hier gar kein Kausalzusammenhang vor. Ein schiefer Kausalzusammenhang entsteht erst durch die Konstruktion von Lau unter Verwendung des Wortes »darum« und einem damit einhergehenden künstlichen inhaltlichen Zusammenhang. Die Veranstalter distanzieren sich nicht deshalb (»darum«) von der »rechten nationalistischen Szene«, weil sie glauben, dass das »politische Verschwörungsdenken traditionell eine Passion der Rechten ist«, sondern weil sie wissen, dass es auch Personen aus den extrem national gesinnten Lagern gibt, die die Thesen der 9/11-Skeptiker vertreten. Man mag einwenden, dass die Analyse an dieser Stelle spitzfindig ist. Aber ein genaues Hinsehen verdeutlicht in diesem Abschnitt, wie subtil auch von renommierten Journalisten Zusammenhänge verfälscht wiedergegeben werden. Allerdings muss dem *ZEIT*-Autor zugutegehalten werden, dass das »Darum« aus seinem Blickwinkel berechtigt ist, da das »Darum« auf seiner (falschen) Prämisse beruht, wonach eben das »Verschwörungsdenken traditionell eine Passion der Rechten« sei. Die Prämisse ist deshalb falsch, weil sich bei genauerer Betrachtung schnell erkennen lässt, dass sich sowohl in den USA als auch in Deutschland schon immer sowohl »Rechte« als auch »Linke« mit Verschwörungstheorien auseinandergesetzt haben. In Deutschland gibt es diverse »Linke Autoren«, die schon in den 70er- und 80er-Jahren beispielsweise über echte oder vermeintliche Verschwörungen, in die Teile der CIA angeblich involviert waren, geschrieben haben. Doch das nur am Rande, analysieren wir weiter. Die Veranstalter distanzieren sich also von »den Rechten«. Aber warum lässt der Verfasser die Veranstalter dies »eifrig« tun? Warum nicht »deutlich« oder »entschieden«? Einerseits ist das Wort eifrig positiv konnotiert. Es kann z.B. synonymisch verwendet werden mit dem Wort fleißig. Andererseits wird das Wort aber auch sehr gerne in einem abwertenden und ironischen Sinne verwendet. Das »eifrige Distanzieren« erzeugt in dem veranschlagten sprachlichen Kontext Lächerlichkeit. Das Adjektiv »eifrig« dient der Manipulation. Angenommen Bundespräsident Christian Wulff würde eine Rede gegen rechte Übergriffe auf Ausländer halten. Darin, so nehmen wir an, verurteilte Wulf die Gewalttaten. Er würde klarstellen, dass diese Taten aber nicht für die Deutschen, für Deutschland im Allgemeinen stünden, sondern für einen kleinen Teil von verblendeten Rechten. Wie würde Lau diese Rede journalistisch aufarbeiten? Würde er schreiben: »Der Bundespräsident verurteilt eifrig rechte Gewalt?« Oder würde er schreiben: »Der Bundespräsident verurteilt entschieden rechte Gewalt?« Der Punkt sollte deutlich geworden sein.

Lesen wir den nächsten Abschnitt des Artikels.

> In einem sind sie sich einig: An der »offiziellen Version« der Ereignisse stimmt rein gar nichts. Der 11. September 2001 und die Folgen sind »die größte Gehirnwäscheoperation aller Zeiten«, so Mathias Bröckers, einer der Stars der Szene. Akzeptiert man diese Voraussetzung, wird alles denkbar: Die Flugzeuge, die ins World Trade Center einschlugen, waren ferngesteuert. Das Pentagon wurde in Wirklichkeit nicht von einem Jet, sondern von einer amerikanischen Cruise Missile getroffen. Auf dem Feld bei Shanksville ist niemals ein Flugzeug abgestürzt. Sechs der »angeblichen Attentäter« leben noch. Die US-Regierung wusste von den Anschlägen. Ach was, sie hat sie selbst angeordnet. Und wenn nicht die Regierung, dann haben eben CIA und Mossad die Sache ausgeheckt.

Mit dem Satzkonstrukt »In einem sind sie sich einig:« dokumentiert *DIE ZEIT* zum sechsten Mal Komplexitätsreduktion. Es beinhaltet eine verfälschende Vereinfachung der gegebenen Realität, die im zweiten Satzteil konkretisiert wird. Wieder der Reihe nach: Das Personalpronomen »sie« bezieht sich offensichtlich inhaltlich auf die Teilnehmer der Veranstaltung. Der Autor gibt vor zu wissen, dass *alle* Teilnehmer, also: *alle*, ohne Ausnahmen, in Bezug auf die von ihm getätigte Aussage (»[...] offiziellen Version stimmt rein gar nichts«) einig sind. Diese Aussage ist in ihrem Kern unhaltbar. Die Meinungen darüber, was am 11. September geschehen oder nicht geschehen ist, was glaubhaft oder unglaubwürdig ist, gehen bei den Skeptikern weit auseinander. Einige von ihnen halten einen großen Teil der in der offiziellen Version dargelegten Wirklichkeit für eine Lüge, andere wiederum glauben an weite Teile der offiziellen Version, zweifeln aber an wenigen Punkten. Die Phrase: »stimmt rein gar nichts« kann als Übertreibung identifiziert werden, durch die durch Ironie erneut Lächerlichkeit entstehen soll.

Im nächsten Satz zitiert der Verfasser Mathias Bröckers, den er als »Star der Szene« beschreibt. Durch das Nomen »Star« wird ein Bezug zum Showbiz hergestellt, der in diesem Kontext die Arbeit von Bröckers abwertet. Um an das Beispiel von eben anzuknüpfen: Würde der Bundespräsident sich mit Nachdruck gegen rechte Gewalt einsetzen, betitelte ihn *DIE ZEIT* nicht als »Star« im Kampf gegen Rechtsradikalismus, sondern als »bedingungslosen Verfechter«, als »Kämpfer gegen braune Übergriffe« usw. Wollte *DIE ZEIT* Bröckers nicht mit soviel Pathos begegnen, könnte das Blatt einfach schreiben, dass Bröckers ein Vorreiter, ein Vordenker der Bewegung ist. Doch gerade in dem Stück für Stück aufgebauten Kontext von Häme, Lächerlichkeit, Degradierung und Verhöhnung wird die durchaus auch positive Bedeutung des Wortes »Star« in ihr Gegenteil verkehrt. Was für ein »Star« ist Bröckers nach Ansicht der *ZEIT*? Ein Star einer Gemeinde von Wahnsinnigen, die irren Ideen »verfällt«. Ein Star, der an »Absurdes« glaubt, der wie »die Rechten«, das Verschwörungsdenken zu seiner »Passion« macht und der sich mit anderen »Stars des Wahnsinns« »vor Hunderten von Zuschauern mit steilen Thesen überbietet«?

Im weiteren Verlauf des Artikels werden einige der Thesen der 9/11-Skeptiker aufgegriffen, die durch die Presse gingen. Sie sind umrahmt von einem abwertenden Ton. »Die US-Regierung wusste von den Anschlägen. Ach was, sie hat sie selbst angeordnet.« Die Wortkombination »Ach was« verdient Aufmerksamkeit. »Ach was« ist ein typischer Ausdruck, den wir in die Umgangssprache einordnen können. Durch den Ton des Stammtischjargons, der einer gehobenen journalistischen Ausdrucksweise entgegensteht, werden die Skeptiker weiter der Lächerlichkeit preisgegeben.

Zum nächsten Abschnitt:

> Epochale Ereignisse wie die Terroranschläge vor zwei Jahren rufen stets die politischen Tagträumer auf den Plan. Und die Präsidentschaft des jüngeren Bush ist sicher die anregendste Periode für Politparanoiker seit dem Mord an John F. Kennedy. Die Bush-Regierung lieferte schon vor dem 11. September erstklassiges Material für Konspirologen, allein durch die kuriose Florida-Wahl, die Industrieverbindungen seines Kabinetts und das neokonservative Netzwerk in den Medien und Think Tanks. Die Debatte um aufgepeppte Geheimdienstdossiers im Vorfeld des Irak-Kriegs, die ständig wechselnden Kriegsgründe, die Einschränkungen der Bürgerrechte in den USA, die Kelly-Affäre – all dies ist wie geschaffen, um die paranoide Fantasie auf Touren zu bringen.

DIE ZEIT spricht in diesem Textabschnitt reale kontroverse politische Sachverhalte (die durchaus im Umfeld von echten Verschwörungen angelagert sein könnten) an, die sie aber nicht kritisch bewertet, sondern als Sprungbrett für »Konspirologen« darstellt. Die Bush-Wahl in Florida führt der *ZEIT*-Journalist mit dem beschönigenden Adjektiv »kurios« an, gefälschte und mit dem Vorsatz der öffentlichen Täuschung ausgearbeitete Geheimdienstdossiers, die immerhin mit zu einem Krieg geführt haben, werden als »aufgepeppt« bezeichnet. Flankiert und dominiert wird das Inhaltliche von den Begriffen »politische Tagträumer«, »Politparanoiker« und »paranoide Fantasien«. Das Wort »paranoid« unterstreicht weiter die bereits durch die Überschrift zu erkennende Grundrichtung des Artikels, die durch eine Psychiatrisierung der Andersdenkenden an dieser Stelle abermals akzentuiert wird. Die Wortkombination »Politparanoiker« ist besonders bedenklich. Der *ZEIT*-Autor überträgt den medizinischen Befund der Paranoia in die Welt des Politischen. Wer also bei der Beurteilung bestimmter politischer Ereignisse eine Verschwörung in Betracht zieht, ist nach Laus Worten ein »Politparanoiker«. Hier wird journalistisch die Kultur eines freien politischen Reflexionsprozesses beschnitten.

Beim Niederschreiben dieser Gedanken ist der Autor dieses Buchs auf eine Meldung aus dem Internetangebot des Nachrichtensenders *n-tv* gestoßen:

> **»Kann nur Mord gewesen sein« – Versagen im Fall Barschel**
>
> Der Chefermittler im Fall Barschel hat den Nachrichtendiensten schweres Versagen bei den Ermittlungen zu den mysteriösen Todesumständen des Politikers vorgeworfen. »Man hat mir nichts mitgeteilt«, sagte der Lübecker Leitende Oberstaatsanwalt Heinrich Wille dem *Focus*. Verfassungsschutz und Bundesnachrichtendienst hätten sich damals geweigert, aktive Recherchen einzuleiten. »Sie haben nur reproduziert, was sie schon hatten.« Nach menschlichem Ermessen könne es nur Mord gewesen sein, sagte Wille zum Tod des früheren schleswig-holsteinischen Ministerpräsidenten Uwe Barschel in einem Genfer Hotel im Oktober 1987. [...] »Es gibt wohl Wissensträger, sei es im Ausland, sei es im Bereich der CIA«, sagte Wille. Er selbst sei bei den Ermittlungen an Grenzen gestoßen. Mit den Mitteln des Rechtsstaats sei der Todesfall Barschel nicht aufklärbar gewesen.[5]

20 Jahre nach dem Tod Barschels lesen wir solch eine Meldung. Was werden wir nach 20 Jahren über den 11. September zu lesen bekommen? Die angeführte Meldung ist aber kein Einzelfall. Schauen wir mal, was die *Süddeutsche Zeitung* nach gut 40 Jahren noch über den Kennedy-Mord zu schreiben hat:

---

5) *http://www.n-tv.de/818221.html* [04.09.2008]

Zweiter Täter?

Neue Indizien aus Dallas

Der Mord an US-Präsident John F. Kennedy vor mehr als 40 Jahren wirft bis heute Fragen auf. Wissenschaftler haben neue Erkenntnisse und wollen, dass der Fall neu aufgerollt wird. Ihre Analyse von Munitionsfragmenten hat ergeben, dass die Splitter, die in der Leiche des Präsidenten und im näheren Umfeld gefunden worden waren, nicht zweifelsfrei aus einer einzigen Waffe stammen. Sollten sie Recht behalten, müsste es noch einen zweiten Schützen gegeben haben.[6]

Natürlich sagen die angeführten Artikel nichts Endgültiges darüber aus, ob Barschel tatsächlich Opfer eines Mordkomplotts wurde und ob es bei JFK tatsächlich mehrere Attentäter gab. Dennoch sollte verständlich werden, dass durch ein von bestimmten Journalisten erzeugtes Klima, in dem vermeintlich »extreme politische Ansichten« politisch »Andersdenkender« durch die Gewalt von stigmatisierenden Begrifflichkeiten niedergerungen werden, dem so wichtigen offenen politischen Meinungsaustausch ein schwerer Schaden zugefügt wird.

Zurück zur Analyse. Alltagssprachlich wird der Begriff »Tagträumer« für einen Menschen gebraucht, der »so vor sich hin lebt«, sein Leben nicht wirklich im Griff hat, der es oftmals seinen Gedanken gestattet, sich aus der Realität zu entfernen, zu träumen, in Phantasien zu schwelgen. Im Verbund mit dem Adjektiv »politisch« verwandelt sich dieser Begriff in einen politischen Kampfbegriff. Prinzipiell genügt es, einem Menschen, der eine politisch noch nicht etablierte Idee mit Visionskraft vertritt, als »politischen Tagträumer« hinzustellen, um seine Glaubwürdigkeit zu diskreditieren. Auch dieser Begriff fügt sich nahtlos in den Kontext des »Wahnsinns« und des »Paranoiden« ein. Der Traum als Gebilde der Nichtrealität, der Unwirklichkeit, evoziert einmal mehr die Realitätsferne der 9/11-Skeptiker. In der Begrifflichkeit des »politischen Tagträumers« ist aber auch sein begrifflicher Gegensatz angelegt. Dem politischen Tagträumer steht der politische Realist gegenüber. Anzunehmen ist, wer einen anderen als politischen Tagträumer bezeichnet, betrachtet sich selbst wahrscheinlich als Realist. Auf der impliziten Textebene wird an dieser Stelle der eigene Anspruch auf Glaubwürdigkeit, der Anspruch, die Wirklichkeit zum 11. September zu kennen, markiert.

---

6) *http://www.sueddeutsche.de/wissen/zweiter-taeter-neue-indizien-aus-dallas-1.83157* [04.09.2008]

> Wie groß aber muss die Ratlosigkeit sein, wenn ein im Kern apolitischer, zutiefst zynischer Paranoiker wie Michael Moore zur internationalen Celebrity aufsteigen kann? Zahlreiche Kritiker – meist selbst Linke, die sich um das Debattenniveau im eigenen Lager sorgen – haben Moore viele Fehler und Fälschungen nachweisen können. Auch den deutschen Verschwörungsdenkern halten investigative Kollegen Schlamperei und Falschmünzerei vor.

Der obige Abschnitt dient als Steilvorlage für den darauffolgenden Abschnitt. *DIE ZEIT* bereitet durch das Thema Fälschung und Schlamperei bei den 9/11-Skeptikern den Weg, um sich im nächsten Teil des Artikels intensiver mit dem Phänomen Verschwörungstheorien auseinanderzusetzen. Zunächst aber: Michael Moore, der mit seinem Film *Fahrenheit 9/11* einen national wie international äußerst erfolgreichen Doku-Film produziert hat, wird von Lau in die Ecke der 9/11-Verschwörungstheoretiker gestellt. Vor Kurzem hat sich Moore in der Tat in einem kurzen Interview gegenüber *We are Change* (siehe Kapitel: *Weitere Teile der Wahrheitsbewegung*) aus einer beinahe verschwörungstheoretischen Perspektive geäußert, als er sagte, er wolle endlich die Aufnahmen von den Kameras am und um das Pentagon sehen. Im Jahre 2003 hat sich Moore aber weder in Interviews, soweit dem Autor bekannt, noch in seinem Film eines verschwörungstheoretischen Ansatzes aus dem 9/11 Truth Movement bedient. Ganz im Gegenteil: Überzeugte 9/11-Skeptiker wie Alex Jones haben seinen Film als viel zu oberflächlich kritisiert, da er eben nicht auf die angeblichen Ungereimtheiten des 11. Septembers eingehe. Es ist davon auszugehen, dass der *ZEIT* diese Tatsache nicht entgangen ist. Dass das Blatt Moore dennoch als Verschwörungstheoretiker bezeichnet, hat einen anderen Grund: Im inhaltlichen Zentrum dieses Abschnitt steht die Diskussion über die Glaubwürdigkeit der Zweifler. Der *ZEIT*-Autor hat Recht, wenn er schreibt, dass Moore nicht immer korrekt mit Fakten umgeht und sich durchaus auch eine Wirklichkeitskonstruktion zurechtlegt, die seinen Darstellungen zuspielt. Diesen Makel will *DIE ZEIT* auf die 9/11-Skeptiker übertragen. Doch eigentlich hätte die Zeitung auch ohne dieses verstärkende Element ihren Punkt machen können. *DIE ZEIT* hätte es auch geradeaus sagen können: Im »Lager« der Verschwörungstheoretiker und der 9/11-Skeptiker gibt es viele Unzulänglichkeiten, gibt es Schlamperei und Falschmünzerei. Das ist kein Geheimnis.

Den letzten Satz in diesem Abschnitt wollen wir uns noch einmal näher betrachten. »Auch den deutschen Verschwörungsdenkern halten investigative Kollegen Schlamperei und Falschmünzerei vor.« Wen meint *DIE ZEIT* mit »investigative Kollegen«? Etwa Hans Leyendecker, der in einem Artikel in der *Süddeutschen Zeitung* einen Tag zuvor im Prinzip die gleiche Meinung wie der *ZEIT*-Journalist vertritt? Sollte sich Lau gedanklich auf Leyendecker beziehen, könnte man fast sagen, dass im Lager der Kritiker ein Wahn, pardon, eine Meinung die andere stützt, ein freitragendes System entsteht.

Gehen wir zum nächsten Abschnitt.

> Nützen wird das nicht viel. Denn die Verschwörungstheorie inszeniert sich als Wissenschaft. Eine besondere Pedanterie mit Fußnoten, Zitaten und lückenlosen Beweisketten ist geradezu ein Erkennungszeichen ihres Pseudo-Rationalismus. Die verschwörungstheoretische Mentalität verrät sich durch ihre übermäßige Folgerichtigkeit. Ihre Theorien sind viel kohärenter als die Wirklichkeit und lassen keinen Raum für Fehler, Zufälle oder Zweideutigkeiten. Es wäre naiv, sie für widerlegbar zu halten. Im Gegenteil: Der Paranoiker zehrt ja gerade davon, dass man ihm nicht glaubt und seine Thesen für absurd erklärt.

Diese Textpassage bringt deutlich zum Ausdruck, dass *DIE ZEIT* sich eine gegenüber den Verschwörungstheoretikern objektiv überlegene Wirklichkeitsauffassung zuschreibt. Der *ZEIT*-Journalist inszeniert sich als Analytiker, der für sich beansprucht, die politischen Realitäten gut zu kennen und deshalb von einer übergeordneten Position (von oben herab?) auf die Verschwörungstheoretiker schauen kann, um ihren »Pseudo-Rationalismus«, ihre viel zu kohärente Wirklichkeit und ihre scheinbare Wissenschaftlichkeit als Eckpfeiler einer Wahn-Wirklichkeit zu kennzeichnen. Interessant ist dieser Abschnitt vor allem deshalb, weil hier zum ersten Mal in dem Artikel der Begriff »Verschwörungstheorien« von dem Journalisten näher beschrieben wird, während zuvor der Begriff mehr als Schlagwort, als Kampfbegriff verwendet wurde, ohne klarzustellen, was er überhaupt darunter versteht. Der *ZEIT*-Autor greift einige wichtige Strukturmerkmale auf, die sich im Umgang mit verschwörungstheoretischer Literatur herausarbeiten lassen. So kann man tatsächlich feststellen, dass es Autoren aus diesem Bereich gibt, die komplexe Realitäten reduzieren, eine verengte Sichtweise haben, Informationen verfälschen, oder, um mit Laus Worten zu sprechen: eine besondere Pedanterie mit Fußnoten, Zitaten und lückenlosen Beweisketten erkennen lassen. Doch gerade indem *DIE ZEIT* diese tatsächlich mitunter vorhandenen Merkmale generalisiert, also diese Merkmale *grundsätzlich* Verschwörungstheorien zuschreibt und zugleich ihre eigene Wirklichkeitsauffassung zu 9/11 nicht selbst kritisch dekonstruiert, verfällt die Zeitung in eben jene überkohärente Wirklichkeit, die sie den Verschwörungstheoretikern unterstellt. Die Welt der Verschwörungstheoretiker ist laut *ZEIT*-Autor »viel zu kohärent«, während die eigene Welt ebenfalls viel zu kohärent ist – durch die übertriebene Akzeptanz der Nicht-Kohärenz! Es ist ja gerade die unkritische Akzeptanz einer übermäßigen Nicht-Kohärenz, die die Verschwörungstheoretiker Journalisten wie Lau entgegenhalten.

Die Aussage »es ist naiv, sie für widerlegbar zu halten«, ist ein argumentativer Totschläger. Immer wieder bedienen sich die Gegner von Verschwörungstheorien der Aussage, dass man Verschwörungstheorien nicht widerlegen könne, womit sie auf eine komplexitätsreduzierende bequeme »Lösung« für ein mehrdimensionales Phänomen zugreifen.

Im letzten Satz »Der Paranoiker zehrt ja gerade davon, dass man ihm nicht glaubt und seine Thesen für absurd erklärt« bestätigt sich letztlich das Analyseergebnis aus der Überschrift, der Unterzeile des Artikels und aus anderen Textpassagen. Die Intention des ZEIT-Autors ist es, die 9/11-Skeptiker zu psychiatrisieren. Die Verwendung des Wortes »Wahn« bzw. der Verbphrase »dem Wahn verfallen« unterstreicht nicht lediglich einen ironischen, glossenhaften Dreh eines Artikels, sondern sie ist so gemeint, wie sie geschrieben steht. Indem *DIE ZEIT* sich offen auf den »Paranoiker« bezieht, der davon »zehrt, dass man ihm nicht glaubt«, wird ein eindeutiger Bezugszusammenhang zwischen den Skeptikern und psychisch Kranken erzeugt.

Sehen wir uns an, wie *DIE ZEIT* das Phänomen Verschwörungstheorien weiter theoretisiert.

> Die Verschwörungstheorie gehört zum Bereich der politischen Religion. Es geht im Grunde um die Rechtfertigung der Welt angesichts des radikal Bösen. Dass Menschen aus freiem Willen das Böse tun, darüber kommt das menschliche Bewusstsein offenbar schwer hinweg, wie die Fortdauer des Theodizeeproblems zeigt. Was die Verschwörungstheoretiker betreiben, ist im Grunde eine pervertierte Schwundform von Theodizee. Sie machen das Böse erträglich und mildern seine Schockwirkung. Nein, die Welt ist nicht aus den Fugen, alles lässt sich lückenlos erklären! Die Stelle des guten Schöpfergottes, den die Theologen mit dem Bösen zu vereinen suchten, vertritt in dieser pervertierten Theodizee eine gigantische Verschwörung als die treibende Kraft der Geschichte. Die Geschichte ist im Kern nichts als eine gigantische Verschwörung, ins Werk gesetzt von dämonischen Mächten, in denen sich perfiderweise Bosheit mit Macht und Rationalität verbündet hat. Im Denken des Senators McCarthy spielte seinerzeit der Kommunismus diese Dämonen-Rolle. Heute nimmt die Regierung der USA den Platz im Zentrum des Spinnennetzes ein.

Mit dem vorliegenden Erklärungsansatz, dass es sich bei den Verschwörungstheorien um eine »politische Religion« handele, verdichtet *DIE ZEIT* weiter den Eindruck, die 9/11-Skeptiker seien Irrläufer, fern jeder Wirklichkeit. Eine Person, die sich ernsthafte Gedanken über das Versagen der US-Luftabwehr macht und zu dem Schluss kommt, hier habe eine Verschwörung einer korrupten Machtelite stattgefunden, dieser Person geht es nach Aussagen der *ZEIT* »um eine Rechtfertigung der Welt, angesichts des radikal Bösen«, also nicht um das »Versagen« der Luftabwehr. Durch die Übertragung des verschwörungstheoretischen Ansatzes auf die Ebene des Metaphysischen spricht der *ZEIT*-Autor den 9/11-Skeptiker erneut jede Rationalität ab, genau so wie es andere Kritiker von Verschwörungstheorien auch immer wieder gemacht haben. Gerade Wissenschaftler (z.B. Daniel Pipes), die sich mit Verschwörungstheorien auseinandersetzen und diese als illegitim einstufen, kommen zu dem Schluss, dass manche Menschen nicht dazu fähig seien, die Realität, die nun mal das »radikal Böse« beinhalte, zu akzeptieren. Ihrer Meinung nach konstruieren sich die Verschwörungstheoretiker eine Sündenbockrealität, was letztlich nur ein Anzeichen für eine tiefe Unfähigkeit sei, sich der Wirklichkeit zu stellen, in der es nicht immer einen Schuldigen gebe.

Mit dem Begriff »Theodizee«, der aus der Religionswissenschaft kommt und hinter dem sich der Streit über die Frage, wie ein liebender, gütiger Gott das Böse zulassen kann, verbirgt, hebt der *ZEIT*-Autor seinen hohen Bildungsgrad hervor (kann man als Journalist ernsthaft seinen Lesern diesen Begriff zumuten, ohne ihn ausreichend zu erklären? Es wäre einmal interessant, eine Umfrage unter Studenten zu machen, um herauszufinden, wie viele von ihnen den Begriff verstehen – das aber nur am Rande). Die Verwendung des Theodizee-Begriffs kann als intellektuelles Muskelspiel gedeutet werden, anhand dessen der Autor seinen Glaubwürdigkeitsanspruch durch sein offensichtlich hohes bildungskulturelles Kapital im feuilletonistischen Stil durchsetzen möchte.

Die folgende Textpassage nutzt *DIE ZEIT* zur weiteren Diffamierung der 9/11-Skeptiker:

> Die erfolgreichsten Verschwörungstheoretiker von heute entsprechen nicht dem bekannten Typus des verklemmten, autoritätsfixierten Spinners, der sich typischerweise mit den »Protokollen der Weisen von Zion«, Entführungen durch Außerirdische und der Macht der Geheimbünde beschäftigt. Es sind vielmehr gewesene Spontis und Anarchos und Randfiguren des rotgrünen Milieus, die die Szene beherrschen: Der *taz*-Journalist und Hanf-Propagandist Mathias Bröckers, der Bundesminister a. D. Andreas von Bülow und der WDR-Reporter Gerhard Wisnewski stehen exemplarisch dafür. Der Verlag Zweitausendeins, von jeher eine Wärmestube für die geistig obdachlose Restlinke, gibt dem paranoiden Affen Zucker. Nach dem Riesenerfolg des Bröckerschen Elaborats zum 11. September wird nun sogar die große Pearl-Harbor-Verschwörung wieder aufgewärmt. Robert B. Stinnett »beweist«

in seinem Buch über den japanischen Angriff, dass »die amerikanische Regierung den Angriff provozierte und 2476 ihrer Bürger sterben ließ«. Ein Muster amerikanischer Skrupellosigkeit schält sich heraus, in das sich der 11. September nahtlos einfügt. So stützt der eine Wahn den anderen, ein freitragendes System entsteht.

Der Satz »die erfolgreichsten Verschwörungstheoretiker von heute entsprechen nicht dem bekannten Typus des verklemmten, autoritätsfixierten Spinners [...]« beinhaltet drei aufeinanderfolgende Begriffe, die in einem psychiatrischen Umfeld angesiedelt werden können. Zwar sagt die Zeitung, dass die neue Generation von Verschwörungstheoretikern *nicht* den verklemmten, autoritätsfixierten Spinnern entspreche, allerdings wird durch die bloße Anführung dieser Signalwörter im Zusammenhang mit dem im Text erzeugten Kontext weiter eine negative Stimmung gegen die Skeptiker erzeugt. Äußerst geschickt vermischt die Zeitung Informationen (Bülow, Bröckers, Wisnewski sind Vorreiter in der 9/11-Bewegung, der Verlag 2001 publiziert Bröckers Buch, Stinnett publiziert ein neues Buch über Pearl Harbor, 2476 Menschen starben bei dem Angriff) mit negativ konnotierten Begrifflichkeiten und Sätzen, die sich quasi in die Informationen einlagern, wodurch eine tendenzielle, einseitige Wirklichkeit konstruiert wird, die zu einer propagandahaften Leitlinie des Artikels wird. Isolieren wir die Begriffe und Sätze:

- verklemmt
- Spinner
- autoritätsfixiert
- Spontis
- Anarchos
- Randfiguren
- Hanf-Propagandist
- eine Wärmestube für die geistig obdachlose Restlinke
- gibt dem paranoiden Affen Zucker
- aufgewärmt
- Wahn

Zurück zum ersten Satz dieses Abschnitts. Durch aufmerksamkeitserregende Begriffe und Satzelemente wie »Spinner«, »autoritätsfixiert«, »verklemmt«, »Macht der Geheimbünde«, »Entführung durch Außerirdische« und »Protokolle der Weisen von Zion« werden die 9/11-Skeptiker verstärkt negativ kontextualisiert. Die Verwendung des Begriffs »Typus« verweist auf ein wissenschaftliches Kategoriesystem mit dem dazugehörenden Anspruch auf wissenschaftliche Akkuratesse, das *DIE ZEIT* hier veranschlagt, um den Verschwörungstheoretikern beizukommen. Das Problem: Soweit dem Autor dieses Buchs bekannt, gibt es nicht eine einzige empirische wissenschaftliche Studie, die anhand entsprechender Erhebungen bzw. Statistiken einen Typus des »Verschwörungstheoretikers« herausgearbeitet hat. Die Aussage: »Die erfolgreichsten Verschwörungstheoretiker von heute entsprechen nicht dem bekannten Typus des verklemmten, autoritätsfixierten Spinners, der sich typischerweise mit den ›Protokollen der Weisen von Zion‹, Entführungen durch Außerirdische und der Macht der Geheimbünde beschäftigt«, ist in das Gewand des wissenschaftlichen Anspruchs gekleidet, dabei handelt es sich bei ihr aber nur um eine Meinung.

Betrachten wir, wie die Zeitung nun auch noch gegen einen Buchverlag in den Krieg der Worte zieht. In Deutschland gibt es drei große Verlage, bei denen die bekanntesten der deutschen 9/11-Skeptiker publizieren: *Knaur*, *Piper* und der Verlag *2001*. *Knaur* und *Piper* sind zwei alte, traditionsträchtige Verlage, die mit Reputation versehen sind. Der Verlag *2001* ist ebenfalls ein bekannter Verlag, der *aber* politisch »links« einzuordnen ist. Und das bedeutet für *DIE ZEIT*: Angriffsfläche. In einer von Metaphern geprägten Sprache werden die Verlage diskreditiert. *DIE ZEIT* schreibt, dass der Verlag *2001* »von jeher eine Wärmestube für die geistig obdachlose Restlinke« sei und »dem paranoiden Affen Zucker« gebe. Mit diesen Aussagen wird nun auch noch ein ganzer Verlag in den Kontext der Stigmatisierung eingebunden. Durch die Begriffe »Wärmestube« und »geistig obdachlose Restlinke« erzeugt *DIE ZEIT* eine semantische Rahmung, die von böser Ironie geprägt wird. Zunächst: Der Begriff Wärmestube hat etwas »Heimeliges«. Er ist eigentlich positiv besetzt. In dem von der *ZEIT* aufgebauten Kontext wird der Begriff inhaltlich jedoch ins Negative transformiert. Eine feine Form von Ironie verwandelt den Begriff zu einem Euphemismus, zu einer Beschönigung. Vergegenwärtigen wir uns: Die 9/11-Skeptiker sind nach Aussagen der *ZEIT* Spinner, Paranoide. An dieser Stelle zeigt uns die Zeitung, dass diese Verrückten einen Aufenthaltsort benötigen: nämlich eine Wärmestube, wie Lau es ausdrückt. Aber wenn Paranoide einen Aufenthaltsort benötigen, dann doch keine Wärmestube, sondern eine Irrenanstalt. Und genau diesen Begriff der Irrenanstalt camoufliert das Wort Wärmestube. Übersetzt heißt der Satz nichts anderes als: Der Verlag *2001* ist von jeher eine Irrenanstalt für geistig obdachlose Restlinke. Der Verlag *2001* als Irrenanstalt gibt dem »paranoiden Affen Zucker«. Es klingt durchaus witzig. In dieser Teilaussage des Satzes kommt jedoch ein Journalismus zum Vorschein, der einen unverantwortlichen und beschämenden Grad an Hetze und Diffamierung erreicht. Wer sind denn die »paranoiden Affen«, die mit Zucker gefüttert werden? Richtig, es sind die 9/11-Skeptiker bzw. die »Verschwörungstheoretiker« im Allgemeinen. Um es klar zu sagen: »Andersdenkende« werden in der Qualitätszeitung *DIE ZEIT* von einem kompetenten, erfahrenen Journalisten als »Affen« bezeichnet. Es gibt zu denken, dass *DIE ZEIT* sich auf investigative Kollegen weiter vorne im Artikel beruft (auf Leyendecker von der *Süddeutschen Zeitung*?), die den 9/11-Skeptikern »Falschmünzerei«. vorwerfen, und man dann feststellt, dass sowohl *DIE ZEIT* als auch Leyendecker die Bezeichnung Affen in ihren Artikeln über die Zweifler gebrauchen. Diese »Veraffung« von Menschen, wie sie in dem *ZEIT*-Artikel vorgenommen wird, ist als *Dehumanisierungsstrategie* zu kennzeichnen, die die Skeptiker in ihrer Position als Menschen abwertet, um sie auf eine Stufe mit Affen zu stellen.

Bei dieser Art der Degradierung als diskursive Waffe gegenüber bestimmten Gruppen und Individuen handelt es sich um einen kulturgeschichtlich mächtigen Topos, wie er sich z.B. im Kontext der Kolonialgeschichte finden lässt, in der häufig die Bewohnern der kolonialisierten Gebiete als Quasi-Affen betrachtet wurden. Diese Dehumanisierung ist übrigens auch heute noch ein beliebtes Mittel, um zum Ausdruck zu bringen, dass es um die kognitiven Fähigkeiten der zum Affen Gemachten nicht weit her ist. Hierfür gibt es zahlreiche Beispiele, man denke beispielsweise nur an die Bananen, mit denen »Torwart-Legende« Oliver Kahn (bevor er zum »Titan« wurde) in früheren Fußballspielen bedacht wurde oder an die zahlreichen im Internet kursierenden Bilder, in denen George W. Bush mit affenähnlichen Gesichtszügen dargestellt wird.

All diese Dehumanisierungsstrategien folgen dabei einem ähnlichen Muster und haben die primäre Funktion der Selbstaffirmation. In Kontrast zum primitiven, irrationalen, affengleichen Gegenüber wird eine, wie der Philosoph Michel Foucault es ausdrückt, »Haltung überlegener Vernunft«[7] eingenommen, die durch Zivilisiertheit, Rationalität, Intelligenz etc. bestimmt ist. Eben diese Selbstaffirmation kommt auch in dem *ZEIT*-Essay zum Ausdruck. Die angewendete Dehumanisierungsstrategie dient dazu, den Autor als vernünftigen und aufgeklärten Beobachter zu inszenieren, der aus seiner »zoologischen« Perspektive einen Diskurs über die irrationalen »Verhaltensauffälligkeiten« einer Gesellschaft anklingen lässt, genauer der zu Affen gemachten, angstbestimmten Verschwörungstheoretiker, deren Verhalten gleich dem eines »paranoiden Affen« ist.

Aber weiter im Artikel: »Ein Muster amerikanischer Skrupellosigkeit schält sich heraus, in das sich der 11. September nahtlos einfügt. So stützt der eine Wahn den anderen, ein freitragendes System entsteht«, schlussfolgert der *ZEIT*-Autor und schließt somit argumentativ seinen »frei gezeichneten Kreis

---

7) Michel Foucault: Wahnsinn und Gesellschaft, Suhrkamp, Frankfurt 1995, S. 7

des Irrsinns«, der die 9/11-Skeptiker einschließt. Denn die Aussage, dass sich ein Muster amerikanischer Skrupellosigkeit herausschäle, ist auf der Sinnebene falsch, da undifferenziert. Sollte es tatsächlich so sein, dass »die USA« für die angeführten Verbrechen selbst verantwortlich sind, dann kann sich kein Muster *amerikanischer* Skrupellosigkeit herausschälen, weil nicht die gesamte USA, also die US-amerikanische Bevölkerung sich strafbar gemacht hätte (»amerikanische Skrupellosigkeit«), sondern nur eine kleine Clique hochgradig krimineller Funktionsträger innerhalb des Machtsystems der USA. Warum diese Unterscheidung? Der Satz, wenn man ihn so stehen lässt, wie er von Lau verfasst ist, stimuliert durch seine Undifferenziertheit sozusagen hinterrücks die psychologische Ebene beim Leser. Es ist davon auszugehen, dass eine nicht geringe Anzahl der Leser ein positives Verhältnis zu US-Amerikanern aus persönlichen Erfahrungen hat (wie auch der Autor!). Wenn nun zu lesen ist, dass sich »ein Muster amerikanischer Skrupellosigkeit herausschält«, dann werden indirekt auch die Amerikaner angesprochen, die man selbst kennt, mit denen man sich versteht und die man vielleicht auch nur unbewusst in Schutz nehmen wird, was zugleich eine Aversion gegen die Skeptiker zur Folge haben kann/wird, da diese solche ungeheuerlichen Behauptungen aufstellen.

Mit der letzten Aussage dieses Abschnitts, also »so stützt ein Wahn den Anderen. Ein freitragendes System entsteht«, pointiert der *ZEIT*-Autor noch einmal seinen Psychiatrisierungsansatz.

Zu den nächsten beiden Abschnitten:

> Der amerikanische Politologe Richard Hofstadter schrieb zu Beginn der sechziger Jahre über den »paranoiden Stil in der amerikanischen Politik«: »Das Besondere am paranoiden Stil ist nicht, dass seine Vertreter hier und da in der Geschichte Verschwörungen am Werk sehen, sondern dass sie eine ›gigantische‹ Verschwörung als treibende Kraft hinter den historischen Ereignissen betrachten.« Hofstadter hatte damals vor allem die kulturell marginalisierte politische Rechte vor Augen. Seine Definition passt aber auch auf das linke Verschwörungsdenken nach dem 11. September. Mit einer ironischen Drehung allerdings: Denn diesmal geht es nicht darum, den Dingen einen Sinn zu verleihen, indem man eine Verschwörung findet, wo keine ist – wie etwa im Fall des Kennedy-Mordes. Im Gegenteil: Eine tatsächliche Verschwörung soll verdrängt werden. Zugegeben: Sie stellt eine ungeheure Zumutung an das linksliberale Weltbild dar. Wer an den Sinn eines Dialogs der Kulturen, an die multikulturelle Gesellschaft und an die Friedfertigkeit des Islams geglaubt hat und weiter glauben will, ist seit dem 11. September in arger Bedrängnis.

Der Satz »eine tatsächliche Verschwörung soll verdrängt werden« greift einmal mehr auf das Konzept der Psychiatrisierung zurück. Sigmund Freud war es, der das Verdrängungsproblem im Rahmen seiner Psychoanalyse erkannte und der Psychologie zugänglich machte. Grob gesagt trifft es bei Menschen auf, die unangenehme Erlebnisse nicht verarbeiten können und sie ins Unbewusste »abstoßen«, eben verdrängen. Da diese Erlebnisse aber nicht aus dem Ich entfernt sind, wirken sie nach, wodurch die Personen ein psychologisches Problem entwickeln. Konkret auf diese Artikelstelle bezogen: Der *ZEIT*-Journalist, der u.a. Germanistik studiert hat, übernimmt erneut die Rolle des Psychologen. Er unterstellt den 9/11-Skeptikern qua »psychologischem Gutachten«, von ihrem Über-Ich gesteuert zu werden. Die 9/11-Skeptiker glauben deshalb nicht an die offizielle Version, weil sie ein gestörtes Verhältnis zur Realität haben, sie können die Wahrheit nicht verkraften und versuchen »eine tatsächliche Verschwörung zu verdrängen«, so die Implikationen. Unter der »tatsächlichen Verschwörung« versteht die Zeitung die »Osama-Verschwörung«, also dass Osama Bin Laden als Oberverschwörer für die Terroranschläge verantwortlich ist. Und da diese »reale Verschwörung« eine »ungeheure Zumutung an das linksliberale Weltbild« darstelle, flüchteten sich die 9/11-Skeptiker in einen »Wahnzustand«. Zum wiederholten Male werden die 9/11-Skeptiker somit psychiatrisiert (steter Tropfen höhlt den Stein).

Die Argumentation des scheinbar bedrohten Weltbilds der »Linken« dient der *ZEIT* zu einer inhaltlich bedenklichen Aussage, die im Anschluss folgt: »Wer an den Sinn eines Dialogs der Kulturen, an die multikulturelle Gesellschaft und an die Friedfertigkeit des Islams geglaubt hat und weiter glauben will, ist seit dem 11. September in arger Bedrängnis.« In diesem Satz wird kulturelle Brandstiftung transportiert. Schauen wir genauer hin: Zuerst werden wir mit dem Aufbau eines Kausalzusammenhangs konfrontiert (»Wer an den Sinn eines Dialogs der Kulturen, an die multikulturelle Gesellschaft und an die Friedfertigkeit des Islams geglaubt hat und weiter glauben will […]«), welcher dann in einer Feststellung mündet (»ist seit dem 11. September in arger Bedrängnis«). Wollte man es zuspitzen, könnte man sagen, die Aussage transportiert implizit den folgenden Inhalt: Der Islam ist kriegerisch, was der Terror von 9/11 beweist.

DIE ZEIT bedient sich mit dieser logisch nicht haltbaren und inhaltlich falschen Aussage einer Argumentation, die sich auf subtile Weise zur Komplizenschaft eines »Kampfes der Kulturen« macht. Alle, die an den Dialog der Kulturen und an die Friedfertigkeit des Islams glauben und glauben wollen (klingt so, als sei das Glauben-Wollen nicht richtig), seien »seit dem 11. September in arger Bedrängnis«, heißt es in dem Blatt. *DIE ZEIT* begibt sich mit dieser Aussage auf einen fatalen Weg. Wieso sind die, die an einen friedfertigen Islam glauben, seit dem 11. September in Bedrängnis? Was hat denn der Islam, also die Religion in ihrer Gesamtheit, der mehr als 1,3 Milliarden Menschen angehören, mit den Terroranschlägen von 9/11 zu tun? Wenn es so war, dass 19 Muslime im Namen und Glauben an ihren Gott den Terror verübt haben, dann sollte man erkennen, dass dieser Terror nichts mit dem eigentlichen Islam zu tun hat.

Lesen wir weiter:

> Die »al-qaidisch-ladinistische Weltverschwörung« (Bröckers) kann darum nur eine Lüge der Geheimdienste und der mit ihnen konspirierenden Medien sein. Es darf einfach nicht wahr sein, dass 19 junge arabische Männer in ihrem Hass auf die westliche Welt einen solchen Massenmord zu begehen bereit sind. Das besondere Problem mit diesem Hass ist nämlich, dass er so umfassend, im strengen Sinne totalitär ist. Er attackiert die feinen moralischen Unterscheidungen, an denen wir uns orientieren: Dieser Terrorismus macht eben keinen Unterschied zwischen den Gesellschaftskritikern und dem Establishment, Linken und Rechten – wie er ja auch keinen Unterschied zwischen den Brokern und den Putzfrauen im World Trade Center gemacht hat. Für die Verschwörer des 11. September gehörte auch der institutionalisierte westliche Selbstzweifel, dessen absurd-paranoide Zuspitzung Mathias Bröckers und Michael Moore verkörpern, zu jenem Weichlichen und Entarteten unserer Zivilisation, das sie aus tiefster Seele verachteten.
>
> Der breite Zulauf zu den Politparanoikern zeigt, dass es vielen offenbar immer noch schwerfällt, sich von dem Angriff mit gemeint zu fühlen. Lieber möchten sie an die abstrusesten Komplotte glauben als daran, dass die Terroristen wirklich meinten, was sie sagten und taten.

Die beiden letzten Abschnitte des Artikels bauen den vorangegangenen Abschnitt inhaltlich weiter aus. In der Schlusspassage äußert sich der *ZEIT*-Journalist zu dem Hass, der hinter den Terroranschlägen stehen muss. Geprägt wird seine »Analyse« von der Grundannahme, dass junge Muslime für den Terror verantwortlich sind. Durch die Verwendung der Signalwörter »Linke«, »Rechte«, »paranoid«, »Politparanoiker« und die Namen »Mathias Bröckers« und »Michael Moore«, die inhaltlich in die Erklärungsversuche des Autors eingebunden werden, werden noch einmal die Kernelemente des gesamten Artikels in komprimierter Weise angeführt (Verschwörungstheorien als Phänomen, wie es bei Linken und Rechten auftaucht, Psychiatrisierungsansatz, Diffamierung politisch Andersdenkender etc.). Im Wesentlichen sind die beiden letzten Abschnitte aber von inhaltlichen Wiederholungen geprägt, die sich auf die psychoanalytische Konzeption des »Verdrängens«, des »Nicht-wahr-haben-Wollens« konzentrieren und somit die Erläuterungen, wie sie im drittletzten Abschnitt auftauchen, fortführen. Die Annahme, dass diejenigen, die an der offiziellen Version ihre Zweifel ausdrücken, unter geistigen Problemen leiden, wie sie der Autor bereits durch seine Überschrift impliziert (»Ein Wahn stützt den anderen«), kann letztendlich als die Kernaussage des gesamten Artikels identifiziert werden. Zum Abschluss dieser Analyse seien alle manipulatorischen Signalwörter, Phrasen und Aussagen isoliert angeführt:

- Wahn
- Ein Wahn stützt den anderen
- verfällt
- absurd
- Lesevolk
- Herzen des rot-grünen Milieus
- steilen Thesen zu überbieten
- Verschwörungsdenken
- Passion
- Restlinke
- eifrig distanzieren
- schillernde Funktion ihres Denkens
- Star der Szene
- Ach was
- politische Tagträumer
- Politparanoiker
- kuriose Florida-Wahl
- aufgepeppte Geheimdienstdossiers
- Konspirologen
- paranoide Fantasien auf Touren bringen
- Ratlosigkeit
- apolitischer, zutiefst zynischer Paranoiker
- Fehler
- Fälschungen
- Schlamperei
- Falschmünzerei
- Verschwörungstheorie inszeniert sich als Wissenschaft
- Pedanterie
- Pseudo-Rationalismus
- verschwörungstheoretische Mentalität
- naiv
- der Paranoiker zehrt davon, dass man ihm nicht glaubt
- Verschwörungstheorie als politische Religion
- das menschliche Bewusstsein kommt nicht darüber hinweg, dass Böses geschieht
- pervertierte Schwundform von Theodizee
- verklemmt
- autoritätsfixiert
- Spinner
- Spontis
- Anarchos
- Randfiguren
- Hanf-Propagandist
- Wärmestube
- geistig obdachlose Restlinke
- dem paranoiden Affen Zucker geben
- ein Wahn stützt den anderen
- linksliberales Weltbild
- arge Bedrängnis
- institutionalisierte westliche Selbstzweifel
- Lieber möchten sie an abstruse Komplotte glauben

7.2 Der Spiegel
9/11-Verschwörungstheorien als moderne Mythen

Eine Woche vor dem 11. September 2003 hat *Der Spiegel* eine Titelgeschichte mit dem bezeichnenden Namen »Verschwörung 11. September. Wie Konspirations-Fanatiker die Wirklichkeit umdeuten« veröffentlicht. Die Titelgeschichte kann als großer Rundumschlag gegen die 9/11-Skeptiker in Deutschland betrachtet werden. Die Cover-Story ähnelt prinzipiell auch den anderen Publikationen aus dem medialen Mainstream zu den Verschwörungstheorien von 9/11. Sie unterscheidet sich aber letztlich doch in einem wichtigen Punkt von den anderen Artikeln über die Skeptiker: Es war das erste Mal, dass in einem großen Printmedium in Deutschland Journalisten auch inhaltlich näher auf die Zweifel der Kritiker eingingen. Insbesondere der These der Skeptiker, dass die Identitäten der Attentäter nicht geklärt bzw. einige der vermeintlichen Attentäter noch nach dem 11. September am Leben gewesen seien, trat das Nachrichtenmagazin entgegen.

Aufgrund des Umfangs der Titelstory macht es allerdings wenig Sinn, diese in dem vorliegenden Buch zu analysieren. Stattdessen betrachten wir den *Spiegel*-Artikel »Die September-Lüge«, der im Herbst 2002 erschienen ist. In dem Artikel von *Spiegel*-Redakteur Ulrich Fichtner nimmt sich das Magazin auch der Verschwörungstheorien des 11. Septembers an. *Spiegel*-Autor Ulrich Fichtner lässt darin bekannte 9/11-Skeptiker zu Wort kommen. In dem Artikel verdichten sich zahlreiche der negativen publizistischen Methoden und Strategien, die später auch von anderen Medien im Umgang mit den 9/11-Zweiflern angewendet wurden.

Die September-Lüge[8]

So lautet die Überschrift des *Spiegel*-Artikels. Wie es bei guten Überschriften im Allgemeinen üblich ist, dient auch die *Spiegel*-Überschrift als komprimierter pointierter Leitfaden für den Inhalt des Artikels. An der Überschrift des *Spiegel*-Artikels lässt sich die Grundrichtung herauslesen, die für die folgende Auseinandersetzung des *Spiegels* mit dem 9/11-Skeptizismus konstitutiv ist.

Die Headline korrespondiert durch eine hohe phonetische und syntaktische Ähnlichkeit mit dem Wortkonstrukt »Die Auschwitz-Lüge«. Durch die in der Überschrift angelegten Implikationen wird ein Bezugszusammenhang (Referenzidentität) zwischen den Holocaustleugnern und den 9/11-Skeptikern hergestellt. Die Zweifler, so vermittelt es der Subtext, betreiben einen Geschichtsrevisionismus ähnlich dem der Holocaustleugner.

---

8) *Der Spiegel*: Nr. 42, 14.10.2002.
Auch: *http://www.spiegel.de/spiegel/print/d-25448065.html* [04.11.2010]

Die Überschrift kann durch ihre negativen konnotativen Einlagerungen als Musterbeispiel für einen suggestiven Journalismus betrachtet werden, der für den weiteren Artikelverlauf richtungsweisend ist.

> Spinner? Aufklärer? Unbelehrbare? Verschwörungstheoretiker sehen die CIA, den Mossad oder andere Dienste in die Anschläge des 11. Septembers verwickelt. Besonders deutschen Intellektuellen passen solche Theorien in die antiamerikanische Weltanschauung.

Das Lead setzt den negativen Dreh des Artikels fort. Die Trias der Wörter »Spinner? Aufklärer? Unbelehrbare?« gibt vor, wie der Leser die 9/11-Skeptiker gedanklich erfassen soll. Das Wort Spinner ist stark an die Umgangssprache angelehnt und trägt abwertende Züge. Gleichzeitig ist mit ihm eine Nähe zum psychiatrischen Umfeld verbunden. Das Interessante an dem Wort »Unbelehrbare« ist sein Bezugszusammenhang zur Implikation der Überschrift. Wir haben festgestellt: Die Wortkombination »September-Lüge« korrespondiert auf der semantischen Ebene mit dem Begriff »Auschwitz-Lüge«. Wir erkennen hier eine fragwürdige inhaltliche Referenz zwischen Überschrift und Lead. In der Öffentlichkeit werden Auschwitz-Leugner auch als »Unbelehrbare« bezeichnet. Auch im Lead wird somit der Eindruck erweckt, die Menschen, die ihre Zweifel an den Terroranschlägen vom 11. September haben, seien nicht besser als eben diese unbelehrbaren Auschwitz-Leugner.

In gerade mal drei Wörtern (September-Lüge, Spinner, Unbelehrbare) rückt der *Spiegel*-Autor die 9/11-Skeptiker in die Nähe von Auschwitz-Leugnern und attestiert ihnen darüber hinaus noch einen psychiatrischen Befund. Dabei ist es unerheblich, dass die elliptischen Wörter mit einem Fragezeichen versehen sind. Genau genommen wird der manipulative Moment so noch verstärkt, da der Leser selbst auf die implizierten Schlüsse kommen soll. Denn worauf man selbst kommt, das bleibt auch besser im Gedächtnis. Augenscheinlich fällt außerdem die Position des positiv besetzten Wortes »Aufklärer« auf. Es steht in der Mitte. Man könnte sagen, es befindet sich in einem »Zangengriff«.

Der Spiegel führt darüber hinaus in dem kurzen Lead noch ein drittes problembeladenes Signalwort an: das Schlagwort »Antiamerikanismus«. »Besonders deutschen Intellektuellen passen solche Theorien in die antiamerikanische Weltanschauung«, schreibt der *Spiegel*-Autor und bedient sich damit eines Kampfbegriffs, der sich nahtlos in den Subtext von »Nazinähe« und Ausländerfeindlichkeit einreihen lässt. Der negative Dreh des Artikels wird tiefenstrukturell noch durch die Erwähnung der israelischen und US-amerikanischen Geheimdienste Mossad und CIA verdichtet. Die selektive Fixierung auf die Feindbilder, wie sie angeblich die Verschwörungstheoretiker zu pflegen scheinen, wird durch die Nennung der Geheimdienste hervorgehoben

Der Begriff »Weltanschauung«, der erstmals nachweislich bei Kant gebraucht wurde, ist ebenfalls ein Kampfbegriff, der heute häufig verwendet wird, um auf das ideologisch geleitete Weltbild einer Gruppe oder eines Individuums zu verweisen. *Der Spiegel* bedient sich eines überwiegend negativ konnotierten Begriffs, durch den er noch einmal den Eindruck erweckt, die 9/11-Skeptiker lebten in einem »geschlossenen Sinnareal« und ließen sich nicht durch Argumente und empirische Tatsachen von ihrer Sichtweise abbringen. Ein indirekter Zusammenhang zu dem Wort »Unbelehrbare« kommt zum Vorschein. Lesen wir weiter:

> Trocken und heiß zog der 9. September über Toronto auf, Montag vor 5 Wochen, auf Punkt 10 Uhr Ortszeit war Delmart »Mike« Vreelands Verhandlung bei Gericht angesetzt, aber Vreeland kam nicht, und so begann im Wirrwarr der Geschichten schon wieder eine Neue. Tags darauf sagte Vreelands Anwalt Paul Slansky ins Telefon, unaufgeregt wie vor Gericht, er fürchte, sein Mandant sei »zum Schweigen gebracht worden«, also womöglich tot, womöglich ermordet. Stimmt das, so wird die Suche nach den Tätern schwer werden, denn stimmen die Aussagen, die Vreeland bis zu seinem Verschwinden machte, dann hatte er Feinde ohne Zahl, darunter aller Geheimdienste der USA und Kanadas, die irakische Regierung und die russische, dazu diverse Drogenringe, ein paar amerikanische Mafia-Clans, und zusätzlich hatten sich die Polizeiapparate von mindestens vier US-Bundesstaaten gegen ihn verschworen.

Wie so häufig in journalistischen Texten wählt auch der *Spiegel*-Redakteur für den eigentlichen Anfang seiner Geschichte einen sogenannten szenischen Einstieg. Das heißt, eine bestimmte *Szene* wird anschaulich beschrieben, um den Leser nahe an das Geschehen heranzuführen. Der szenische Einstieg ist ein Stilmittel, das häufig bei Reportagen verwendet wird. Die Reportage ist eine journalistische Darstellungsform, bei der ein Reporter vor Ort war und Ereignisse selbst erlebt bzw. mit eigenen Augen beobachtet hat. Dieser Aspekt ist für das Verständnis des Abschnitts sinntragend, denn der Einstieg in den Artikel erweckt den Eindruck: der Verfasser war am 9. September in Toronto, hat den Auftakt der Gerichtsverhandlung live erlebt, hat persönlich die Worte von Vreelands Verteidiger entgegengenommen. Allerdings gehört es schlicht zur *Spiegel*-Schreibe, Ereignisse und Geschehnisse in Handlung aufzulösen, den Eindruck des »Ich-war-dabei« zu vermitteln, obwohl die Schreiber selbst das Geschilderte längst nicht immer erlebt haben, sondern nur durch Dritte (z.B. eine Nachrichtenagentur o.Ä.) Ereignisse aufnehmen und dann journalistisch aufarbeiten.[9]

Was bringt diese Erkenntnis für die Analyse? Nun, zunächst einmal kann nicht geklärt werden, ob Fichtner in diesem Fall tatsächlich vor Ort war oder nicht. Dennoch wird, unabhängig von der Frage des Vorortseins ein interessanter Aspekt deutlich. Das Magazin inszeniert sich durch die Authentizität vermittelnde Schreibe als vertrauenswürdig, es wird angedeutet, dass der Autor nahe am Geschehen war, das Geschehen augenscheinlich selbst erlebt hat. Dadurch erhebt *Der Spiegel* implizit den Anspruch auf eine überlegene Beobachterposition. Im Prinzip baut Fichtner subtil durch seine »authentischen Elemente« einen Gegensatz zwischen den 9/11-Skeptikern und ihm auf, ein Gegensatz, der darauf beruht, sich selbst kraft überlegener Recherchen oder Erster-Hand-Erfahrungen in die Position des echten »Wahrheitskenners« zu versetzen, während die Zweifler sich – wie sich im Verlauf des Textes zeigen wird – »nur« ihre Wahrheit in den »zwielichtigen Gassen« des Internets zurechtspinnen. Es ist der Glaubwürdigkeitsanspruch des Autors, der von dem Subtext dieses Abschnitts transportiert wird.

Sprachanalytisch fallen in dem Abschnitt die Phrasen »stimmt das« und »stimmt denn« auf. Gepaart mit den Wörtern »Wirrwarr«, »Geschichten« und »womöglich« markiert das Nachrichtenmagazin ein ums andere Mal einen negativen Wirklichkeitsstatus von Vreelands Aussagen, soll heißen: Durch die angeführten sprachlichen Mitteln erweckt *Der Spiegel* beim Leser den Eindruck, dass es sich bei Vreelands Aussagen schlicht um Unsinn handelt. Da der Artikel an sich aber nicht von Vreeland handelt, sondern Vreelands Fall nur exemplarisch für die Thesen der 9/11-Skeptiker angeführt

---

9) Dass der *Spiegel* längst nicht immer so nahe am Geschehen dran ist, wie es die in dem Nachrichtenmagazin veröffentlichten Artikel eigentlich vermuten lassen, zeigt der Vorfall bei der Verleihung des Henry-Nannen-Preises 2011. Ein *Spiegel*-Journalist erhielt die Auszeichnung für die beste Reportage (genau genommen war die Reportage ein politisches Porträt über den CSU-Politiker Horst Seehofer). Der *Spiegel*-Autor schilderte am Anfang seines Artikels, wie Horst Seehofer im Keller mit seiner Modell-Eisenbahn »spielt«. Noch während der Preisverleihung antwortete der *Spiegel*-Journalist auf die Frage, wie man denn in den Keller von Seehofer komme, dass er doch gar nicht in dem Keller war. Dem jungen *Spiegel*-Autor wurde der Preis aberkannt und eine hitzige Debatte entbrannte darüber, was ein Reporter, der eine Reportage schreibt, eigentlich darf, wie nahe er am Geschehen dran sein sollte. Siehe z.B.: *http://www.abendblatt.de/kultur-live/article1883592/Jury-erkennt-Spiegel-Redakteur-Nannen-Preis-ab.html* [31.05.2011] Außerdem: Der Medienjournalist und Blogger Stefan Niggemeier hat in einer wunderbar ironischen Analyse einen *Spiegel*-Artikel näher betrachtet, um aufzuzeigen, wie dünn die *Spiegel*-Geschichten bisweilen sein können. Einer der Autoren des von Niggemeier unter die Lupe genommen Artikels ist auch Ulrich Fichtner. Siehe: *http://www.stefan-niggemeier.de/blog/spiegel-sex-power-bullshit/* [31.05.2011]

wird, kann die Verwendung des »Beispiels Vreeland« als literarisches Stilelement pars pro toto identifiziert werden. Pars pro toto bedeutet, dass ein Teil für das Ganze steht. Das Beispiel impliziert: So unsinnig die Aussagen Vreelands angeblich sind, so unsinnig sind auch die Ansichten der Zweifler. Die Phrase »Feinde ohne Zahl«, was genau genommen bedeutet: keine Feinde, unterstreicht das Klima des Irrealen, das der *Spiegel*-Autor aufgebaut hat. Die zahlreichen sprachlichen Elemente, durch die Vreeland der Glaubwürdigkeitsstatus (und der der 9/11-Skeptiker) abgesprochen wird, erhöht sich automatisch der Glaubwürdigkeitsstatus des *Spiegel*-Redakteurs, da er ja derjenige ist, der den Lesern aufzeigt (aufzuzeigen beansprucht!), wie die Dinge tatsächlich sind.

> Es ist ein Stoff, aus dem Geschichten sind. Drehbücher. Romane. Nach Delmart Vreelands eigener Aussage, gegliedert in 64 Punkte, 15 A4-Seiten lang, beeidigt vor den kanadischen Behörden am 7. Oktober 2001, war er lange Jahre ein Geheimagent der US-Navy im Rang eines Leutnants, ein 007 im Dauereinsatz mit großer Legende. Im Spätsommer 2000 will er, als Maulwurf in Moskau, brisante Papiere abgegraben haben, aus denen er ein Jahr später, einen Monat vor dem 11. September, gelernt haben will, dass sich bald ein schwarzer Tag in die Weltgeschichte einbrennen könnte. Er kritzelte Namen von Gebäuden auf einen Zettel, Pentagon, White House, dazu Pfeile, Buchstaben, Ausrufezeichen. Waren das die Notizen eines Mitwissers? Eines Kronzeugen gegen die offizielle Version? Oder doch nur Spielchen eines phantasiebegabten Ganoven?

Dieser Abschnitt knüpft auf der Strategieebene an den vorangegangenen an. Durch eine Vielzahl von Wörtern und Begrifflichkeiten, die im Zusammenhang mit Fiktionalem stehen und in dem veranschlagten Kontext abwertend wirken, wird der Glaubwürdigkeitsanspruch von Vreeland und folglich der 9/11-Skeptiker sprachlich weiter untergraben, wie die folgende Auflistung dokumentiert:

- Geschichte
- Drehbücher
- Romane
- 007
- (großer) Legende
- kritzelte
- Spielchen
- phantasiebegabt

Die Bedeutungsgehalte der Wörter dominieren den gesamten Abschnitt. Sie erwecken den Eindruck, Vreelands Aussagen seien, was ihre Glaubwürdigkeit angeht, mit den Inhalten von Hollywood-Filmen gleichzusetzen. Der Bezug zum Filmischen als Anspielung auf die Realitätsferne der 9/11-Skeptiker markiert eine der Kernstrategien des Artikels. Der offene Bezug zu James Bond untermauert diese Lesart.

Betrachten wir exemplarisch für die Analyse das Wort »kritzeln«. Warum lässt Fichtner Vreeland »kritzeln«? Genauso gut könnte Vreeland doch etwas aufgezeichnet, aufgemalt, eine Skizze angefertigt oder schlicht: notiert haben. In dem kleinen Wort »kritzeln« verdichtet sich der negative Subtext des Artikels in anschaulicher Weise. Das Wort »kritzeln« hat einen stark negativen Einschlag. Allgemein gesprochen wird das Wort vor allem dann verwendet, wenn das Ergebnis des Zeichnens mangelhaft oder unbefriedigend ist. Dadurch, dass *Der Spiegel* Vreeland »kritzeln« lässt, spielt das Magazin erneut auf die Fragwürdigkeit der Person Vreelands an. Hinzu kommt: Der stakkatohafte Charakter dieser Textpassage (»Pentagon, White House, dazu Pfeile, Buchstaben, Ausrufezeichen«) erhöht, bildlich gesprochen, die Geschwindigkeit des Artikels an dieser Stelle, wodurch ein Referenzpunkt für den »wahnhaften Moment« in Vreelands Aussagen, den Fichtner festgestellt haben möchte, zum wiederholten Male gesetzt wird.

Die drei rhetorischen Fragen zum Schluss des Abschnitts sind vom Prinzip eine Wiederholung der bereits weiter vorne im Lead ausfindig gemachten rhetorischen Fragen (»Spinner? Aufklärer? Unbelehrbare?«). Journalistisch problematisch in diesem Abschnitt ist vor allem: Die Sachlage (»Nach Delmart Vreelands eigener Aussage, gegliedert in 64 Punkte, 15 A4-Seiten lang, beeidigt vor den kanadischen Behörden am 7. Oktober 2001, war er lange Jahre ein Geheimagent der US-Navy im Rang eines Leutnants [...]«) wird durch die tendenziöse Wortwahl von vorneherein in den Bereich des Unrealistischen transferiert. Der *Spiegel*-Redakteur lässt seinen Lesern erst gar nicht die Möglichkeit, selbst über den Fall Vreeland nachzudenken.

> Es ist der Stoff, aus dem Geschichten sind. Und Verschwörungstheorien: Wussten die US-Geheimdienste alles vorab? Ahnte das Weiße Haus, was auf Amerika zukommt? Bastelten sich die Vereinigten Staaten ein Motiv für den Clash of Civilizations, für den Krieg gegen den Islam? Was wird gespielt? Wem nützt es? Wer hat kein Alibi? Wo raucht ein Revolver?

Dieser Abschnitt markiert nun einen inhaltlichen Wechsel. Standen bisher hauptsächlich die Ereignisse um Vreeland im Vordergrund, schwenkt *Der Spiegel* nun auf sein eigentliches Thema um: die Verschwörungstheorien des 11. Septembers. Allerdings ist der inhaltliche Schwenk nicht ganz einfach auf den ersten Blick festzustellen, da Wortwahl (erneut das Wort »Geschichte«) und Textrhythmus (in »schneller« Abfolge stellt Fichtner mehrere rhetorische Fragen) mit dem Vorangegangenen identisch sind.

Von besonderem Interesse ist, wie der *Spiegel*-Redakteur im Detail den inhaltlichen »Sprung« vornimmt. »Und Verschwörungstheorien« – es ist diese Phrase, die zum eigentlichen Thema führt, d.h., der Verfasser wechselt quasi in einem Nebensatz die inhaltliche Ebene. Dadurch transferiert er den im bisherigen Artikelverlauf aufgebauten negativen Kontext auf die neue inhaltliche Ebene.

Betrachten wir uns die Fragen näher, denn auch sie zeugen von einer bewusst negativen Kontextualisierung des Themas. Formal fällt zunächst die Länge der Fragen auf. Während die drei ersten Fragen vergleichsweise lange sind, sind die darauffolgenden vier Fragen sehr kurz. Daraus kann man bereits Rückschlüsse auf deren Inhalt ziehen. Die ersten drei Fragen formulieren durchaus Inhalte aus, während die letzten Fragen inhaltlich kaum etwas zu bieten haben. Genau genommen sind sie nur eine Wiederholung der Frage: Was ist am 11. September passiert? Die vier Fragen dienen dabei offenkundig dazu, die Inhalte, wie sie in den zuerst formulierten Fragen auftauchen, abzuwerten. Einerseits beziehen sich die Fragen prinzipiell immer auf denselben Sachverhalt, wodurch Lächerlichkeit entsteht, andererseits transportieren einige der Fragen selbst eine Form von Ironie. Die Fragen »Was wird gespielt« und »Wer hat kein Alibi« wirken angesichts des Ausmaßes des Verbrechens trivial. Insbesondere die letzte Frage »Wo raucht ein Revolver?« ist problematisch. In den USA ist man mit der Phrase der »smoking gun«, also des rauchenden Colts, vertraut. Hat beispielsweise ein Krimineller mit einer Waffe ein Verbrechen verübt, dann müsste man ihn am Rauch seines Revolvers erkennen können, so der Gedanke. Da die Phrase aber in Deutschland eher relativ unbekannt bzw. eher selten gebraucht wird, klinkt sie sprachkulturell »merkwürdig« und erhöht den Moment des »Komischen«.

> So fragen sich seit einem Jahr die Wahrheitssucher, Hobby-Ermittler, Verschwörungstheoretiker in aller Welt, für sie ist Vreelands Fall nur einer von vielen, der die Zweifel nährt und die kritische Phantasie beflügelt. In Deutschland hat Mathias Bröckers ein Buch verfasst, das den Tag des Terrors als Komplott böser Mächte einschließlich des Weißen Hauses und der Bush-Familie erscheinen lässt. In Frankreich hat Thierry Meyssan mit »L'Effroyable Imposture« (Der fürchterliche Betrug) einen Besteller platziert, in dem behauptet wird, der Anschlag auf das Pentagon habe so nie stattgefunden.
>
> Rund um den Globus finden sich die Amateure solcher Wahrheiten per Computer in Foren vernetzt und per Newsletter verbündet. Sie jagen ihre

Schlüsselbegriffe in Sachen 11. September, all die vermeintlichen Indizien, Gerüchte, auch ihre Wahnideen durch die Suchmaschinen Google, Lycos, Yahoo, drehen ihre Spekulationen durch den Wolf des Internets, tauschen Spuren aus wie kostbare Briefmarken und arbeiten selbstgewiss an der »Wahrheit« hinter der offiziellen Version.

In den ersten Zeilen werden die 9/11-Skeptiker erneut klassifiziert. Dabei konstruiert Fichtner durch die Bezeichnung »Hobby-Ermittler« in Verbindung mit dem Begriff »Amateure« einen Unterschied zu den offiziellen, über das vermeintlich »legitime Kapital« verfügenden »Ermittlern« im Fall 9/11. Diese sprachliche Klassifizierung akzentuiert abermals den negativen Glaubwürdigkeitsstatus der Zweifler. Die 9/11-Skeptiker sind »Amateure« und »Hobby-Ermittler«, ihre Aussagen und ihre Theorien sind demnach dilettantisch, man kann und darf sie nicht ernst nehmen, so die Textimplikationen. Die Formulierung »böse Mächte«, mit der sich das Magazin auf die nach Bröckers angeblich echten Drahtzieher der Anschläge bezieht, verweist in den Kontext des Metaphysischen, des Spirituellen, wodurch den Zweiflern auf Subtextebene abermals der Bezug zur Realität aberkannt wird. Mit den Phrasen »sie jagen ihre Schlüsselbegriffe ... durch Suchmaschinen«, »drehen ihre Spekulationen durch den Wolf des Internets« oder »tauschen Spuren aus wie kostbare Briefmarken« vervollständigt Fichtner in diesem Abschnitt das Bild der einem Wahn verfallenen Skeptiker. Das Wort »Wahnidee«, das im Allgemeinen in den psychiatrischen Sprachgebrauch einzuordnen ist, markiert offen die Psychiatrisierungsstrategie des Artikels.

Wortführer der »alternativen Ermittlung« sind Ex-Polizisten wie Michael Ruppert aus Kalifornien oder der Ökonom Michael Chossudovski aus Kanada, man trifft sich online im »Guerilla News Network« oder debattiert »what really happened« auf gleichnamigen Internet-Seiten. Immer gesellen sich namenlose Ex-Geheimdienstler hinzu, Ex-Feuerwehrleute, vorgebliche Versicherungsfachleute aus Mexiko und München, anonyme Ingenieure, die in den Nebel fragen, alles besser wissen, besser als die Untersuchungsausschüsse, als die »Mainstream Medien«. Für ihre großen Gegenthesen haben sie nicht einen einzigen Beweis. Aber sie sind sich ihrer Sache ganz sicher.

Tragendes Strategieelement in diesem Abschnitt ist Ironie, die durch folgende Phrasen erzeugt wird:

- Alternative Ermittlungen
- Man trifft sich
- Immer gesellen sich
- In den Nebel fragen
- Alles besser wissen
- Aber sie sind sich ihrer Sache ganz sicher

Wieder zeichnet *Der Spiegel* ein Bild der 9/11-Skeptiker, das sie als Unbelehrbare, als Idioten, als Irrläufer beschreibt.

Schauen wir uns den folgenden längeren Abschnitt an.

> »Ich stelle nur Fragen«, sagt Andreas von Bülow, 65, Ex-Staatssekretär, Ex-Minister. 25 Jahre war er Abgeordneter der SPD im Bundestag. »Ich würde mich nie aufschwingen zu sagen, wer es war.« Goldener Oktober, draußen Bonn-Bad Godesberg, vor den Fenstern des Hotels »Dreesen« geht der Rhein, darüber ein Himmel, so klar, wie der am 11. September. Viele Interviews hat Bülow im ablaufenden Jahr gegeben, hat sich ins Fernsehen gesetzt, an Radiomikrofone, hat in *Konkret* und *Tagesspiegel* über die »wahren Hintergründe« des 11. September geredet, hat die »amtliche Verschwörungstheorie« hinterfragt, bezweifelt, abgetan. Jedes Mal klang er dabei wie einer, der mehr weiß, als er verrät. Der einen Trumpf hat, der erst noch kommt. »Die offizielle Version ist eine Lüge aus Tausendundeiner Nacht, das ist klar«, sagt Andreas von Bülow, als wären die Drahtzieher der Qaida nicht identifiziert und festgenommen worden, als ginge mittlerweile nicht die arabische Welt selbst davon aus, dass am 11. September Bin Laden aktiv wurde im geschundenen Namen Allahs. Nein, mit Bin Laden sei eine Fehlspur gelegt worden, »breit wie von einer trampelnden Elefantenherde. Gegen den gleichgerichteten Strom der Medienberichterstattung kommt man jetzt natürlich nicht mehr an.«
>
> Bülow ist mit dem Fahrrad zum Treffen gekommen, es gefällt ihm, gefragt zu sein, er wirkt wie ein zu junger Pensionär. Er sagt, egal, wer auch immer dahinterstecke, in Wahrheit gehe es darum, die globale Tagesordnung für die nächsten 50 Jahre festzuklopfen, um den Zugriff der einzig übrig gebliebenen Supermacht auf Öl, Gas und andere Bodenschätze sicherzustellen. Deshalb werde der islamische Terrorismus und jetzt der ölreiche Irak ohne hinreichenden Beweis zur globalen Bedrohung »hochgefälscht und ich«, sagt Bülow, »tue, was in meinen Kräften steht, um gegen dieses Hochkitzeln einer neuen Feindschaft mit dem Islam Front zu machen.« Aber was geschah am 11. September wirklich? Wer war es? »Das

fragen mich viele,« sagt Bülow. Dann greift er in die Kiste mit den üblichen Verdächtigen. CIA, sagt er, als wäre das Kürzel allein schon ein Skandal. Mossad, sagt er echauffiert. Mafia. Machtzirkel. Finanzeliten. Imperium USA. Andreas von Bülow sitzt im Bonner Hotel »Dreesen« vor einem Salat von Tafelspitz, hat keinen Trumpf mehr und sagt ernst: »Ich verlange eine Untersuchung.«

In diesem Abschnitt erfährt der Leser, wie der Verfasser ein Treffen mit Andreas von Bülow erlebt hat. Unsere Aufmerksamkeit richtet sich zunächst auf die Art und Weise, *wie* der Autor Bülow präsentiert. Bülow ist laut *Spiegel*-Journalist einer, der

- hinterfragt
- bezweifelt
- abtut
- vorgibt, mehr zu wissen, als er sagt
- vorgibt, einen Trumpf zu halten
- mit dem Fahrrad kommt
- wie ein zu junger Pensionär wirkt
- dem es gefällt, gefragt zu sein
- in eine Kiste mit üblichen Verdächtigen greift
- vor einem Salat von Tafelspitz sitzt
- keinen Trumpf mehr hat

Aufgebrochen offenbart der Text eine negative, ironische Kontextualisierung des ehemaligen Ministers. Der Leser muss den Eindruck gewinnen, Bülow entspreche dem Prototyp eines gelangweilten älteren Herrn, der mit seiner Zeit nichts Rechtes anzufangen weiß und sich deshalb eine fragwürdige Beschäftigung sucht. Auf diese Weise vorgestellt, können Bülows Argumente und Aussagen kaum Wirkung erzielen, da Bülow augenscheinlich nicht ernst genommen werden kann. Die Aussage »es gefällt ihm, gefragt zu sein« schürt hinzu noch unterschwellige Ressentiments des Lesers gegenüber Bülow, da suggeriert wird, dass Bülows Interventionen in Sachen 9/11 vor allem durch seine Eitelkeit motiviert seien, was negative Rückschlüsse auf seine Persönlichkeit zulässt. Auffallend ist darüber hinaus, dass *Der Spiegel* verschiedene Sphären des Gesellschaftlichen gegenüberstellt. Da trifft die Sphäre des Essens (Tafelspitzsalat) und die Sphäre des Spiels (Trumpf) überraschend auf die Sphäre der großen Politik (Bülows Forderung nach einer Untersuchung der Anschläge). Komik entsteht, Bülows Position wird weiter abgewertet.

Als hätte es nie eine gegeben. Ende September erstattete in Washington ein Team von Ermittlern Bericht über Wissen und Vorwissen der US-Geheimdienste in Sachen 11. September. 24 Polizisten, Juristen, Innenrevisoren hatten daran ein Jahr lang gearbeitet, im Auftrag des Kongresses, ein Jahr lang hatten sie Menschen und Dokumente befragt, Aktentürme bewegt, Datenbanken, und sie kamen, angeführt von Eleanore Hill, einer Top-Anwältin aus Washington, zweifelsfrei zu dem Schluss, dass die Geheimdienste fürchterlich versagt hatten. CIA, FBI, all die anderen, laut Bericht hatten sie deutlich vor dem 11. September alle Elemente der heraufziehenden Katastrophe zusammen. Es gab verstreut in den Apparaten das Wissen über Terrorplots mit Zivilflugzeugen; man hatte gehört in fehlgehenden Memos von einer auffälligen Präsenz junger Araber in US-Flugschulen; man war ahnungslos dem Terrorpiloten Hani Hanjour fast auf den Fersen; man konnte rechnen, diffus, mit Gefahren für Wolkenkratzer; und alle Beteiligten kannten seit Jahren Osama Bin Laden, seine Helfer, seinen Terrorapparat, seine Kriegserklärungen – nur: Am Ende sahen sie alle das Muster nicht, nicht den Wald vor Bäumen. Am Ende konnten sie nur, nach dem Schlag, der Welt sehr schnell mitteilen, wer mutmaßlich das Massaker angerichtet hatte. So viel immerhin fanden die zwei Dutzend Ermittler, dass die Geheimdienste der USA unfähig sind. Sie fanden Strukturfehler, Missgunst, Inkompetenz. Sie ermittelten Eitelkeiten, Korpsgeist, Engstirnigkeit. Eine Verschwörung fanden sie nicht. Nicht in den Papieren von 14 US-Behörden, darunter alle Geheimdienste des Landes. Nicht in 40.000 Blatt Akten, die sie sichteten seit April 2002 in Tag- und Nachtarbeit. Nicht in 66.000 Blatt Gesprächsnotizen, Telefonlisten, Memos, E-Mails, die sie ihrem Bericht als Anhang beigaben. Nicht in 400 Interviews, die sie führten mit allen Geheimdienstlern, die mit dem 11. September irgendetwas zu tun hatten.

In diesem Abschnitt fokussiert der *Spiegel*-Redakteur seine Aufmerksamkeit auf die offizielle Darstellung der Ereignisse. Quasi als Gegenbeweis, gegenüber den Aussagen der Skeptiker, führt das Magazin die Ermittlungsarbeit der Behörden an. Deutlich ist festzustellen, dass *Der Spiegel* sich selbst zum Befürworter der offiziellen Version macht, was sich durch seine Rhetorik dokumentiert. Zunächst fällt die Detailbesessenheit auf, die sich in diversen Zahlen äußert:

- 24 Ermittler
- 14 US-Behörden
- 40.000 Blatt Akten
- 66.000 Blatt Gesprächsnotiz
- 400 Interviews

Fichtners Strategie ist klar: Zahlen überzeugen! Das Faktische, das Zahlen anhaftet, soll hier zum Tragen kommen. Die Angaben »40.000 Blatt Akten« und »66.000 Blatt Gesprächsnotiz« sollen den Leser beeindrucken, sollen ein ›dezenter‹ Hinweis für die Gründlichkeit der Ermittlungen von offizieller Seite sein. Doch das Magazin ergreift auch konkret Partei, indem immer wieder die offizielle Version sprachlich aufgewertet und unterstützt wird:

- Eleanore Hill, einer Top-Anwältin
- kamen zweifelsfrei zu dem Schluss
- am Ende sahen sie alle das Muster nicht
- am Ende konnten sie nur schnell mitteilen, wer mutmaßlich das Massaker angerichtet hat
- eine Verschwörung fanden sie nicht

Es sind diese Sätze und Satzfragmente, gepaart mit der Zahlenhuberei zum Ende des Abschnitts, durch die der Autor sich zum journalistischen Advokaten der offiziellen Version macht und dieser den Status der unbestreitbaren Wahrheit zuspricht.

Wenn eine »Top-Anwältin« die Untersuchungen leitet, dann kann alles nur korrekt zugehen, glaubt *Der Spiegel*. Die Ermittler konnten nur »zweifelsfrei zu dem Schluss« kommen, dass »am Ende alle das Muster nicht sahen und nur mitteilen konnten«, »wer mutmaßlich das Massaker angerichtet hat«. »Eine Verschwörung fanden sie keine.«

Diese Sichtweise, die das Magazin hier veranschlagt, lässt sich als komplexitätsreduzierend bezeichnen, denn:

- Eine Top-Anwältin ist noch lange kein Garant für eine anständige Untersuchung.
- Fichtners Fazit, die Ermittler hätten »zweifelsfrei« herausgefunden, die Anschläge seien auf Missmanagement und ein Versagen der Dienste zurückzuführen, beruht einzig auf einem Glaubensbekenntnis; er hat nicht selbst die 40.000 Blatt Akten und 66.000 Blatt Gesprächsnotiz durchgearbeitet – davon gehen wir jetzt mal aus.
- Sollte der 11. September tatsächlich eine Verschwörung von kriminellen Machteliten in den USA gewesen sein, wäre es – zugespitzt formuliert – unwahrscheinlich, diese auf einem Blatt Papier schön sauber aufgezeichnet zu finden, womöglich mit dem Vermerk: Verschwörungspapier.

So schafft der Artikel basierend auf der Reputation des *Spiegels* ein Stück mediale Wirklichkeit, die zwar auch den realen Ereignissen entsprechen kann, aber journalistisch einzig auf einer Anerkennung der Untersuchungsarbeit der Ermittler beruht. Gleichzeitig lässt sich an der Textpassage aber auch ablesen, dass *Der Spiegel* unter einem Zwang steht. Er muss, wenn er sich von den 9/11-Skeptikern absetzen möchte, einen eigenen Glaubwürdigkeitsstatus in der Kontroverse aufbauen. Indem das Magazin immer wieder bestätigend Bezug nimmt auf die offiziellen Ermittlungen und Sichtweisen, transferiert es die Legitimation des Offiziellen, die in den Ermittlungsergebnissen mitschwingt, auf sich selbst. Die Strategie, es wurde bereits angesprochen, praktiziert der Autor immer wieder in seinem Text. Interessant ist auch, wie er sprachlich den Ergebnissen der Behörden einen Wahrheitsstatus zuschreibt, während er den 9/11-Skeptikern diesen aberkennt. Dreimal benutzt der *Spiegel*-Journalist das Wort »finden« im Zusammenhang mit den Ermittlungsarbeiten. Die Behörden »finden« etwas bzw. haben etwas gefunden, die 9/11-Skeptiker hingegen »finden« nichts, sondern »fragen« nur, und das auch noch in den Nebel (»anonyme Ingenieure, die in den Nebel fragen«; in einem vorangegangenen Abschnitt).

> Doch die Freunde der Verschwörungen sind nimmersatt im Zweifeln und Fragen und Stochern. Zum Beispiel das Pentagon: Flog denn wirklich eine Boeing in die Südwest-Fassade, American-Airlines 77, am Steuerhorn der Terrorist Hani Hanjour? Wieso existieren keine Fotos, keine Videos vom Einschlag, noch nicht einmal große Trümmer der Maschine, überhaupt keine begreifbaren, sichtbaren Beweise dafür, dass ein Flugzeug ins Gebäude krachte? Dutzende Internet-Seiten widmen sich alleine diesem »Pentagon-Mysterium«, der Pentbomb. Auch Thierry Meyssans Buch zitiert Experten herbei, die behaupten, dass die Explosion anders hätten aussehen müssen; dass sie ganz andere Spuren hätten hinterlassen müssen; dass ein ungeübter Pilot die Aktion nicht habe ausführen können; dass alles viel eher, zum Beispiel, für eine Rakete spreche; dass, gut möglich, gar kein Terrorakt stattfand. So fragen sich die Wahrheitssucher Stück für Stück fort aus der Realität. Hinweise, die gegen die eigene Mund-zu-Mund- Ermittlung sprechen, landen im Schubfach Propagandalüge. So ignorieren die Verschwörungstheoretiker die Existenz all derjenigen, die am Tag der Ereignisse die große Boeing kommen und im Pentagon explodieren sahen, sie nehmen keine Notiz von Dutzenden von Augenzeugen, die den Hergang detailreich beschrieben, in Gesprächen mit Nachrichtenagenturen, Zeitungen, Fernseh- und Radiostationen. Die Netzwerker, sie ahnen nichts von der Höllenkraft der Physik, die ein Flugzeug mit Leichtigkeit in Fetzen und Klumpen zerlegt. Manche übersehen gar, dass in den Tagen danach 125 Menschen beerdigt wurden, die Opfer aus dem Gebäude. Und dass 59 Menschenleben ausgelöscht waren, die Passagiere, die Crew der entführten Boeing 757, American Airlines 77.

Der erste Satz in diesem Abschnitt verniedlicht das Problem der Gegenöffentlichkeit zu den Anschlägen des 11. Septembers. Den 9/11-Skeptikern wird erneut die Anerkennung abgesprochen, dass sie ernsthaft besorgt sind über die offiziellen Darstellungen. Stattdessen werden sie als »Freunde der Verschwörungen« bezeichnet, womit eine syntaktische Referenz in die heitere Welt des Vereinslebens hergestellt wird (Freunde der Hamsterzucht e.V.). Dem Verhalten von Vereinsmitgliedern gleich, die während einer Feier auch mal ein paar Gläser über den Durst trinken und ein paar Happen zu viel essen, so nimmersatt im Zweifeln und Fragen und Stochern sind die 9/11-Skeptiker. Es sind Momente voller böser journalistischer Ironie, die *Der Spiegel* erzeugt und durch die er den negativen Wirklichkeitsstatus der Zweifler Stück für Stück verstärkt.

Führen wir die sprachlichen Problemzonen einzeln auf:

- Freunde der Verschwörungen
- nimmersatt
- sie zitieren Experten herbei
- die Wahrheitssucher fragen sich Stück für Stück fort aus der Realität
- Mund-zu-Mund-Ermittlung
- Hinweise landen im Schubfach
- Verschwörungstheoretiker ignorieren
- Verschwörungstheoretiker nehmen keine Notiz
- Netzwerker
- Verschwörungstheoretiker ahnen nichts

Im Gesamtzusammenhang betrachtet, verschärft der Verfasser in diesem Abschnitt die Konturen des negativen Bildes des typischen 9/11-Skeptikers. Die Phrase »So fragen sich die Wahrheitssucher Stück für Stück fort aus der Realität« negiert einmal mehr den Wirklichkeitsstatus der alternativen Darstellungen zum 11. September.

> Sie wollen es nicht wissen. Sie wollen an Legenden stricken. Wichtig sein im Cyberspace. Punkte sammeln im größten Computerspiel aller Zeiten, im verzwicktesten Rätselraten seit der Ermordung John F. Kennedys. Seit Pearl Harbor. Dabei bauen sie sich ihr eigenes Googlegate. Widersprüche lösen sich auf in einem System endloser Querverweise, in dem alles mit allem zusammenhängt und in dem entweder alles stimmen muss - oder gar nichts stimmen kann. Unmöglich etwa, im Detail gegen eine These wie diese zu argumentieren: dass die »geopolitischen Schachmeister« im Weißen Haus und im Pentagon »zwei Türme« geopfert hätten, um auf lange Sicht besser dazustehen im Kampf um die »globale Vorherrschaft«. So etwas glaubt man - oder man lässt es lieber.

In diesem kleineren Abschnitt lassen sich mehrere Referenzen zu den vorangegangenen Äußerungen des Autors kenntlich machen. Die Aussagen »sie wollen es nicht wissen« und »sie wollen an Legenden stricken« verleiht den 9/11-Skeptikern etwas von Dickköpfigkeit. Die Aussage »wichtig sein im Cyberspace« knüpft an die Bülow-Passage an (»es gefällt ihm, gefragt zu sein«). Damit wird erneut das scheinbare Geltungsbedürfnis der Zweifler angesprochen. Das Wort »Cyberspace« sowie die Metapher »Computerspiel« beinhalten die Implikation des negativen Wirklichkeitsstatus. Die 9/11-Skeptiker bewegen sich im »Cyberspace«, begreifen ihre Aufklärung der Terroranschläge als »Computerspiel«; die Skeptiker leben letztlich in einer virtuellen Welt und bedienen sich deren unwirklicher »Fakten«, so die latente Textaussage. Außerdem markiert die Metapher eine Referenz zum kindlichen Spieltrieb, der uns auch schon bei Bülow begegnet ist (Bülow tut so, als halte er einen Trumpf bereit), wodurch die Skeptiker quasi mit dem Siegel der Naivität versehen werden.

Bemerkenswert ist auch die Aussage »[...] unmöglich etwa, im Detail gegen eine These wie diese zu argumentieren [...]«. Hier verweist *Der Spiegel* deutlich auf die Schwäche seiner eigenen Argumentation, die sich, will sie sich denn gegen die alternative Sichtweise durchsetzen, auch argumentativ behaupten können müsste. Das Magazin umgeht diese Erwartung, indem es mit einem Totschlagargument operiert. Mit seiner Behauptung, gegenüber Verschwörungstheoretikern könne man nicht rational argumentieren, schließt sich *Der Spiegel* auch den Meinungen diverser Wissenschaftler an, die sich negativ zu Verschwörungstheorien geäußert haben (z.B. Daniel Pipes). Der Tenor lautet in etwa, dass Verschwörungstheorien in ihrem Aufbau so konzipiert sind, dass jedes Gegenargument zu einer Bekräftigung ihrer Thesen führt. Doch genau genommen handelt es sich dabei um eine bloße Behauptung. Die Wissenschaftler, die behaupten, einer Verschwörungstheorie sei argumentativ nicht beizukommen, betreiben lediglich Meinungswissenschaft. Wissenschaftlich empirische Studien, die sich auf einen konkreten, aus repräsentativen Zahlen bestehenden Datensatz beziehen und so ihre Meinung belegen, gibt es, soweit dem Autor bekannt, keine.

> Geschrieben hat es Mathias Bröckers in seinem Buch über die »Verschwörungen« des 11. Septembers, das sich drei Tage nach seinem Erscheinen bereits 5000-mal verkauft hat und im ersten Monat auf dem Markt mehrere Auflagen erlebte. Bröckers, 48, er nennt sich »Konspirologe«, hat einen Bestseller des Unbehagens verfasst. Er trinkt Milchkaffee im West-Berliner Café »Einstein«, er ist aufgeräumter Stimmung, er raucht kurze Zigaretten ohne Filter. Er sagt, die Sonnenbrille auf die Stirn geschoben: »Es geht doch

hier nicht darum, Herrn Bush irgendwie dumm anzupissen,« und das sagt er, als müsste Bush, ihn, Bröckers kennen. Oder fürchten. Er wusste jedenfalls gleich, als American Airlines 11 eben in den Nordturm eingeschlagen war, dass an der ganzen Sache etwas zum Himmel stank. Stinken musste. Es war so ein Gefühl. Und als im Fernsehen bald der Namen Bin Laden fiel, »urplötzlich« wusste Bröckers, was läuft. »Da hab ich angefangen ein paar Fragen zu stellen. Nach der Verschwörung. Von oben.« Bröckers, langjähriger Journalist, als Autor bislang mit einem Werk über Hanf in Erscheinung getreten, begann die Arbeit an einem »konspirologischen Tagebuch«, dass heißt, er verbrachte Tage und Nächte am Computer, schürfte nach Verschwörungsstoff im Ozean des Internets und verquirlte seine Fundstücke zu Kommentaren für die »taz« oder den Online-Dienst »telepolis«.

Neben Bülow tritt nun Mathias Bröckers als zweiter bekannter 9/11-Skeptiker in Erscheinung. Auch er wird ähnlich wie Bülow negativ vorgestellt. »Es geht doch hier nicht darum, Bush irgendwie dumm anzupissen«, ist das einzige Zitat, das Fichtner von Bröckers in dem Artikel anführt. Wie Bröckers an anderer Stelle sagt, habe Fichtner und er lange miteinander gesprochen.[10] Dass lediglich dieses eine Zitat Eingang in den Text findet, lässt vermuten, dass *Der Spiegel* eine Aussage benötigt, die er in seine ironische und spöttische Argumentationsweise einbauen kann und die sich dann ironisch kommentieren lässt – »[...] und das sagt er, als müsste Bush, ihn, Bröckers kennen. Oder fürchten.«, kommentiert das Magazin und erzeugt damit Ironie, die sich aus dem Gegensatz zwischen den unterschiedlichen gesellschaftlichen Positionen bzw. Stellungen von Bush (Präsident der USA) und Bröckers (einfacher Schreiber, der im Café Einstein sitzt und filterlose Zigaretten raucht) ergibt.

Das im Bereich der Textproduktion stark abwertende Wort »verquirlt«, mit dem der *Spiegel*-Redakteur die journalistische Leistung von Bröckers angreift, dient ebenfalls der negativen Kontextualisierung. Bemerkenswert ist die Erwähnung des Buchs über die Nutzpflanze Hanf, das Bröckers vor längerer Zeit geschrieben hat. Da Hanf in der Regel gesellschaftlich in erster Linie mit Drogenkonsum in Verbindung gebracht wird, entsteht der Eindruck, als handele es sich bei Bröckers um einen Drogenkonsument, wodurch dessen Glaubwürdigkeit weiter untergraben werden soll. Diese Botschaft aus dem Subtext des Artikels wird noch durch die Erwähnung der filterlosen

10) Bröckers zu diesem Zitat: »Dass diese beiläufige Bemerkung als einziges Originalzitat aus einem knapp zweistündigen Gespräch in den Artikel Einlass fand, war kein Zufall. Als der Fotograf anrief und einen Termin für ein *Spiegel*-Foto ausmachte, meinte er, die Redaktion hätte gerne einen etwas ›mystischen Hintergrund‹ – kein Bericht, der der Wahrheitsfindung dient, war in Vorbereitung, sondern eine Story über durchgeknallte Verschwörungstheoretiker mit irrem Blick.« Bröckers 2003

Zigaretten und dem Ausdruck »Verschwörungsstoff« (Stoff = Drogen) verstärkt. Darüber hinaus lässt sich eine weitere Referenz zu einem vorangegangenen Abschnitt kenntlich machen. Der Satz »[...] er verbrachte Tage und Nächte am Computer [...]« verweist auf den Netzwerkcharakter der 9/11-Skeptiker, was in dem Kontext ebenfalls als Negativpunkt zu lesen ist.

> Die Leser waren begeistert. Viele Menschen stellten sich Fragen in jenen Tagen. Viele hatten und haben, bis heute, so ein Gefühl. Wie Bröckers. Wie Bülow. Dass etwas faul sein müsse, weil doch in Sachen USA immer irgendetwas faul ist. Weil doch seit 40, 50 Jahren schon das alte Lied gesungen wird in immer neuen Strophen, bei Tisch, beim Bier, auf Partys: Pearl Harbor. Watergate. Vietnam. Irangate. Öl. Und jetzt also: Pentagate? »Ich stelle nur Fragen«, sagt Bröckers. Zum Beispiel: Warum blieb Bush so »merkwürdig ungerührt«, als er die Nachricht von New York bei seinem Auftritt in der Schule hörte? »Vielleicht weil die Schurken den verabredeten Zeitpunkt eingehalten hatten?« Und organisiert Bush seine Regierung nicht wie einen Geheimbund?

Wie bei der Analyse festgestellt, fällt in dem Artikel die häufige Wiederholung ganz bestimmter Strategieelemente auf, die immer wieder als Referenzpunkte auftauchen. So auch die Anspielungen, der 9/11-Skepsis lägen Ausländerfeindlichkeit und Anti-Amerikanismus zugrunde. Wie zu Beginn des Artikels konstruiert *Der Spiegel* eine Verbindung zwischen den Skeptikern und einer weltanschaulichen Aversion gegen die USA. In dem Satz »dass etwas faul sein müsse, weil doch in Sachen USA immer irgendetwas faul ist« greift die *Spiegel*-Redaktion eine tatsächlich gemachte Aussage der Skeptiker auf (»etwas ist da faul«) und schiebt dieser eine eigene Aussage hinterher (»in Sachen USA ist immer etwas faul«). Da diese Aussage in ihrer pauschalisierenden Art nicht haltbar ist, werden die Skeptiker in ein schlechtes Licht gerückt, obwohl sie selbst diese Aussage gar nicht getätigt haben. Sie erscheinen als undifferenziert.

Die berechtigte Kritik an diversen geschichtlichen Vorfällen, in die die USA verwickelt waren, wird vom *Spiegel* durch den Bezug auf ein antiamerikanisches Saufgelage zu einem Sauflied degradiert. »Beim Tisch, beim Bier, auf Partys« grölen demnach bestimmte Kreise, zu denen laut Fichtner auch die 9/11-Skeptiker gehören, ihre USA-Feindlichkeit heraus.

> So fragt sich Bröckers 360 Seiten lang über den eigenen Amerika-Komplex aus und bebildert wie nebenbei den tiefen Argwohn vieler deutscher Linker und Intellektueller gegen die Übermacht USA. Bröckers' Buch dokumentiert die Denkart eines deutschen Milieus, das sich zwischen Woodstock und »Brainwashington« politisierte, knapp zu jung für 1968, viel zu alt für 1989,

aber unerschütterlich im Glauben an die Macht der eigenen Weltsicht, der sich die Wirklichkeit zu fügen hat, nicht umgekehrt.

Jetzt wird der Autor konkret. Der Leser erfährt, dass Bröckers zu diesem »erlauchten« Kreis der spinnerten USA-Feinde zählt. Und die Erklärung liefert er gleich mit: Er, Bröckers, hat einen »Amerika-Komplex«. Durch den Begriff »Komplex« werden die 9/11-Skeptiker erneut mit dem Bereich des Psychiatrischen in Verbindung gebracht. Doch der Abschnitt bietet mehr. Im letzten Satz nimmt *Der Spiegel* eine Art journalistisch-intellektuelle Beschreibung seines selbst ›diagnostizierten Befunds‹ vor. Der Autor glaubt, eine bestimmte Denkart bei den Zweiflern zu erkennen, eine Denkart, die sich in ihrer eigenen Weltsicht verrennt. Der Gebrauch des Wortes »Wirklichkeit« ist eine weitere Referenz dafür, dass das Magazin sich selbst eine überlegene Wirklichkeitsposition zuschreibt. Das Magazin sieht sich in der Lage, darüber urteilen zu können, wie andere mit *der* Wirklichkeit umgehen und ob sie *die* Wirklichkeit richtig erkennen oder nicht.

> Die Aktivisten dieser Weltanschauung begreifen die Attentate des 11. September nicht als Anschlag aufs eigene Denken, sondern machen daraus ein Komplott all der machtbesessenen Täuscher, denen sie schon zu Schulzeiten nicht über den Weg trauten. Dabei will es den Zweiflern heute plausibler vorkommen, dass der gesamte Regierungsapparat der USA, das Militär, die staatlichen zivilen Institutionen von Luftüberwachung bis Feuerwehr in einen gemeinschaftlichen Massenmord verstrickt sind, als dass die USA attackiert wurden von einer islamistischen Terroristenbande. Was für manchen Rechten die »Auschwitz-Lüge« ist, könnte für manchen Linken die »September-Lüge« werden. Eine verdrängte Wahrheit, um die Weltanschauung nicht verändern zu müssen. Die »alternativen Aufklärer« – in Deutschland Bröckers, Bülow und Co., in Frankreich Meyssan und die Seinen, in Amerika die Rupperts und Chossudovskys –, im Fieber des Bestätigungswahns alter Welt behindern sie die Wahrheitsfindung mehr, als das sie sie beförderten. Sie vergeuden ihre Energie in den Maschen des World Wide Web, statt im konkreten Hier und Jetzt fehlende Fakten auszuforschen.

Der Bezug zu den Auschwitz-Leugnern, wie ihn der Autor bereits durch seine Überschrift (»September-Lüge«) hergestellt hat, wird nun explizit ausgesprochen. »Was für manchen Rechten die ›Auschwitz-Lüge‹ ist, könnte für manchen Linken die ›September-Lüge‹ werden.« Mit dieser Aussage verbindet der *Spiegel*-Redakteur die alternativen Ermittler mit dem rechten, antisemitischen Lager. Die Verwendung des Konjunktivs (»könnte«) markiert lediglich die Tatsache der zeitlichen Dimension, derer es bedarf, bis sich ein historisches Ereignis zum »Mythos« transformiert und verfestigt, und kann nicht als abmildernd interpretiert werden.

Umrahmt wird diese Kernaussage von den bekannten Psychiatrisierungsversuchen, die sich konkret an folgenden Wörtern bzw. Phrasen kenntlich machen lassen:

- verdrängte Wahrheit
- Fieber des Bestätigungswahns
- Diese werden wiederum durch weitere abwertende Phrasen gestützt:
- begreifen nicht
- machen daraus
- nicht über den Weg trauten
- will es plausibler vorkommen
- behindern die Wahrheitsfindung
- vergeuden ihre Energien

> So ist etwa noch lange nicht befriedigend geklärt, wie am 11. September die Luftraumüberwachung arbeitete, das heißt: nicht arbeitete, wann sich die Kampfjets der Air Force an jenem Tag wo genau befanden, warum die US-Hauptstadt Washington mit all ihren symbolischen Monumenten einem Angriff derart schutzlos ausgeliefert war. Es sind Fragen offen nach den Flugschreibern, allen Flugschreibern, besonders aber jenem der American Airlines 77, die ins Pentagon jagte, und denen der UA 93, die in Pennsylvania niederging. Es gilt grundsätzlich das Gebaren der US-Geheimdienste zu durchleuchten, denen gefährliche Nähe zu den Taliban, zu islamischen Terrorgruppen, selbst zu Bin Laden und der Qaida nachgesagt werden.

In diesem Abschnitt des Artikels gesteht *Der Spiegel* zum ersten Mal ein, dass es durchaus Merkwürdigkeiten im Zusammenhang mit den Terroranschlägen vom 11. September gibt.

Da die von Fichtner aufgeworfenen Fragen in der Tat von Bedeutung für den Fall 9/11 sind, verwirrt der Abschnitt allerdings, weil die 9/11-Skeptiker genau diese Fragen ebenfalls immer wieder ansprechen (siehe Kapitel über das 9/11 Truth Movement, z.B. Bröckers, Hauß ...). *Der Spiegel* will offensichtlich mit »seinen« berechtigten Fragen einen Gegensatz zu den alternativen Aufklärern konstruieren, da sie scheinbar eben diese Fragen nicht stellen.

Der Trick, der an dieser Stelle Anwendung findet, ist bekannt: Man greift Teile der Argumentation des Gegners auf, von denen anzunehmen ist, dass die Öffentlichkeit diese als interessant, berechtigt oder als beachtenswert ansehen wird, und benutzt diese sinnvollen Argumente bzw. in diesem Falle: Fragen, um sie in die eigene Argumentation einzubauen, wodurch die eigene

Glaubwürdigkeit erhöht wird. Gleichzeitig unterlässt man es allerdings, der Öffentlichkeit mitzuteilen, dass die Argumentation bzw. Fragen eigentlich vom Gegner stammen bzw. der Gegner diese auch beantwortet sehen möchte und so in gewisser Weise sogar Konsens besteht.

> Es gibt, auch ohne den Glauben an die Weltverschwörung, genug Fragen, genug Stoff, aus dem reale, beunruhigende Geschichten gemacht sind. Aber die irrealen gedeihen besser. Sie wuchern wie Urwald, weil jeder mitreden darf, der einen Computer hat und eine Telefonbuchse. Es war, in Wirklichkeit, der Mossad. Es war die CIA. Es war Gottes Strafe. Es war der Satan selbst. 14 ist die Quersumme von 09/11/2001, folglich waren es die Illuminaten. Die USA werden von einer geheimen Parallelregierung geführt, die sich in unterirdischen Bunkern versteckt hält. Man kann den 20-Dollar-Schein so falten, dass »Osama« zu lesen ist. So will sich alles auflösen in Interpretationen, Gerüchte, Hirngespinste. Die Fakten werden zu Splittern in einem Kaleidoskop, das je nach Drehung neue Bilder gaukelt. Aber die Wirklichkeit ist schwerer zu fassen. Sie findet nicht im Internet statt, wo die Weltverschwörung immer nur zwei Mausklicks entfernt liegt. Und wo die Antwort auf alle Fragen Google heißt.

Mit dem Schlussabschnitt legt das Magazin noch einmal den Akzent auf die vermeintliche Unsinnigkeit der alternativen Thesen. Dabei lässt sich der Autor jedoch nicht argumentativ auf die Thesen ein, sondern versucht mit der »Lächerlichkeitsmethode« zu punkten. Dadurch, dass *Der Spiegel* in ironisierender Form als wahre Drahtzieher sowohl weltliche (CIA ...) als auch metaphysische (Gott ...) Mächte anführt, soll der Leser zu dem Fazit gebracht werden, die Skeptiker seien fern jeder Realität. Insbesondere der Bezug zu extremen verschwörungstheoretischen Positionen (Parallelregierung im Unterirdischen, 20-Dollar-Note als Beweis für ein geheimes Vorauswissen der USA über die Anschläge) sollen das letzte Stück Glaubwürdigkeit der Zweifler endgültig abgraben.

Außerdem klingt in dem Abschnitt Kritik am Internet an. Die Aussage »[...] weil jeder mitreden darf, der einen Computer hat [...]« verdeutlicht den unmissverständlichen Anspruch des *Spiegels*, aufgrund der Ausbildung, Stellung und Reputation seiner Mitarbeiter über das Berichterstattungs-Monopol zu verfügen. Das Internet als Publikationsorgan für jedermann wird kritisiert. Durch seine in ironisierender Form abwertend gehaltenen Aussagen wird das Internet quasi als illegitime Informationsquelle dargestellt und auf einer impliziten Ebene die eigene berichterstatterische Kompetenz und Legitimation betont.

7.3 ARD-Interview
Sandra Maischberger mit vorgefasster Meinung gegen Andreas von Bülow

Am 9. September 2003 trat der ehemalige Bundesminister Andreas von Bülow in der ARD-Sendung *Menschen bei Maischberger* auf. Kurz zuvor erschien ein Buch des Geheimdienstkenners, in dem er die Terroranschläge in den USA auf eine alternative Weise deutet. Rasch platzierte sich das Buch in der Bestsellerliste. Sandra Maischberger nahm den Bucherfolg zum Anlass, sich mit Bülow über die alternativen Lesarten des 11. Septembers zu unterhalten.

Betrachten wir den Verlauf des Interviews.[11]

Zur Anmoderation von Maischberger:

> **Maischberger:** Gleich jetzt zu Beginn ein Phänomen. Übermorgen jährt sich der 11. September zum zweiten Mal und es wuchern die Verschwörungstheorien und die Leute glauben das. 20 Prozent der Deutschen sind fest davon überzeugt, dass die Vereinigten Staaten selbst die Anschläge angestiftet haben. Mein jetziger Gast hat genau dieses in einem Buch geschrieben, das mittlerweile auf Platz 3 der Spiegel-Bestsellerliste ist: der ehemalige SPD-Bundesminister für Forschung und Technologie Andreas von Bülow.

Die kurze Anmoderation wird dominiert vom zweiten Satz, der wertende und manipulative Elemente enthält. Mit der Aussage »Übermorgen jährt sich der Jahrestag des 11. September zum zweiten Mal« wird den Zuschauern eine sachliche Information mitgeteilt, auf die dann mit den Phrasen »wuchern die Verschwörungstheorien« und »die Leute glauben das« suggestive Momente folgen. Das Wort »wuchern« hat in diesem Kontext zweifellos einen manipulativen Charakter. Es schreibt als Verb dem Begriff Verschwörungstheorien eine Tätigkeit zu. Durch die Verbindung des Begriffs »wuchern« mit dem Begriff Verschwörungstheorien wird ein negativer Bezugszusammenhang (Referenzidentität) hergestellt. Das Wort »wuchern« wird häufig im Zusammenhang mit Tumoren oder auch im Zusammenhang mit Unkraut, das »im Garten wuchert«, gebraucht. Die Verwendung des Verbs kann als manipulativer Moment identifiziert werden. Der Grundstein für den Aufbau einer negativen Kontextualisierung gegenüber den alternativen Lesarten zum

---

11) Es wird sich hier eines Transkripts bedient, dass der Internetseite *http://www.galerie-arbeiterfotografie.de* entnommen wurde. Ihre Betreiber haben sich die Mühe gemacht, die Sendung zu transkribieren und ebenfalls zu analysieren. Siehe: *http://www.arbeiterfotografie.de/galerie/kein-krieg/hintergrund/index-rezension-3.html* [20.11.2008]

11. September, aber auch für die voreingenommene Auseinandersetzung mit Andreas von Bülow ist gelegt.

Sehen wir, wie das Interview seinen Lauf nimmt:

> **Maischberger:** Bundesforschungsminister Andreas von Bülow im Kabinett von Helmut Schmidt. Wissen Sie noch, welchen Eid Sie geleistet haben, als sie damals vor 20 Jahren das wurden?
>
> **Bülow:** Ja, dem deutschen Volk zu dienen … nach Recht und Gewissen, so wahr mir Gott helfe.

Auf der rein inhaltlichen Ebene ist die zu Beginn des Interviews gestellte Frage von Sachlichkeit geprägt. Maischberger will von Bülow wissen, welchen Amtseid er geleistet hat; nicht mehr. Die oberflächliche Sachlichkeit der Frage camoufliert allerdings eine hinter ihr stehende Aggression. Der Reihe nach. Bei genauerer Überlegung ist zu erkennen, dass es sich nicht um eine gewöhnliche Frage handelt, die etwa gestellt wird, weil etwas unklar ist oder weil man eine Antwort benötigt. A zu B: »Du hast doch eine neue Uhr. Sag mir mal, wie spät es ist.« B darauf: »10.30 Uhr.« A: »Danke!« Die Frage von Frau Maischberger ist vielmehr eine Art rhetorische Frage, die einen Angriff auf Bülow beinhaltet bzw. diesen vorbereitet. Denn Maischberger ist nicht aus Wissensgründen an Bülows Antwort (»Ja, dem deutschen Volk zu dienen…nach Recht und Gewissen, so wahr mir Gott helfe.«) interessiert, da sie, wie offensichtlich ist, den Amtseid selbst kennt. Maischberger impliziert mit der Frage einen Vorwurf, nämlich: »Sie, Herr von Bülow, dienen nicht mehr dem deutschen Volk.« Durch den Vorwurf, der zwar nicht direkt ausgesprochen wird, aber eben doch mehr oder weniger offen in den Raum gestellt wird, konstruiert die Journalistin subtil von Beginn ihres Interviews an zwei Lager: In dem einen Lager befindet sich Andreas von Bülow, der nicht mehr dem deutschen Volk dient, dadurch in Verruf geraten soll (so die Absicht), und in dem anderen Lager das deutsche Volk, das wohl auf den »eigensinnigen« ehemaligen Politiker, der sich von ihm abgewandt zu haben scheint, verärgert reagieren wird. Der erste Satz der Moderatorin in ihrem Interview kann als eine rhetorische Falle bewertet werden.

> **Maischberger:** Tun Sie's heute noch?

fragt Maischberger und spitzt damit ihre Eingangsfrage noch einmal zu. Durch diese zweite Frage wird der Vorwurf, dass Bülow heute nicht mehr dem deutschen Volk diene, noch offensichtlicher.

Bülow: Natürlich!

Maischberger: Als Jurist muss ich Sie das fragen auch ... weil wenn man jetzt kurz zusammenfasst ... ihr Buch ... dann schreiben Sie darin: Die Flugzeuge wurden ferngesteuert in die Türme des World Trade Center. Nebenan - ich fasse es mal so zusammen - hatte sich die CIA in einem Gebäude hingesetzt und hat per Sprengladung diese Gebäude zum Einsturz gebracht, weil man einen guten Grund haben wollte, den Krieg gegen den Irak, gegen Afghanistan zu führen. Also meinen Sie ernsthaft, dass George Bush ein Massenmörder ist, der 3000 Menschen einem Ziel opfert?

In der Frage wird eine Komplexitätsreduktion deutlich, wie sie immer wieder von Journalisten des medialen Mainstreams bei dem Thema 9/11-Verschwörungen vorgenommen wird. Zunächst: Die Rolle, die US-Präsident George W. Bush bei einem möglichen False Flag Terror gespielt haben könnte, ist in weiten Teilen der Bewegung strittig. Gerade die bekannten 9/11-Skeptiker sind bezüglich dieser Aussage, wie sie die Moderatorin in ihrer Frage formuliert hat, eher vorsichtig. Natürlich steht eine Beteiligung der Person Bush (in welcher Form auch immer) im Raum, wenn über den 11. September als große US-Verschwörung diskutiert wird. Maischbergers Frage ist jedoch aus mehreren Gründen problematisch. Zum einen wird die Frage an Bülow gestellt. Bülow hat aber nie explizit behauptet, »dass George Bush ein Massenmörder ist, der 3000 Menschen einem Ziel opfert«. Zum anderen wird durch die Frage eine Personalisierung erzeugt, die die vermutete große Verschwörung alleine dem Präsidenten der Vereinigten Staaten zuschreibt. Zwar ist diese Personalisierung auch in Teilen der Wahrheitsbewegung üblich (ausgedrückt beispielsweise auf Protestplakaten mit dem Slogan »Bush did it«), allerdings unterliegen solche formelhaften Äußerungen einer starken Realitätsvereinfachung. Dass Maischberger nun gerade diese Frage stellt, hat einen Grund. Sie weiß, dass die Ungeheuerlichkeit des in der Frage transportierten Inhalts durch die Komplexitätsreduktion beim Rezipienten auf Lächerlichkeit stoßen wird. Journalistisch korrekt wäre es gewesen, wie folgt zu fragen: Glauben Sie wirklich, dass die Anschläge des 11. Septembers von bestimmten kriminellen Machteliten aus dem Regierungsapparat der USA, zu denen auch George W. Bush gehören mag, unter Zuhilfenahme von ebensolchen kriminellen Personen aus dem Geheimdienstumfeld verübt worden sein könnten? In dieser langen Frage werden Differenzierungen vorgenommen, die notwendig gewesen wären und die eine erfahrene Journalistin ebenfalls hätte vornehmen können und müssen.

Sehen wir wie Bülow antwortet:

> **Bülow:** Nein, es ist nicht ganz so. Ich habe als Erstes untersucht, ob die offizielle Verschwörungstheorie mit den 19 Muslimen richtig ist …

wird aber von Maischberger dann am Beantworten der Frage gehindert.

> **Maischberger:** … das nennen Sie eine Verschwörungstheorie?

worauf Bülow weiterspricht:

> **Bülow:** Das ist eine Verschwörung. Jeder Kriminalakt muss ja irgendwie geklärt werden und hat irgendwo einen Sinn und eine Sinngebung hinter diesen Taten. Und jeder Kriminalbeamte sucht nach diesem Hintergrund und versucht sich zu erklären, warum ist das so gemacht worden - wer war es? Wer hat ein Interesse daran? usw.

Dieser Gesprächsabschnitt verdeutlicht einen rhetorischen Schachzug der Moderatorin, den sie im Laufe des Interviews immer wieder vollzieht. Bülow will gerade erklären, wie er in seinem Buch vorgegangen ist – was für den Inhalt des Gesprächs zentral ist –, wird dabei aber in seinen Ausführungen unterbrochen. Die Phrase »offizielle Verschwörungstheorie« ist der Anlass für die Unterbrechung von Maischberger. »Das nennen Sie eine Verschwörungstheorie?« fragt Maischberger erstaunt, was sie auch durch eine entsprechende Mimik unterstreicht. Sie erweckt den Eindruck, als würde sie nun zum ersten Mal mit diesem Gedanken konfrontiert. Da sie aber bereits von »ferngesteuerten Flugzeugen«, von »Sprengladungen«, die durch die CIA im WTC angebracht worden sein sollen, und von Bush als Massenmörder gesprochen hat, ist davon auszugehen, dass sie sich mit den Verschwörungstheorien zu 9/11 auseinandergesetzt hat. Folglich kann es für sie keine Neuigkeit sein, dass die 9/11-Skeptiker die anerkannte Auslegung zu den Anschlägen als »offizielle Verschwörungstheorie« bezeichnen. Wir können daraus schlussfolgern, dass ihr Erstaunen über Bülows Aussage gespielt ist. Es dient der inszenierten Dramaturgie des Gesprächsverlaufs. Hätte Maischberger ein ernsthaftes journalistisches Interesse an ihrem Gesprächspartner, würde sie ihn ausreden lassen und die kontroverse Aussage Bülows im Anschluss an seine Erläuterungen mit einer sachlicheren Mimik ansprechen.

> **Maischberger:** Sie sind ja Jurist. Insofern haben Sie wahrscheinlich nach Belegen für Ihre Theorie wiederum gesucht.
>
> **Bülow:** Ja, ich habe sehr viele staatsanwaltliche Anklageschriften verfasst und habe sie vor Gericht vertreten - als Referendar. Und ich weiß, wie man eigentlich arbeitet. Und ich bin bitter enttäuscht, was die amerikanische Regierung nicht leistet. Die beschränkt die Aufklärung nur auf die Täter …

Maischberger: Jetzt merkt man aber schon, dass sie mal ein Politiker waren, weil die eigentliche Frage war ja eine andere: ob Sie ernsthaft glauben … ob Sie ernsthaft glauben, dass George W. Bush ein Massenmörder ist.

Bülow: Nein, das habe ich nicht gesagt. Ich habe nur gesagt, dass die offizielle Theorie nicht stimmen kann. Dann gibt es die Möglichkeit, dass es eine andere Konfiguration gewesen ist …

Maischberger: … nämlich die, die ich gerade beschrieben habe.

Die zweite Aussage von Maischberger in diesem Gesprächsblog transportiert abermals eine Aggression. Die Moderatorin spielt auf die Tatsache an, dass Politiker häufig an sie gestellte Fragen nicht geradeaus oder überhaupt nicht beantworten, um Bülow Unlauterkeit im Interview vorzuwerfen. Maischberger will ihre Frage, ob Bülow Bush für einen Massenmörder hält, beantwortet wissen. Betrachten wir von Bülows erste Antwort auf diese Frage am Anfang. Der ehemalige Bundesforschungsminister sagte: »Nein, es ist nicht ganz so« und fängt darauf an zu beschreiben, wie er in seinem Buch vorgegangen ist. Es lässt sich anhand dieser Aussage nicht eindeutig feststellen, ob Bülow sich mit der Antwort »nein, es ist nicht ganz so« auf die »Ist Bush ein Massenmörder«-Frage bezieht oder ob er damit auf die vorangegangenen Erläuterungen von Maischberger eingeht. Deshalb kann nicht zweifelsfrei gesagt werden, ob Bülow nicht doch die Frage beantwortet hat. Wenn Bülow mit seiner Antwort beabsichtigt haben sollte, die Frage nicht zu beantworten, dann ist die Entwicklung des Gesprächsverlaufs weg von der Frage aber auch der Moderatorin anzulasten, die im Anschluss an die Bülow-Antwort zwei weitere Fragen gestellt hat, durch die Bülow erst von der »Ist-Bush-ein-Massenmörder«-Frage abweichen konnte/musste. Lassen wir Bülow ausreden: »Ich habe nur gesagt, dass die offizielle Theorie nicht stimmen kann. Dann gibt es die Möglichkeit, dass es eine andere Konfiguration gewesen ist…«, worauf Maischberger ihn erneut unterbricht und sagt: »…nämlich die, die ich gerade beschrieben habe.« Diese Unterbrechung im Verbund mit der angeführten Aussage von Maischberger kann als eine besonders aggressive Form des rhetorischen Vorgehens gegen Bülow betrachtet werden. Zum wiederholten Mal versucht Bülow seine Position zu erklären, während Maischberger hingegen dem ehemaligen Bundesforschungsminister erneut unterstellt, dass er die Realität verzerrt. Maischberger möchte Bülow unbedingt dazu bringen zu sagen, Bush habe 3000 US-Amerikaner geopfert. Die Aussage »nämlich die, die ich gerade beschrieben habe« ist deshalb so aggressiv, weil sie beginnend mit dem »nämlich« sich in die Aussage von Bülows eingräbt, sich ihrer bemächtigt und, wie der Volksmund sagen würde, Bülow »das Wort im Munde herumdreht«.

Bülow: ... dass es z.B. Geheimdienste gewesen sind oder ein Kern von Geheimdiensten, die dieses gemacht haben. Man muss ja sehen: Die amerikanische Regierung hat ja nicht nur aus dem Hut gezaubert die 19 Muslime nach dem 11. September, sondern sie hat auch einen Weltkrieg aus dem Hut gezaubert, was wir uns gar nicht klar machen...Aber für die amerikanische Administration ...Vizepräsident Cheney hat sofort gesagt – und Bush auch: Das gibt einen lang anhaltenden Weltkrieg...

Maischberger: Herr von Bülow, ich unterbrech' Sie ja wirklich nur ungern ... nur ... in ihrem Buch ... also ... was ich jetzt gerade zitiert habe ... schreiben ... Sie, mit aller Wahrscheinlichkeit, mit hoher Wahrscheinlichkeit sind die Flugzeuge ferngesteuert worden, nach allem was Sie wissen und recherchiert haben ...

Bülow: Ja?

Maischberger: Doch, das schreiben Sie wirklich ... sind diese Gebäude gesprengt worden ... Und das legt ja den Schluss nahe, dass das, wenn es von der CIA ausgeführt worden ist, wie Sie das sagen – dass das von George W. Bush für richtig geheißen wurde. Also nochmal die Frage: Glauben Sie, der Mann ist ein Massenmörder?

Der Aussage, mit der Maischberger ihre Unterbrechung einleitet (»Herr von Bülow, ich unterbrech' Sie ja wirklich nur ungern«), liegt eine Doppelstrategie zugrunde, die sowohl die Rezipienten als auch Bülow beeinflussen soll. Zum einen kann die Aussage als eine Rechtfertigung vor dem Publikum und den Fernsehzuschauern für das aggressive Gesprächsverhalten von Maischberger gegenüber Bülow verstanden werden. Maischberger inszeniert sich plötzlich durch ihre Aussage als eine gutmütige, wohlwollende Interviewerin, die Bülow laut ihrer Aussage wirklich nicht gerne unterbricht, die ihn gerne ausreden lassen würde, ihn aber zuvor immer wieder unterbrochen hat. Zum anderen richtet sich die Aussage aber direkt an Bülow selbst (»Herr von Bülow ...«) wodurch sie sich indirekt bei ihm für ihr Vorgehen entschuldigt. Im Allgemeinen hat die Phrase »Ich unterbreche Sie nur ungern« bei einer Diskussion etwas Besänftigendes. Sie soll die Unterbrechung, das »Ins–Wort-Fallen«, was grundsätzlich als unverschämt betrachtet wird, relativieren. Dadurch erarbeitet sich Maischberger sozusagen die rhetorische, aber auch menschliche Legitimation zur Unterbrechung. Genau genommen erhöht die Moderatorin durch diese Phrase aber noch die Aggressivität in der Gesprächsführung. Die Phrase ist in diesem Kontext ein Angriff im Angriff. Zuerst unterbricht Maischberger von Bülow mit Kalkül und sagt ihm dann auch noch, dass sie dies nur ungern tue. Das Verhalten, das die Moderatorin bis zum jetzigen Punkt des Interviews gezeigt hat, verweist deutlich auf den negativen Einschlag dieser vordergründig höflichen Phrase. Das Interview ist von vorneherein so ausgelegt, dass Bülow nicht ausreden soll. Die Frage »Ja?« von Bülow verdeutlicht, das Bülow verwirrt ist – die Rhetorik von Maischberger zeigt Wirkung.

Hier nun ein längerer Gesprächsabschnitt:

Bülow: Ich weiß es nicht. Ich weiß es nicht. Ich schreibe es auch nicht. Ich schreibe … die 19 Muslime sind ja auf keiner Passagierliste enthalten, es ist kein einziger arabischer Name auf einer der vier Passagierlisten enthalten. Ein Teil dieser Leute hat überlebt oder mit falscher Identität gearbeitet.

Maischberger: Woher wissen Sie das zum Beispiel?

Bülow: Wie bitte?

Maischberger: … dass ein Teil der Leute überlebt hat … woher wissen Sie das?

Bülow: Das haben britische Journalisten, vor allen Dingen vom Independent, aber auch von der BBC, aber auch von anderen festgestellt … hängt aber offensichtlich damit zusammen, dass gestohlene Identitäten verwendet wurden.

Maischberger: Bleiben wir mal bei diesem Beispiel …

Bülow: Ja.

Maischberger: Weil das ganz wichtig ist … wenn tatsächlich welche überlebt haben sollten … mittlerweile ist es so … Quellen, die sie zitiert haben, haben sich revidiert … es gab eine Verwechslung … weil ein Pilot, der so etwa heißt wie Peter Müller … in deutsch … im arabischen Namen … tatsächlich ein Pilot desselben Namens … zwei Tage danach gefragt wurde … mittlerweile ist das aufgeklärt. Ein anderer … da gab es wirklich einen Buchstaben, der falsch war … Mittlerweile haben alle Angehörige dieser von Ihnen vermeintlich für lebend … für lebendig erklärten Piloten gesagt: das stimmt nicht, die sind bestimmt tot. Wieso beharren Sie auf dieser Theorie, wenn der Gegenbeweis längst erbracht ist?

Bülow: Also es ist zum Beispiel so, dass zum Beispiel Mohammed Atta … es gibt ungefähr zehn Mohammed Attas, davon eine ganze Menge in den amerikanischen Streitkräften, ausgebildet für den Afghanistan-Krieg …

Maischberger: … das behaupten Sie …

Bülow: … Nein …

Maischberger: Woher haben Sie die Beweise dafür?

Bülow: Es gibt amerikanische Autoren, die das zusammengestellt haben. Das ist mal ein Hinweis von Newsweek, da kommt einer von Washington Post, dann kommt einer von der New York Times …

Maischberger: … also aus Zeitungen mit Verlaub …

Bülow: Ja, natürlich, klar.

Maischberger: Ach so.

Bülow: Ich bin ja kein Kriminalbeamter, der einen Massenmord aufdeckt, sondern ich bin nur einer derjenigen, die sagen: So wie es dargestellt wird, kann es nicht sein. Jetzt kann es aber sein …

Maischberger: Frage … Frage … Weil Ihr Buch 70.000 Mal verkauft worden ist, finde ich schon … ich hätte mich gefreut als Leser, wenn Sie mir einen von diesen sechs Lebendigen gezeigt hätten … bzw. … weil Sie ja sagen, der eine arbeitet bei Air Maroc, der hat 'ne Adresse, der steht im Telefonbuch, den kann man anrufen und den interviewen. Warum haben Sie es nicht getan?

Bülow: Weil ich keine Kapazität habe, dies zu tun. Ich bin ja nicht das FBI. Sie müssen ja, wenn Sie so etwas ordentlich aufklären wollen, ihre Hunderten von Beamten ansetzen. Sie müssen sich im Grunde eine Liste machen und sich sagen: das und das da ist alles unklar. Und dann gehen Sie das ab und versuchen, das vor Ort zu recherchieren …

Maischberger: … das wäre ein Anruf gewesen, der wichtig ist …

Bülow: … aber das ist doch die Aufgabe der Regierung. Das werfe ich der Regierung vor. Die verkündet einen Weltkrieg gegen potenziell 60 Staaten, darunter Afghanistan, wo sie schon vorher dem pakistanischen Außenminister erklärt haben, dass es den Krieg geben wird – noch vor dem 11.9. –, und sie haben das auch dem indischen Außenminister gesagt. D.h., das war längst vorher vorbereitet. Der Irak-Krieg war ebenfalls vorbereitet, ist mit vielen Lügen hinoperiert worden als eine Al-Qaida-Unterstützungsgeschichte.

Maischberger: Nur wenn Sie das tatsächlich kritisieren, macht es doch keinen Sinn, wenn Sie in Ihrem Buch Dinge schreiben, die nachweislich falsch sind …

Bülow: Die sind nicht nachweislich falsch. Es gibt zum Beispiel …

Maischberger: … Es ist nachweislich falsch, dass diese Leute überlebt haben … Wenn Sie die angerufen hätten, dann wüssten Sie das …

Bülow: Ich kann nicht im Detail alle Täter durchgehen …

Maischberger: … doch, dass müssen Sie.

Bülow: Ja, es ist ein Mann in Denver. In Denver ist er ausgebildet worden als Elektroingenieur …

Maischberger: … [will gerade einhaken]

Bülow: Darf ich ausreden?

Maischberger: Ja, natürlich.

Bülow: Er ist als Elektroingenieur ausgebildet worden, ihm sind die Papiere geklaut worden, und er lebt. Es ist dargestellt worden …

Maischberger: … Sie haben ihn interviewt?

Bülow: Ich habe ihn nicht interviewt, aber englische Journalisten haben ihn interviewt und die Leute in Denver haben nachgeforscht …

Maischberger: Herr von Bülow, wäre das in Ordnung … weil ich von anderen aus Ihrer Partei gehört habe: der von Bülow spinnt, der hat 'nen Verfolgungswahn … das erstmal schreibe …, in einem Buch veröffentliche und dann sage: Na ja, ich habe ja nur mit dem Finger auf etwas gezeigt, was mir aufgefallen ist … ob's stimmt oder nicht, muss der von Bülow selber beweisen.

Bülow: Nein …

Maischberger: … Sie schreiben etwas, was Sie nicht selber nachgeprüft haben und sagen: die US-Regierung muss mir jetzt das Gegenteil beweisen.

Bülow: Nein, das Problem ist, dass wir einen unterbrochenen demokratischen Prozess haben. Die Presse in den USA nimmt all die Zweifel, die täglich hochkommen, auch von den Angehörigen der Opfer, nicht auf, transportiert sie nicht, sodass sie von der Regierung nicht beantwortet werden müssen, sodass da ein Wust, ein ganzer Berg von ungeklärten Fragen steht …

Die Frage nach der in der 9/11-Bewegung weit verbreiteten These von den noch lebenden Attentätern wird zum Kernthema in diesem Teil des Gesprächs. Die Moderatorin hakt immer wieder nach und will wissen, wie Bülow zu der Aussage kommt, dass sechs der 19 Terroristen noch leben. Die Aussagen von Bülow markieren eine gewisse Hilflosigkeit auf die Frage. Man kann auch sagen: Seine Äußerungen sind schwammig.

Hier eine Zusammenfassung:

- Das haben britische Journalisten ... festgestellt
- Es gibt ungefähr zehn Mohammed Atta
- Es gibt amerikanische Autoren, die das zusammengestellt haben.
- Ich bin ja kein Kriminalbeamter
- Weil ich keine Kapazität habe
- Ich kann nicht im Detail alle Täter durchgehen
- Es ist ein Mann in Denver
- Er ist als Elektroingenieur ausgebildet worden, ihm sind die Papiere geklaut worden, und er lebt
- Ich habe ihn nicht interviewt

Die Aussagen dokumentieren ein Kernproblem, mit dem große Teile des 9/11 Truth Movement zu kämpfen haben: Behauptungen werden aufgestellt bzw. übernommen, ohne dass sie durch eigene, fundierte Recherchen verifiziert werden. Wir wollen uns an dieser Stelle nicht auf eine inhaltliche Diskussion darüber einlassen, was es nun mit den Identitäten der Attentäter oder der sogenannten Attentäter auf sich hat, welche Seite Recht oder Unrecht hat. Für die Analyse ist es jedoch sinntragend zu erkennen, dass Maischberger sich hier zu Recht auf die Thesen Bülows konzentriert, genauso wie die in dieser Passage des Gesprächs zum Tragen kommende Hartnäckigkeit legitim ist. Bülow vertritt eine krasse These – einige der Attentäter des 11. Septembers sollen noch nach den Anschlägen am Leben gewesen sein. Wer diese These vertritt, muss damit rechnen, dass er damit auf Skepsis stößt und dass folglich Beweise verlangt werden. Eine »Da gab es Journalisten-, die ...-Antwort« ist klar unbefriedigend. Die Moderatorin erkennt die Schwachstelle der These. Sie erkennt, dass von Bülow keine handfesten Beweise hat. Dies sagt natürlich noch nichts Definitives darüber aus, ob Bülows These nun wahr oder falsch ist, aber die Antworten Bülows bieten Angriffsfläche, die Maischberger auch nutzt. Mit der Aussage »Das wäre *ein* Anruf gewesen« baut Maischberger weiter ihre Position in der Diskussion als dominierenden Part aus – und mit diesem Satz auf ganz faire Weise. Es ist dabei unerheblich, ob dieser eine Anruf nun tatsächlich Klarheit erbracht hätte oder nicht, aber die Problematik einer mangelhaften Recherche wird deutlich, was die Position Bülows bezogen auf seine Glaubwürdigkeit weiter schwächt. Dennoch wird auch dieser Gesprächsteil von einer als feindselig zu klassifizierenden Haltung der Moderatorin geprägt. Insgesamt unterbricht Maischberger Bülow acht Mal! Das wirklich Interessante an den Aussagen von Maischberger ist aber, dass wir daran ebenso ein Grundproblem der Gegner der 9/11-Skeptiker ablesen können, wie wir an den Aussagen Bülows ein Grundproblem aufseiten der Wahrheitsbewegung erkennen können.

Der Reihe nach. Betrachten wir noch einmal das folgende Statement von Maischberger:

> **Maischberger:** Weil das ganz wichtig ist ... wenn tatsächlich welche überlebt haben sollten ... mittlerweile ist es so ... Quellen, die Sie zitiert haben, haben sich revidiert ... es gab eine Verwechslung ... weil ein Pilot, der so etwa heißt wie Peter Müller ... in deutsch ... im arabischen Namen ... tatsächlich ein Pilot desselben Namens ... zwei Tage danach gefragt wurde ... mittlerweile ist das aufgeklärt. Ein anderer ... da gab es wirklich einen Buchstaben, der falsch war ... Mittlerweile haben alle Angehörige dieser von Ihnen vermeintlich für lebend ... für lebendig erklärten Piloten gesagt: das stimmt nicht, die sind bestimmt tot. Wieso beharren Sie auf dieser Theorie, wenn der Gegenbeweis längst erbracht ist?

Brechen wir den Redeschwall auseinander und zerlegen ihn in seine einzelnen Teile:

- Weil das ganz wichtig ist
- Wenn tatsächlich welche überlebt haben sollten
- Mittlerweile ist es so
- Quellen, die Sie zitiert haben, haben sich revidiert
- Es gab eine Verwechslung
- Weil ein Pilot, der so etwa heißt wie Peter Müller ... in deutsch ... im arabischen Namen
- Ein Pilot desselben Namens
- Zwei Tage danach gefragt wurde
- Mittlerweile ist das aufgeklärt
- ... Ein anderer ... da gab es wirklich einen Buchstaben, der falsch war
- Mittlerweile haben alle Angehörige dieser von Ihnen vermeintlich für lebend ... für lebendig erklärten Piloten gesagt: das stimmt nicht, die sind bestimmt tot
- Wieso beharren Sie auf dieser Theorie, wenn der Gegenbeweis längst erbracht ist?

Diese Aussage von Maischberger ist eine der fragmentarischsten im ganzen Interview. Sie wird dominiert von Unterbrechungen, Neuformulierungen und gedanklichen Schwierigkeiten. Was Maischberger im Kern sagen will ist: »Herr Bülow, Ihre These ist falsch, weil dieser und jener Grund dagegen spricht.« Arbeitet man sich durch die sprachlichen Unzulänglichkeiten durch, kann man folgende sinntragenden Aussagen erkennen:

a) Quellen, die Bülow zitiert hat, haben sich revidiert
b) Es hat eine Verwechslung gegeben
c) Mittlerweile ist »etwas« aufgeklärt
d) ein Buchstaben war falsch
e) Angehörige haben gesagt, die vermeintlich noch lebenden Terroristen seien tot

Es ist irrelevant, warum Maischberger bei dieser Aussage so erhebliche sprachliche Probleme hat. In der gesprochenen Sprache passiert es immer wieder selbst Moderatoren, die Sprecherziehung genossen haben, dass man sich verhaspelt, einen Moment nicht konzentriert ist, sich dadurch neu formulieren muss usw. Selbst wenn der Gedankengang einwandfrei formuliert gewesen wäre, würde eine Schwachstelle sichtbar werden, die bereits angedeutet wurde. Es geht dabei nämlich– genau wie bei zahlreichen 9/11-Skeptikern – um die unkritische Akzeptanz von Inhalten, die in die eigene Gedankenwelt passen. Genau genommen *weiß* Sandra Maischberger genauso wenig oder so viel wie Andreas von Bülow über die Identitäten der als Terroristen Beschuldigten. Bülow ist über das Internet und diverse Schriften auf Informationen gestoßen, die ihn glauben lassen, einige Hijacker leben noch. Maischberger hat sich, so ist zu vermuten, gegenteilige Informationen von Erzeugnissen aus dem Mainstreamjournalismus besorgt.[12] Diesen schenkt sie Glauben und baut sie – unüberprüft! – in ihre Sicht der Dinge ein. Die Phrasen »mittlerweile ist es so«, »es gab eine Verwechslung«, »mittlerweile ist das aufgeklärt« sowie »Mittlerweile haben alle Angehörige dieser von Ihnen vermeintlich für lebend...für lebendig erklärten Piloten gesagt: das stimmt nicht, die sind bestimmt tot«, beruhen einzig auf dem Anerkennungsverhältnis zwischen Maischberger und den »legitimen Wirklichkeitsproduzenten« (wenn der *Spiegel* schreibt, die These ist falsch, dann ist sie falsch. Wenn der *Stern* schreibt, wir waren bei den Angehörigen, das stimmt alles nicht, dann stimmt das auch nicht). Dieser Gesprächsteil lässt uns auf anschauliche Weise Zeuge werden, wie durch Medien Wirklichkeit konstruiert wird, wie durch einen Selbstbezug (Selbstreferenzialität) das Mediensystem sich auf sich selbst stützt und dadurch »Wirklichkeiten« verfestigt, die der Realität entsprechen können oder auch nicht. Man merkt es Maischberger förmlich an, wie fest ihr Glaube an das institutionale mediale Gefüge ist. Die Moderatorin macht sich zur Advokatin der offiziellen Version zu den Anschlägen von 9/11, ohne dass

12) Z. B. hieß es in einem *Panorama*-Beitrag in der ARD, dass die Zeitschrift *Stern* ein Reporterteam in den Nahen Osten zu den Angehörigen geschickt habe, um Nachforschungen bezüglich der aufgestellten These anzustellen. Das Ergebnis soll gewesen sein: keine lebenden Terroristen. In der Titel-Story des *Spiegels* wurde sich ebenfalls mit der These der noch lebenden Terroristen beschäftigt. Das Ergebnis: Die These ist falsch.

sie selbst »ihre« Thesen überprüft hat (genau genommen übernimmt sie nur die Thesen von anderen). In der Aussage »es ist nachweislich falsch, dass diese Leute überlebt haben« wird es ganz deutlich. Maischberger bezieht konkret Position. »Es ist nachweislich falsch«, sagt Maischberger, aber den Beweis, warum es nachweislich falsch ist, liefert sie nicht (z.B. hätte – zugespitzt – die ARD ein Mitglied aus jeder Familie der Terroristen einladen können, die dann entsprechende Aussagen hätten machen können). Die Aussage »es ist nachweislich falsch« erscheint mit dem vollen Gewicht von Maischbergers Stellung im meinungsproduzierenden Medienfeld und klingt deshalb glaubwürdig. So wird Wirklichkeit konstruiert. Doch selbst wenn die Moderatorin gesagt hätte: »Es *ist* nachweislich falsch, weil der *Spiegel* und der *Stern* den Gegenbeweis geliefert haben« wäre die Aussage kritisch zu kommentieren, weil auch darin durch das Wörtchen »ist« vorgegeben würde, die Wirklichkeit zu kennen, wie sie ist. Da Maischberger aber mit hoher Wahrscheinlichkeit nicht selbst in den Nahen Osten und in die USA gereist ist und den (scheinbaren?) Widersprüchen um die Identitäten der Hijacker nachgegangen ist, kann sie nicht von »sein«, sondern nur von einem »Glauben, so zu sein« sprechen. Diese Unterscheidung mag als Haarspalterei erscheinen, sie ist aber zentral, wenn man der Tatsache Rechnung tragen möchte, dass nicht alles, was die Medien vermelden bzw. glauben herausgefunden zu haben, auch der Wahrheit entsprechen muss. Korrekterweise hätte Maischberger sagen müssen: »Ich *glaube*, dass es nachweislich falsch ist, dass einige der Terroristen noch leben, weil *Spiegel* und *Stern* meines Erachtens das Gegenteil bewiesen haben.« Die Aussage »es ist nachweislich falsch« ist in ihrer inhaltlichen Qualität gleichzusetzen mit der Aussage Bülows: »es gibt amerikanische Autoren, die zusammengestellt haben«, wobei davon auszugehen ist, dass sich Bülow letztlich doch intensiver mit der Angelegenheit auseinandergesetzt hat als Maischberger.

Noch zu einer weiteren Stelle in diesem Teil des Gesprächs, die Beachtung verdient. Maischberger sagt: »Ich hätte mich gefreut als Leser, wenn Sie mir einen von diesen sechs Lebendigen gezeigt hätten.« Das Wort »gefreut« ist unpassend. Man freut sich nicht, wenn bewiesen würde, dass sechs der sogenannten Terroristen noch lebten – es sei denn, man wäre ein Angehöriger von ihnen. Lebten einige der sogenannten Attentäter noch, würden die Thesen der 9/11-Skeptiker untermauert werden, dass der 11. September ein Regierungs-Cover-up war. Freude wäre da fehl am Platze. Nun gibt es zwei Möglichkeiten für den unpassenden Begriff. Einerseits kann die Moderatorin einfach versehentlich, wie es bei Gesprächen eben passiert, zum falschen Wort gegriffen haben. Allerdings stand Maischberger bei diesem Satz nicht unter Druck. Sie musste sich nicht rechtfertigen, sie hat die Diskussion geleitet. Andererseits, Möglichkeit zwei: Das unpassende Verb kann auch als verräterischer Ausdruck dafür betrachtet werden, dass die Moderatorin den Autor nicht ernst nimmt und glaubt, Bülow spinne sich etwas zurecht. Behandelte sie Bülows Buch und seine Thesen mit journalistischem Neutralität, würde sie beispielsweise sagen: »Aber Herr Bülow, es wäre für Ihre Glaubwürdigkeit zentral gewesen, wenn Sie Ihre These der noch lebenden Hijacker weiter konkretisiert hätten.« Stattdessen spricht sie davon, dass man sich als Leser *gefreut* hätte, wenn Bülow den Beweis erbracht hätte.

Die im Folgenden angeführte Aussage markiert eine Zäsur innerhalb des Interviews. »Herr von Bülow, wäre das in Ordnung…weil ich von anderen aus ihrer Partei gehört habe: der von Bülow spinnt, der hat 'nen Verfolgungswahn…«, sagt Maischberger und spricht damit offen an, was bisher nur zwischen den Zeilen angesprochen wurde, nämlich dass Bülow »offensichtlich« verrückt sein muss. Die bisherigen Angriffe auf den ehemaligen Bundesforschungsminister waren mehr geprägt von symbolischen Aggressionen wie z.B. permamenten Unterbrechungen und einer Mimik, die den mangelnden Respekt gegenüber dem Interviewpartner zum Ausdruck brachte. Besonders perfide bei dieser Aussage: Der Angriff ist noch nicht ganz offen. Maischberger lässt *andere* sprechen, lässt *andere* sagen, »der von Bülow spinnt, der hat 'nen Verfolgungswahn«. Und dann sind diese anderen nicht irgendwer, sondern Parteileute, also Leute mit Bildung, mit Reputation. Wer aber genau nun diese ehrverletzenden Aussagen getätigt hat, sagt die Moderatorin nicht. Ob es diese anderen überhaupt gibt, sei einmal dahingestellt. Deutlich zu erkennen ist: Bülow soll mit dem Stigma des Verrückten versehen werden.

Im weiteren Gesprächsverlauf wird die Moderatorin ihre Psychiatrisierungsversuche noch einmal ausbauen. Wir kommen darauf noch zu sprechen. Analysieren wir weiter:

Maischberger: Übrigens … Angehörige der Opfer … Sie schreiben in ihrem Buch: Es gab nur einen einzigen israelischen Toten. Das ist nachweislich falsch. Es gibt eine jüdische Organisation in New York City, die haben allein 400 tote Juden ermittelt …

Bülow: Ja …

Maischberger: … und es gibt 400 Menschen, die jemanden verloren haben. Und Sie schreiben in dem Buch: Das kann gar nicht sein. Und damit sagen Sie jemandem, der seinen Vater verloren hat: Du hast Deinen Vater nicht verloren.

Bülow: Das ist eine Masche, die Journalisten aufgebracht haben, um mich in die antisemitische Ecke hineinzudrängen. Ich rede von Israelis. Und die Frage ist: Es sind merkwürdige Tatumstände, die darauf hinweisen, dass in irgendeiner Form auch Israelis eine Rolle spielen, z.B. 200 Kunststudenten, bei denen die Drug Enforcement Agency festgestellt hat: Die sind nirgendwo eingeschrieben in Israel, die gehören einer Nachrichteneinheit an, und die haben sich um die arabischen Attentäter herumgelagert und hatten Zugang offensichtlich zu denen. Also ist die Frage …

Maischberger: Also woher kommt die Quelle nochmal?

Bülow: Oh Gott, jetzt müsste ich meine Fußnoten … Ich habe das alles mit Fußnoten belegt. Das muss nachgeschaut werden.

Maischberger: Ich habe alle Ihre Fußnoten gesehen. Es ist viel Internet dabei …

Bülow: Internet ist nur ein Transportmittel …

Maischberger: Dieser Punkt ist mir auch deshalb wichtig, weil … nicht nur weil 400 … in diesem Falle sich 400 Angehörige von Opfern sich absolut verhöhnt vorkommen, sondern weil Sie damit auch in bester Gesellschaft sind mit Horst Mahler, ehemals RAF, heute NPD, Neonazi … der sagt: die Israelis, die Juden … sagt er tatsächlich … sind alle vorher gewarnt worden, weil der Mossad …

Bülow: Das ist absolut falsch, was Mahler sagt. Ich habe das auch nie unterstützt. Das ist nur in einer Panorama-Sendung mit verschnitten worden …

Maischberger: Er unterstützt aber Sie bei Ihrer Veranstaltung …

Bülow: … Ich kenne Herrn Mahler überhaupt nicht. Ich weiß nicht, was der von sich gibt. Auf jeden Fall unterstütze ich seine Theorie überhaupt nicht. Es geht eigentlich darum, ob ein Mossad-Element in dieser ganzen Geschichte da ist. Der Mossad muss hervorragend informiert gewesen sein. Und es ist Aufgabe der amerikanischen Behörden, dem im Detail nachzugehen. Ich kann das natürlich nicht …

Fassen wir zusammen. Dieser Gesprächsteil wird von drei Vorwürfen und Anschuldigungen dominiert:

a) Bülow soll sich antijüdischen Gedankenguts bedienen/Bülow ist, zugespitzt formuliert, ein verkappter Nazi
b) Bülow verhöhnt die Hinterbliebenen der Anschläge mit seinen Theorien
c) Das Internet ist eine unseriöse Recherchequelle, derer sich Bülow häufig bedient

Zu a) Der Vorwurf, Bülow schreibe in seinem Buch, es seien keine oder nur wenige Juden bei den Anschlägen ums Leben gekommen, ist schlicht aus der Luft gegriffen. An keiner Stelle in seinem Buch schreibt Bülow dies. Bülow hat nur den »Fehler« gemacht, von einer Aktivität des Mossad in New York am 11. September zu sprechen. Sehen wir, was Bülow in seinem Buch tatsächlich sagt. In dem Kapitel »Was weiß der israelische Geheimdienst?« schreibt Bülow:

> Schnell wurde auch die Behauptung aufgestellt, israelische Nutzer des World Trade Center seien gezielt gewarnt worden und daher nicht oder kaum unter den Opfern. Eine Erörterung diese Behauptung läuft sofort Gefahr, sich den Vorwurf des Antisemitismus einzuhandeln. Dennoch, wer der Alternative einer geheimdienstlich in Szene gesetzten verdeckten Operation unvoreingenommen nachgehen will, muss auch unangenehme oder gar als undenkbar geltende Hinweise sammeln und bewerten. Sowohl die CIA auf amerikanischer als auch der Mossad auf israelischer Seite blicken auf eine lange Geschichte verdeckter Operationen zurück, die die Manipulierung der bewussten wie unbewussten Einstellung der Massen durch Akte der psychologischen Kriegsführung zum Ziel hatten.[13]

An dieser, wie auch an anderer Stelle in seinem Buch, wo Bülow von einer möglichen »Mossad-Spur« spricht, geht es inhaltlich einzig um eine von Bülow vermutete Aktivität des Geheimdiensts Mossad. Aber am wichtigsten: Bülow spricht nicht von Juden. Bülow spricht von Israelis. Der Unterschied: Israelis sind Staatsbürger des *Staates* Israel, Juden gehören einer *Religion*, dem Judentum an.[14] Da es auf der ganzen Welt Menschen gibt, die sich zu dem jüdischen Glauben bekennen, sind nicht alle Juden gleichzeitig Israelis. Wenn Maischberger nun Bülow unterstellt, dass er den Tod von 400 Juden leugnet, ist dies schlicht falsch. Bülow spricht, um es nochmal deutlich zu machen, von *Israelis*. Nach Angaben der Internetseite des israelischen Außenministeriums[15] forderten die Anschläge tatsächlich 5, in Worten: *fünf* israelische Todesopfer. Nämlich:

- Alona Avraham
- Leon Lebor
- Shay Levinhar
- Daniel Lewin
- Haggai Sheffi

---

13) Bülow, Andreas von: Die CIA und der 11. September, Piper Verlag, München 2003, S. 214

14) Interessante Analysen zu den Vorwürfen gegen Bülow finden sich auf den folgenden Seiten im Internet:
http://www.ralph-kutza.de/11__September_/4_000_Israelis_/4_000_israelis_.html [25.4.2008]
http://www.steinbergrecherche.com/asbuelow.htm [25.4.2008]

15) *http://www.israel-mfa.gov.il/MFA/History/Modern%20History/Historic%20Events/Israel%20Remembers%20September%2011* [25.04.2008]

Vier davon waren in den Flugzeugen. Eine israelische Staatsbürgerin starb im World Trade Center. Schauen wir uns noch einmal Maischbergers Aussage an:

> Sie schreiben in Ihrem Buch: Es gab nur einen einzigen israelischen Toten. Das ist nachweislich falsch. Es gibt eine jüdische Organisation in New York City, die haben allein 400 tote Juden ermittelt …

Bülow schrieb tatsächlich von einem *israelischen* (nicht jüdischen!) Toten im World Trade Center und war damit im Recht, setzt man voraus, dass die Angaben des israelischen Außenministeriums stimmen.

Steht die Frage im Raum: Gibt es einen realistischen Zusammenhang zwischen Bülows Hinweis und einer antisemitischen Grundhaltung bei Bülow? Da der ehemalige Bundesforschungsminister sich vehement von diesen Vorwürfen distanziert und er in seiner gesamten politischen Laufbahn und in seinem Leben danach nicht als »Nazi« in Erscheinung getreten ist, sind die Implikationen von Maischberger, Bülow würde Antisemitismus schüren, journalistisch unvertretbar. Zumal Bülow die Frage der israelischen Toten nur rudimentär anspricht und sich im Kern seine Aufmerksamkeit auf eine angebliche Mossad-Aktivität in New York im Kontext von 9/11 konzentriert.

Problematisch ist allerdings: Es kann nicht bestritten werden, dass es aus der Neonazi-Szene auch Stimmen gibt, die von einer Beteiligung oder Urheberschaft des Mossad an 9/11 sprechen und diese These dann in ein antijüdisches Weltbild einbauen. Deshalb wäre journalistische Differenzierung seitens Maischberger dringend geboten gewesen. Doch die Moderatorin versucht mit ihren Aussagen und ihrer Argumentationsweise, wie andere Journalisten auch, eine Verbindung zwischen Nazis und 9/11-Skeptikern zu konstruieren. Die von Maischberger erzeugte Verbindung von Bülow zu Horst Mahler in Kombination mit der Aussage: »er unterstützt sie aber bei Ihrer Veranstaltung« ist als weiteres manipulatives Element zu klassifizieren. Die Tatsache, dass zwei Personen mit völlig unterschiedlicher ideologischer Denkausrichtung eine Meinung vertreten, kommt immer wieder vor und sagt noch lange nichts über darüber hinausgehende Gemeinsamkeiten aus. Durch die Aussage »er unterstützt sie bei Ihrer Veranstaltung« ist der Gipfel eines mangelhaften Journalismus erreicht. In der Aussage sind zwei hochgradig manipulative Elemente zu entdecken. Erstens: Maischberger konkretisiert nicht, auf welche Veranstaltung sie sich bezieht. Als Moderatorin wäre es ihre Aufgabe, die Rezipienten über das, was sie spricht, aufzuklären. Hätte Maischberger gesagt, »bei Ihrer Veranstaltung XY hat sie Horst Mahler unterstützt«, hätte jeder interessierte Fernsehzuschauer den Wahrheitsgehalt überprüfen können. Stattdessen wird von *einer* Veranstaltung gesprochen. Diese Problematik könnte man noch als ein Stück Unprofessionalität bewerten, würden die nun folgenden Falschaussagen nicht deutlich machen, dass die mangelnde Aufklärung über die Veranstaltung die Basis einer krassen Verzerrung der Realität ist. Doch zunächst: Die Veranstaltung, von der Maischberger spricht, kann nur die Konferenz über die Anschläge des 11. Septembers sein, die im Berliner Tempodrom stattgefunden hat und bei der sich die 9/11-Skeptiker aus aller Welt versammelt haben (siehe Kapitel: *DIE ZEIT: Psychiatrisierung der 9/11-Gegenöffentlichkeit*). Bei dieser Veranstaltung ist Bülow als Sprecher aufgetreten. »Ihre Veranstaltung«, sagt die Moderatorin und impliziert damit, dass Bülow die Veranstaltung alleine organisiert hat. Das ist falsch. Bülow hat dort, soweit dem Autor bekannt, nur auf dem Podium gesessen und ein Referat gehalten.

Zur zweiten Falschaussage: »Er [Mahler] unterstützt sie aber ...« Zur Erinnerung: Mahler erschien auf dem Kongress der 9/11-Skeptiker als Zuhörer. Sowohl das Publikum als auch Veranstalter und Redner reagierten ablehnend darauf. Niemand schien die Anwesenheit von Mahler zu erfreuen. Die Realitätsverzerrung bzw. die Manipulation besteht nun darin, dass das Wort »unterstützt« den Eindruck erweckt, Mahler habe Bülow bei der Vorbereitung zu dem Kongress oder während des Kongresses aktiv Hilfe geleistet, eben *unterstützt*. Mahler war jedoch bei der Veranstaltung nicht mehr als ein Zuschauer – einer unter tausend! Maischberger vertauscht hier das Wort »besucht« mit dem Wort »unterstützt«. Das ist reine Manipulation. Und Bülow wehrt sich gegen diese Manipulationsversuche:

- Das ist eine Masche, die Journalisten aufgebracht haben, um mich in die antisemitische Ecke hineinzudrängen.
- Das ist absolut falsch, was Mahler sagt. Ich habe das auch nie unterstützt. Das ist nur in einer Panorama-Sendung mit verschnitten worden.
- Ich kenne Herrn Mahler überhaupt nicht. Ich weiß nicht, was der von sich gibt. Auf jeden Fall unterstütze ich seine Theorie überhaupt nicht.

Die Distanzierungen des ehemaligen Bundesforschungsministers werden jedoch von der Moderatorin ignoriert.

Zu b) Maischberger macht sich zu einer Fürsprecherin der Hinterbliebenen von 9/11. Dabei geht es um das Schüren von Emotionen. Niemand möchte diesen Menschen, die durch den Verlust ihrer Verwandten großes Leid erlitten haben, weiteren Schaden zufügen. Bülow scheint aber durch seine Thesen sich demgegenüber ignorant zu verhalten, so stellt es die Moderatorin jedenfalls dar. Bülow wird als Unmensch inszeniert, der den Hinterbliebenen weiteres Leid zufügt, dokumentiert durch folgende Aussagen Maischbergers:

- ... 400 Angehörige von Opfern sich absolut verhöhnt vorkommen...
- und es gibt 400 Menschen, die jemanden verloren haben. Und Sie schreiben in dem Buch: das kann gar nicht sein
- Und damit sagen Sie jemandem, der seinen Vater verloren hat: Du hast Deinen Vater nicht verloren.

Besonders die letzte Aussage ist Bestandteil einer emotionalen Manipulation. Das Bild des vaterlosen Kindes, das durch Bülow verhöhnt wird, dient dazu, die über den gesamten Interviewverlauf erzeugte Antipathie gegenüber Bülow zum Höhepunkt zu treiben.

Die Position von Maischberger sollten wir uns näher anschauen. Maischberger wird zur Advokatin der Hinterbliebenen. Sie legt den Hinterbliebenen Aussagen in den Mund, die diese wahrscheinlich gar nicht gemacht haben. Wahrscheinlich kennt niemand von ihnen Andreas von Bülow und wahrscheinlich hat die Moderatorin mit keinem einzigen gesprochen. Gleichzeitig ignoriert Maischberger aber auch zahlreiche Hinterbliebene, die sich durch die offizielle Version belogen glauben und die Thesen der 9/11-Skeptiker unterstützen. Wollte die Journalistin das Thema »Herabwürdigung der 9/11-Hinterbliebenen« seriös in ihrer Talkshow aufgreifen, hätte sie jeweils einen Hinterbliebenen, der sich durch Bülows Meinung verletzt fühlt, und einen Hinterbliebenen, der Bülows Ansichten teilt, mit in ihre Show einladen sollen.

Zu der Manipulation durch Wortverdrehungen, zu der Manipulation durch das Schüren von Emotionen kommt nun auch noch eine Manipulation durch Ausblendung von relevanten Gegenverhältnissen hinzu.

Zu c) Des Weiteren kritisiert die Journalistin die Quellen, derer sich Bülow für sein Buch bedient. »Ich habe alle Ihre Fußnoten gesehen. Es ist viel Internet dabei«, sagt die Interviewerin und stellt die Qualität von Bülows Recherche in Frage. Das Internet wird von Maischberger geradezu als illegitimes Recherche- und Informationsmedium gebranntmarkt.

Kommen wir nun zum letzten Teil des Interviews, der insofern von Interesse ist, weil Bülow sich darin zum ersten Mal länger inhaltlich äußern kann.

Maischberger: Aber warum haben Sie dieses Buch dann geschrieben?

Bülow: Weil ich nicht möchte, dass wir erneut auf 100 Jahre gegen einen Feind losziehen. Das ist das Interesse. Schauen Sie: seitdem die Kommunisten, das ganze Sowjet-Reich in sich zerbröselt sind, kommt die neue Gefahr der muslimischen Welt …

Maischberger: Gibt es die gar nicht? Gibt's die gar nicht? Leugnen Sie auf der anderen Seite, dass es tatsächlich muslimische Extremisten gibt?

Bülow: Ja, da kommen wir auf ein weiteres Feld – deswegen heißt das Buch auch so – die CIA hat in den 80er-Jahren aus 46 muslimischen Ländern angeblich Fundamentalisten angeheuert. Osama Bin Laden war ein Rekruteur für diese ganze Geschichte.

Bülow: Nach 1990, nach dem Zusammenbruch der Sowjetunion sind diese Söldner wiederum eingesetzt worden, teilweise in Tschetschenien – niemand weiß, vom wem bezahlt – man kann aber dreimal raten – und sind eingesetzt worden in Albanien. Also: Sie sind eine Masse. Und wenn Sie die CIA-Geschichte über die Jahrzehnte verfolgen, dann haben Sie eine Sicht auf die Dinge. Die CIA ist …

Maischberger: Gibt's die? Gibt es muslimische Extremisten, die Anschläge verüben, heute in Israel z. B.? Gibt's die Menschen oder gibt's die nicht?

Bülow: Natürlich gibt's die. Die Frage ist, wer sie organisiert, wer sie aufgreift. Ich bin z. B. der Meinung – zusammen mit dem englischen obersten Rabbi –, dass die Politik, die Shamir macht und auch Netanjahu, in die Katastrophe führt …

Maischberger: Jetzt kommen wir aber zu einem ganz anderen Punkt … weil … ich würde Sie ja nicht einladen, wenn ich denken würde, Sie wären nur ein Spinner … Ich unterstelle mal im besten Falle … (Gelächter im Publikum) Entschuldigung, mal im Ernst … ich unterstelle Ihnen im besten Falle …

Bülow: Danke.

Maischberger: Nein, Sie haben wirklich eine Sorge, dass es ungeklärte Dinge gibt, die man ansprechen muss, dass eine Regierung etwas Unverantwortliches tut … nur, wenn Sie dieser Sorge Raum geben wollen und da aufklären wollen, dann können Sie es doch nicht mit einem Buch machen, in dem nachweislich so viele Falschinformationen sind … weil Sie damit der Regierung, die Sie kritisieren wollen, nutzen …

Bülow: Das sind keine Falschinformationen …

Maischberger: Ich hab sie alle aufgelistet. Das sind so viele Fehler … (Beifall aus dem Publikum)

Bülow: Das sind keine Falschinformationen. Das sind Informationen. Schauen Sie: wenn Sie heute irgendeine Minute des Vorgangs des 11.9. wirklich klären wollen, gibt es kein amtliches Dokument der Vereinigten Staaten …

Maischberger: Es gibt einen 900 Seiten starken Bericht vom US-Kongress …

Bülow: Da hat es monatelangen Streit gegeben, ja nicht mehr als diese 19 Leute zu untersuchen und, was CIA und FBI wechselseitig gewusst haben …

Maischberger: Das ist falsch. Das ist nachweislich falsch …

Bülow: Doch, ich habe die 800 Seiten durchgelesen. Ich habe sie im Einzelnen durchgelesen. Es sind viele leere Seiten dabei …

Maischberger: Aber jetzt nochmal den Punkt … Warum haben Sie nicht ein Buch geschrieben nur über die Fakten, die Sie tatsächlich nachprüfen können? Dann hätten Sie sich und der Sache einen Gefallen getan. So muss man sagen: Das Buch tut der anderen Seite einen Gefallen, weil es so abstrus ist.

Bülow: Das scheint nicht so zu sein. Die Leserschaft sieht das ganz anders.

Maischberger: Aber Sie haben auch eine Verantwortung …

Bülow: Natürlich habe ich eine Verantwortung. Ich habe auch eine Verantwortung, dass uns nicht nochmal so was wie Pearl Harbor passiert, dass der amerikanische Präsident weiß, dass der Angriff kommt, seiner Truppe überhaupt nichts sagt, 2500 amerikanische Soldaten sterben müssen, damit das amerikanische Volk rübergewuppt wird in die Kriegswilligkeit gegen Japan und Deutschland. Nun kann man darüber viel Einzelnes reden. Diese Mannschaft um Bush hat ein Jahr vorher gefordert oder gesagt, das Beste wäre, wir würden ein neues Pearl Harbor bekommen. Das haben sie bekommen. Und es wäre doch furchtbar einfach für diese Regierung, die täglich auf dem Tisch liegenden Probleme aufzulösen und zu beantworten. Schauen Sie: Vergleichen Sie doch mal mit Monica Lewinsky …

Maischberger: Sie haben sehr viel aufgeklärt. Und Sie haben sehr viele Fehler im eigenen Lager gefunden. Die Frage ist nur, wenn die CIA so mächtig ist und so viele Dinge machen kann – wie Sie sagen –, dann dürfte dieses Gespräch zwischen uns jetzt nicht stattgefunden haben. Dann wären wir nämlich zensiert worden – wie Sie ja sagen. Die großen Medien sind alle mit dabei und verbreiten …

Bülow: Ich bin Ihnen ja dankbar, dass Sie mich eingeladen haben, nur …

Maischberger: Es hätte nur einfach nach Ihrer Theorie nicht passieren dürfen …

Bülow: Ich sage ja gar nicht, dass sie so mächtig sind. Nur, sie sind ein kontinuierlicher Manipulationsfaktor der amerikanischen Politik unterhalb der öffentlich erklärten Ebene.

Maischberger: Und wenn Sie manipulieren mit falschen Fakten … Ist das okay?

Bülow: Nein, ich bin ja der Meinung, mich zu korrigieren, wenn ich falsche Fakten gelegt habe. Ja, aber es ist völlig klar - ich habe es heute Nachmittag noch mal nachgelesen -, diese falschen Identitäten …

Maischberger: Haben Sie mittlerweile einen von diesen sechs angerufen?

Bülow: Nein, ich denke …

Maischberger: Dann sprechen wir uns wieder, wenn Sie die angerufen haben.

Bülow: Okay.

Maischberger: Danke schön, Andreas von Bülow. Vielen Dank.

Bülow spricht in diesem Abschnitt eine Reihe von zentralen Gesichtspunkten an, die mit ein Grund für die Skepsis der 9/11-Kritiker gegenüber der offiziellen Version sind. Schauen wir uns die Aspekte im Einzelnen an:

- Die CIA hat in den 80er-Jahren aus 46 muslimischen Ländern angeblich Fundamentalisten angeheuert. Osama Bin Laden war ein Rekruteur.
- Nach 1990, nach dem Zusammenbruch der Sowjetunion, sind diese Söldner wiederum eingesetzt worden, teilweise in Tschetschenien – niemand weiß, vom wem bezahlt – man kann aber dreimal raten – und sind eingesetzt worden in Albanien.
- Und wenn Sie die CIA-Geschichte über die Jahrzehnte verfolgen, dann haben Sie eine Sicht auf die Dinge. Die CIA ist …
- Natürlich gibt's die. Die Frage ist, wer sie organisiert, wer sie aufgreift. Ich bin z.B. der Meinung – zusammen mit dem englischen obersten Rabbi – dass die Politik, die Shamir macht und auch Netanjahu, in die Katastrophe führt.
- Da hat es monatelangen Streit gegeben, ja nicht mehr als diese 19 Leute zu untersuchen und, was CIA und FBI wechselseitig gewusst haben …
- Doch, ich habe die 800 Seiten durchgelesen. Ich habe sie im Einzelnen durchgelesen. Es sind viele leere Seiten dabei …
- Ich habe auch eine Verantwortung, dass uns nicht nochmal so was wie Pearl Harbor passiert, dass der amerikanische Präsident weiß, dass der

Angriff kommt, seiner Truppe überhaupt nichts sagt, 2500 amerikanische Soldaten sterben müssen, damit das amerikanische Volk rübergewuppt wird in die Kriegswilligkeit gegen Japan und Deutschland.
- Diese Mannschaft um Bush hat ein Jahr vorher gefordert oder gesagt, das Beste wäre, wir würden ein neues Pearl Harbor bekommen.
- Nur, sie sind ein kontinuierlicher Manipulationsfaktor der amerikanischen Politik unterhalb der öffentlich erklärten Ebene.

Obwohl Bülows Aussagen durch die häufigen Unterbrechungen von Frau Maischberger inhaltlich äußerst fragmentarisch sind, werden die zentralen Elemente sichtbar:

- Wer oder was ist Al Qaida eigentlich bzw. was hat es mit den sogenannten Extremisten auf sich? (Bülow verweist dabei auf die Tatsache, dass die muslimischen Kämpfer aus Afghanistan in den 80er-Jahren von der CIA ausgebildet und finanziert wurden, um sie gegen die Sowjetunion einzusetzen. Bülow fragt danach, was diese Kämpfer heute machen. Er will wissen »wer sie organisiert, wer sie aufgreift«.)
- Welche Rolle hat eigentlich die CIA als Geheimdienst?
- Warum trägt die US-Regierung nur so zögerlich zur rechtstaatlichen Aufklärung des Verbrechens bei?
- Pearl Harbor als bewusster Angriff der US-Regierung, um in den Krieg eintreten zu können
- Die Aussagen aus dem Papier »Project for a new American Century«, in dem Strategen der amerikanischen Außenpolitik ein neues Pearl Harbor herbeisehnen
- Manipulation der Öffentlichkeit durch die CIA.

Die Moderatorin geht auf keinen dieser inhaltlich nicht unwichtigen Punkte näher ein. Maischberger konzentriert sich einzig auf die Frage, ob Bülow nicht glaube, dass es Selbstmordattentäter in Israel bzw. religiöse Extremisten gäbe. Insgesamt fünf Mal fragt Maischberger danach und verdichtet einmal mehr den Eindruck, Bülow leide unter Realitätsverlust. Da jeder Nachrichtenrezipient tagein, tagaus von Selbstmordattentätern hört, sieht und liest und über die Existenz eben dieser kein Zweifel besteht, wird durch das Stellen dieser Fragen impliziert, Bülow leugne diese Anschläge, negative Rückschlüsse auf das Realitätsbild Bülow werden hervorgerufen.

Noch ein anderer Gedanke: Die inhaltlichen Punkte, die Bülow anspricht, sind zentral, wenn man verstehen will, wie sich die 9/11-Skepsis ausbreiten konnte. Man muss hierbei den Medien schwere Vorwürfe machen, da sie nicht bereit waren, die von Bülow, aber auch vielen anderen 9/11-Skeptikern aufgeworfenen Fragen zu beleuchten. Vor allem die Internetnutzer haben verstanden, dass es zahlreiche brisante politische Zusammenhänge zu den Anschlägen des 11. Septembers gibt. Wären diese vonseiten der Medien aufgegriffen und vernünftig aufgearbeitet worden, hätten sich vielleicht die ein oder anderen Vorwürfe der Skeptiker entkräften oder aber gar bestätigen lassen. Dieses Vorgehen wäre für eine Presse, die ihr Vertrauen gegenüber den Rezipienten nicht verlieren möchte, äußerst wichtig gewesen.

Frau Maischberger bot sich durch Bülows Vorlagen die Möglichkeit, öffentlich die angesprochenen Problemzonen zu diskutieren. Diese Gelegenheit wurde von Maischberger nicht genutzt, stattdessen stellte sie Fragen zu Selbstmordattentätern in Israel. So wenig wie Maischberger als vorgeblich kritische Journalistin es gewagt hat, sich inhaltlich auf Bülows Argumente einzulassen, so wenig haben viele andere Journalisten es getan. An dieser Stelle soll noch einmal festgehalten werden, dass die 9/11-Skepsis auch zu einem nicht unerheblichen Teil auf eine in weiten Teilen unkritische Berichterstattung der großen Medien zurückzuführen ist. Doch zurück zur Analyse:

In der folgenden Passage greift die Moderatorin noch offener als weiter vorne auf die Psychiatrisierungsmethode zu:

> **Maischberger:** Jetzt kommen wir aber zu einem ganz anderen Punkt … weil … ich würde Sie ja nicht einladen, wenn ich denken würde, Sie wären nur ein Spinner … Ich unterstelle mal im besten Falle … (Gelächter im Publikum) Entschuldigung, mal im Ernst … ich unterstelle Ihnen im besten Falle …

Was Maischberger hier verdeckt im Prinzip durch die Negation sagt ist: »Herr von Bülow, ich halte Sie teilweise für einen Spinner«, womit die Moderatorin noch einmal die Diffamierungsstrategie gegen Bülow auf die Spitze treibt.

Fazit: Das Interview von Sandra Maischberger ist geprägt von manipulativen Elementen. Es ist journalistisch untragbar, es markiert einen Tiefpunkt im deutschen Fernsehjournalismus. Dass Notwendigkeit bestand, mit Andreas von Bülow über sein Buch und seine Thesen in einem öffentlich-rechtlichen Fernsehkanal zu diskutieren, ist nachzuvollziehen. Dass Maischberger eine konträre Position bezieht, ist ebenfalls zu verstehen. Die diversen Strategien zur Beeinflussung der Zuschauer, um die eigene Meinung durchzusetzen sowie der zum Teil respektlose und diffamierende Umgang mit ihrem Gesprächspartner entbehren jedoch jeder journalistischen Professionalität.

Wer die Sendung *Menschen bei Maischberger* kennt, weiß, dass die Moderatorin darin selten durch einen »knallharten Polit-Talk« glänzt, sondern eher dazu neigt, mit ihren politischen Gästen einen »Schmusekurs« zu fahren. Ein Interview mit Helmut Schmidt und Richard von Weizsäcker, das Maischberger in ihrer Sendung führte, verdeutlichte, wie autoritätsachtend die Fernsehjournalistin vorgeht. Dies entging auch anderen Medien nicht. In einem Artikel von *Welt-Online* heißt es schon bezeichnenderweise in der Überschrift: »Anarchie mit dem Altbundeskanzler«. Schauen wir, was damit gemeint ist:

> In ihrem ersten gemeinsamen TV-Interview sprachen Altbundespräsident Richard von Weizsäcker und Altkanzler Helmut Schmidt bei Sandra Maischberger nur über die Themen, über die sie auch sprechen wollten. Und stellten sich selber die Fragen.[16]

schreibt der *Welt*-Journalist im Lead des Artikels, um dann fortzuführen:

> Helmut Schmidt darf auch auf Fragen antworten, die ihm niemand gestellt hat. Oder aber auf Fragen nicht antworten, die ihm sehr wohl gestellt wurden: Ob er es übers Herz bringt, Angela Merkel als Kanzlerin zu loben, fragte Maischberger. »Ich habe nicht verstanden«, entgegnete der Altkanzler – um Merkel kurz darauf doch zu loben, in einer für einen Hanseaten fast schon überschwänglichen Art und Weise: »Es ist bisschen früh, in Hymnen auszubrechen, aber bisher hat sie ihre Sache ordentlich gemacht.
>
> Von Maischberger kann man das in diesem Fall leider nicht behaupten – zu vernarrt war sie über weite Strecken der 75-minütigen Sendung in die Idee, Zwischenmenschliches aus Schmidt und von Weizsäcker herauszukitzeln. Das Problem ist nur: Um überhaupt kitzeln zu können, hätte sie erst mal an die für ihre Distanziertheit bekannten Gäste herankommen müssen. Und die ließen sie gnadenlos auflaufen, indem sie die eingeforderten Bekenntnisse größtenteils verweigerten.[17]

Mit diesem kurzen Verweis auf eine andere Sendung Maischbergers sei dokumentiert, wie zurückhaltend und wie vorsichtig die Journalistin Maischberger im Umgang mit angesehenen Politikern ist. Die mit Preisen ausgezeichnete Moderatorin bewertet ihre Rolle selbstverständlich anders. In einem Chatprotokoll des Nachrichtensenders *n-tv* antwortet Maischberger auf die Frage eines Internetusers:

---

16) *http://www.welt.de/fernsehen/article942120/Anarchie_mit_dem_Altbundeskanzler.html?page=2* [22.04.2008]

17) ebd.

> Ich habe ein einfaches Prinzip: Ich frage nach wunden Punkten und Themen und kommentiere selten die Antworten. Sonst hätten Sie nie die Chance, sich eine eigene Meinung zu bilden - wenn ich Ihnen meine aufdrücken würde.[18]

Im Gespräch mit Andreas von Bülow zeigte Maischberger deutlich eine andere Vorgehensweise, nämlich eben doch ihre vorgefasste Meinung über von Bülow und den 9/11-Skeptizismus durch eine entsprechende Strukturierung des Interviews den Zuschauern »aufzudrücken«.

Worin liegen die Gründe für das Verhalten der Journalistin? Bei Sandra Maischberger können wir feststellen, dass sie als Journalistin bestimmte gesellschaftliche Anerkennungsverhältnisse, die der Arbeit eines kritischen Journalisten im Wege stehen, tief internalisiert hat. Die angeführten Gespräche verweisen anschaulich auf ein Problem, das allgemein im Journalismus der etablierten Medien festzustellen ist: Tendenziell neigen Journalisten dazu, Personen, die über eine hohe Reputation verfügen, mit einer überzogenen Portion von Ehrfurcht entgegenzutreten und zart anzufassen (Maischberger zu Schmidt: »Bringen Sie es übers Herz, Angela Merkel als Kanzlerin zu loben«), während sie anderen, die in der Kritik stehen und als »vogelfrei« gelten, gerne in die Mangel nehmen (Maischberger zu Bülow: »Ich würde Sie ja nicht einladen, wenn ich denken würde, Sie wären nur ein Spinner«). Schmidt und Weizsäcker sind zwei alte, hoch verdiente bundesdeutsche Politiker, die über jede Kritik erhaben sind (so die Legende). Bülow hingegen hat seine politische Reputation aufgrund der Tatsache, dass er eine Außenseitermeinung vertritt, verloren – so die Sicht des medialen Mainstreams; dementsprechend ist auch der Umgang mit ihm. Andreas von Bülows Fehler bei dem Interview war, dass er defensiv sachlich auf die über weite Strecken aggressiv unsachlich Vorgehensweise der Moderatorin reagiert hat. Dadurch kann er rhetorisch nur verlieren, selbst wenn einige Zuschauer das Spiel durchschauten und er dadurch möglicherweise sogar Sympathiepunkte gewinnen konnte. Bülow hätte die diversen Angriffe gegen ihn offen ansprechen müssen.

Hier nun die herausgearbeiteten Strategien, mit denen Maischberger »nicht« den Zuschauern ihre Meinung aufdrücken will, im Überblick:

---

18) *http://www.n-tv.de/350566.html* [20.04.2008]

- Negative Vorstellung ihres Gastes
- Ständige Unterbrechungen, wenn Bülow redet
- Psychiatrisierungsversuche
- Verdrehen von Inhalten
- Ausblenden von wichtigen Sachverhalten
- Stellen von polemischen Fragen
- Unbekannte Dritte herbeizitieren, die Aussagen machen, die sich gegen Bülow richten
- Gebrauch unpassender Begriffe
- Mimische und gestische Abwertungen gegenüber Bülow
- Antisemitismuskeule

Schließen wir das Kapitel Maischberger mit der Reaktion eines Zuschauers, die er in einer E-Mail ausgedrückt hat und die im Internet nachzulesen ist:

> Sehr geehrte Frau Maischberger,
>
> Ihr Kollege von der SZ, Herr Leyendecker, hat in einer Sendung von RBB vor knapp zwei Wochen den ehemaligen Bildungsminister und Staatssekretär im BMVg [Bundesministerium der Verteidigung, MBK], Andreas von Bülow, als »durchgeknallten Psychopathen« bezeichnet ... Sie sind in Ihrem Gespräch vorgestern nicht ganz so weit gegangen, waren aber nahe dran. Meine eigentliche Kritik richtet sich aber gegen die Art, wie Sie das Gespräch angelegt und geführt haben: v. B. hatte keine Gelegenheit, einen einzigen Gedanken zu Ende zu formulieren. Sie sind mit einer vorgefassten Meinung in die Sendung gegangen und Ihre Absicht war, ihn in die Ecke der tatsächlich reichlich vorhandenen Spinner und Ideologen zum Thema 9/11 zu stellen. Abschließend teile ich Ihnen gerne mit, wie ich mich an Stelle v. Bülows verhalten hätte. Nach zwei Minuten hätte ich Ihnen angedroht, an die Bar zum Biertrinken zu gehen. Nach weiteren zwei Minuten hätte ich es getan.[19]

---

19) *http://www.medienanalyse-international.de/maischberger.html* [20.04.2008]

Abschließende Betrachtung

Die Auseinandersetzung mit dem 9/11 Truth Movement hat gezeigt, dass zu den Terroranschlägen vom 11. September eine breite Gegenöffentlichkeit entstanden ist. Mithilfe des Internets formierte sich eine Bewegung, der es gelang, ihre Zweifel an den 9/11-Terroranschlägen in den öffentlichen Diskurs einzuspeisen. Bürger, die an der Berichterstattung der Leitmedien ihre Zweifel hatten, erhoben die Waffen der Publizistik. Unter Anwendung eines »Guerillajournalismus«, wie es ihn in dieser Breite noch nie zuvor gegeben hat, entwickelte sich eine mediale Auseinandersetzung, bei der sich Bürgerjournalisten eine harte Auseinandersetzung mit reputierten Journalisten der großen Medien lieferten. Die stärkste Waffe der alternativen Berichterstatter war und ist: das Internet. Das Internet ermöglichte der Gegenöffentlichkeit, ihren breiten Zweifel zum 11. September zu artikulieren und sichtbar zu machen. Die Skeptiker haben es verstanden, Informationen und Zusammenhänge zusammenzutragen, die von den großen Medien übersehen oder ignoriert wurden und anhand derer man, selbst bei aller Kritik an bestimmten Thesen der 9/11-Skeptiker, die durchaus notwendig und angebracht ist, die Frage aufzuwerfen hat, ob die Terroranschläge tatsächlich umfassend aufgearbeitet wurden.

Heute, eine Dekade nach dem 11. September, ist festzustellen, dass durch die Arbeit der alternativen Berichterstatter mehr und mehr Menschen Terrorismus nicht mehr nur eindimensional als Produkt von radikalen Terror-Organisationen betrachten, also der Lesart Glauben schenken, wie sie oftmals wenig differenziert von traditionellen Medien verbreitet wird, sondern auch für die größeren Zusammenhänge in Sachen Terrorismus ein Verständnis entwickelt haben. Man hat erkannt, dass Terrorismus im Sinne einer Tiefenpolitik auch von demokratischen Staaten genutzt und gesteuert werden kann, um camouflierte politische Ziele zu erreichen. Die Berichterstattung im Internet hat klar gemacht, dass Staatsterrorismus – ein Terrorismus also, der von extrem skrupellosen Kräften des eigenen Staates ausgeht und aus fragwürdigen Gründen gegen die Bevölkerung selbst gerichtet ist –, keine Erfindung aus einem Hollywoodfilm ist.

Wer in Anbetracht der Zusammenhänge um die geheimen Armeen der NATO, der Stay-Behind- und Gladio-Strukturen, nicht bereit ist, in Betracht zu ziehen, dass es einen synthetischen Terror gegeben hat, der mit hoher Wahrscheinlichkeit aus dem Innern demokratischer Staaten selbst erzeugt wurde, der verleugnet die Realität. Wer aufgrund der historischen Dimension von inszeniertem Terror und False Flag Operations nicht bereit ist, auch die aktuellen Entwicklungen in Sachen Terrorismus unter den Vorzeichen einer Art neuen »Strategie der Spannung« zu betrachten, ignoriert die Möglichkeiten einer eventuell zum Einsatz kommenden Tiefenpolitik. Wer sich nicht einer Diskussion zum Thema Peak Oil stellen wird, verschließt die Augen vor dem möglicherweise größten Problem unserer modernen Gesellschaft. Sollte die zu erwartende Rohstoffknappheit tatsächlich bevorstehen, muss auch mit Ressourcenkriegen gerechnet werden.[1] Und spätestens dann, wenn Kriege wegen Bodenschätzen geführt werden, ist auch in Betracht zu ziehen, dass Terroranschläge ein Instrument sein könnten, um eine Bevölkerung zur Zustimmung zu einem Krieg zu manipulieren (Stichwort: Kriegsanlasslügen).

Doch was bedeuten diese Erkenntnisse für den 11. September? Was bedeutet der Zweifel vieler Menschen an der offiziellen Version?

Da die Terroranschläge vom 11. September offiziell nie unter der Perspektive eines fabrizierten Terrors betrachtet wurden und da es nie eine unabhängige Untersuchung von 9/11 gegeben hat (man denke nur an die unglaublichen Vorgänge rund um die 9/11-Kommission, Stichwort: Jersey Girls), verwundert es nicht, dass immer mehr Menschen die offizielle Version für unglaubwürdig halten.

Nüchtern betrachtet ist jedoch der Zweifel allein, der sich durch nahezu alle Bevölkerungsschichten zieht, genauso wenig ein *Beweis* dafür, dass 9/11 eine große Regierungsverschwörung war, wie die relative Geschlossenheit des politischen, des medialen und des akademischen Mainstreams kein *Beweis* dafür ist, dass die Terroranschläge so abgelaufen sind, wie offiziell dargestellt. Für beide Seiten gilt: Die Quantität an Personen, die der jeweiligen Sicht anhängen, und die Qualität der durch reputierte Persönlichkeiten untermauerten Deutungen sind zunächst als Indikatoren zu verstehen. Nicht mehr, nicht weniger. Realistisch betrachtet verfügt der größte Teil der Akteure aus beiden Lagern nicht über jenes Insiderwissen, das notwendig wäre, um ernsthaft sagen zu können, was am 11. September wirklich passiert ist. Die meisten

---

1) An dieser Stelle sei auf die 2010 veröffentlichte »Peak-Oil-Studie« des Zentrums für Transformation der Bundeswehr verwiesen. *http://www.peak-oil.com/effizienzrevolution-nach-peak-oil/peak-oil-studie-bundeswehr/* [29.03.2011]
http://www.spiegel.de/wirtschaft/soziales/0,1518,714878,00.html [29.03.2011]

Skeptiker, genauso wie die meisten Vertreter der offiziellen Version, bedienen sich für ihre Meinungsbildung bestimmter Parameter, wie etwa Logik und Plausibilität (die sich *selbstverständlich* auf Indizien und Fakten stützen bzw. das, was von der jeweiligen Seite als Indizien und Fakten betrachtet wird), doch Logik und Plausibilität werden von beiden Lagern bis an die Grenzen und darüber hinaus beansprucht. Man muss nur einem Anhänger der No-Plane-These lange genug zuhören, um ein in sich scheinbar stimmiges Erklärungsmodell für die entsprechende These zu finden. Genauso verstehen es reputierte Medienvertreter und Akademiker, die Osama-bin-Laden-war-es-These zu vertreten. Doch letztlich muss für beide Seiten festgestellt werden, dass ihre Schlussfolgerungen nicht mehr als das Resultat des ihnen vorliegenden »Datensatzes« sind. Und ein Datensatz kann nur das liefern, was in ihm steckt. Wer als sogenannter Terrorismusexperte die Anschläge vom 11. September bewertet, ohne sich die Zusammenhänge von Tiefenpolitik und synthetischem Terror, die es in der Vergangenheit gab, zu betrachten, arbeitet mit einem mangelhaften Datensatz, das Ergebnis wird letztlich nur bestätigen, dass Al Qaida und Bin Laden für den Anschlag verantwortlich waren. Wer vonseiten der Skeptiker sich vor allem an Hardcore-Verschwörungsliteratur orientiert, wird höchstwahrscheinlich bald nicht nur den 11. September als Regierungsverschwörung sehen, sondern alle gesellschaftspolitischen Ereignisse als Bestandteil der »großen Weltverschwörung« »erkennen«.

Leider haben sich Vertreter beider Lager in den vergangenen zehn Jahren nur in begrenztem Maße dazu in der Lage gezeigt, den Tag des Terrors objektiv zu betrachten. Vonseiten der großen Medien wird geradezu reflexartig der Gedanke, dass 9/11 auch ein Akt von Staatsterrorismus gewesen sein könnte, verworfen und mit den Labeln »absurd« und »unsinnig« versehen. Was nicht sein darf, kann auch nicht sein. Punkt. Ende der Diskussion. Für so manchen Skeptiker reicht es aus zu wissen, dass US-Regierungen auch grobschlächtig sein können, wenn es um die Durchsetzung ihrer Interessen geht. Wenn dann auch noch »zu kleine Löcher« und »fehlende Flugzeugteile« erkannt werden, dann »weiß« man sofort, dass 9/11 ein Cover-Up war.

Die alternativen Aufklärer haben zwar dazu beigetragen, dass der Terror vom 11. September kritischer betrachtet wird, als es die Mainstreammedien je getan haben. Dennoch gibt es auch auf der Seite der Skeptiker genügend Schwächen, sodass mit ihren Thesen und Darstellungen mindestens genauso kritisch umgegangen werden sollte wie mit der Berichterstattung der großen Medien. Schlampige Recherchen und einseitige, voreingenommene Darstellungen sind im 9/11 Truth Movement leider häufiger anzutreffen, als es die Skeptiker zugeben. Zu schnell werden aus (scheinbaren) Indizien Verdächtigungen, zu schnell werden aus Verdächtigungen Wahrheiten und zu schnell werden aus jenen Wahrheiten Wirklichkeiten, die nicht mehr hinterfragt werden.

Doch wie soll man nun mit den Veröffentlichungen der Skeptiker umgehen?

Da die Qualität der von den 9/11-Zweiflern veröffentlichten Informationen von sehr schlecht bis hin zu gut durchdacht variiert, empfiehlt sich, eine grundlegende Methode anzuwenden, die zum Standardrepertoire jedes kritischen Mediennutzers gehören sollte, eine Methode, die denkbar einfach und bekannt ist. Grundsätzlich gilt: Meinungen, Aussagen, »Fakten« und »Beweise« mit Meinungen, Aussagen und »Fakten« und »Beweisen« zu vergleichen, die konträr zu den zuerst rezipierten stehen. Wer einen Bröckers, Bülow usw. liest, sollte sich auch die entsprechenden Gegenstimmen genau anschauen und anhören. Gleiches gilt natürlich umgekehrt. Von dieser Methode darf man zwar nicht erwarten, mit hundertprozentiger Sicherheit »die Wahrheit« zu erfahren, aber sie ist gut geeignet, um (festgefahrene) Meinungen zu relativieren und überhaupt einen Überblick über die vorhandenen Lesarten zu bekommen.

Wer sich als Neueinsteiger mit der 9/11-Skepsis näher befassen möchte, muss zunächst ein »leseintensives Studium« beginnen, um nach und nach ein Gefühl dafür zu entwickeln, welche Personen und welche Publikationen die Grenze zum Unhaltbaren überschreiten und welche ernst zu nehmen sind. Der Unterschied zwischen unseriösen und seriösen Veröffentlichungen ist zum Glück mit etwas gesundem Menschenverstand recht einfach zu erkennen. Schwieriger wird es allerdings, seriose Beiträge aus dem Truth Movement zu differenzieren, da diese sich qualitativ auch noch einmal voneinander unterscheiden lassen. Auch dort liegen wichtige Erkenntnisse und falsche Schlussfolgerungen eng beisammen. Und so vermischen sich dann auch im Verständnis der Öffentlichkeit zentrale Aspekte mit fehlerhaften Thesen.

Fatalerweise lassen die Medien eine offensichtlich an den Argumenten der Skeptiker interessierte Öffentlichkeit im Stich. Ergebnisoffene Recherchen des medialen Mainstreams unter dem Gesichtspunkt »9/11 als Staatsterrorismus« gibt es so gut wie keine. In Ansätzen hat sich das ZDF der Thesen der Skeptiker angenommen, doch waren die Dokumentationen, die daraus entstanden sind, zu halbherzig, sie können kaum als ernsthafte Versuche betrachtet werden, innerhalb der großen Medien eine sachliche Debatte über den 9/11-Skeptizismus zu eröffnen. Wenn man bedenkt, dass bis heute im deutschen Fernsehen in keiner politischen Talkshow je über die 9/11-Zweifel diskutiert wurde (die WDR-Sendung[2], bei der Gerhard Wisnewski u.a. Hans Leyendecker gegenüberstand, kann man sicherlich nicht dazuzählen), dann darf man sich nicht wundern, dass Mediennutzer auf die Informationsangebote von anderer Seite zugreifen.

Zwar haben die Medien, wie in den Analysen gezeigt, irgendwann das Phänomen der 9/11-Zweifel erkannt und aufgegriffen, doch müssen diese Versuche, sich mit den Skeptikern auseinanderzusetzen, als Tiefpunkt im Journalismus betrachtet werden.

Trotz der Tatsache, dass sich im Internet eine massive Gegenöffentlichkeit zur offiziellen Auslegung der Anschläge bildete, trotz der Tatsache, dass die Bücher von Bröckers und Co. den Sachbuchmarkt eroberten, trotz der Tatsache, dass Statistiken, sowohl in den USA als auch in Deutschland, eine breite 9/11-Skepsis in der Bevölkerung zum Ausdruck brachten, zeigten die Medien kein Interesse an einer sachlich orientierten Auseinandersetzung, als die publizistische Aufarbeitung mit dem Phänomen »Gegenöffentlichkeit des 11. Septembers« gefragt war. Da wurde verächtlich von einem »Lesevolk« gesprochen, das die Bücher der 9/11-Skeptiker rezipierte, da wurden Zweifler, die zumindest teilweise völlig legitime Fragen stellten, als durchgeknallte Psychopaten und Spinner bezeichnet und am Pranger der medialen Öffentlichkeit beleidigt, gedemütigt und fast schon gelyncht.

Wie konnte es sein, dass professionelle Journalisten entgegen ihrem publizistischen Auftrag, die in einer Gesellschaft sich artikulierenden Meinungen objektiv und sachlich sichtbar zu machen, die Gegenöffentlichkeit zu 9/11 mit einem hochgradig manipulativen Journalismus versucht haben zu unterdrücken? Von vorneherein wurden durch Psychiatrisierungsversuche und unangebrachte Nazi-Vergleiche die alternativen Aufklärer stigmatisiert. Die in diesem Buch analysierten journalistischen Produkte überschritten klar die Grenzen eines fairen und sachlichen Journalismus. Ein Journalismus, der nicht frei von Arroganz ist, der sich anmaßt, die eigene Meinung als unantastbar zu deklarieren, ein Journalismus, der anstelle von Sachlichkeit lieber diffamiert, sollte in der Qualitätspresse nicht zu finden sein. Dass erfahrene Journalisten, die mit der zerstörerischen Macht und Kraft von Worten bestens vertraut sind, die Zweifler als Spinner, als Paranoide, als Wahnsinnige bezeichnen, ist nicht hinnehmbar.

Betrachtet man die übertriebenen Reaktionen aus der Mainstreampresse, kann man nur zu dem Schluss kommen, dass es um mehr ging als um eine Meinungsdifferenz. Unter dem Deckmantel, die Öffentlichkeit vor dem

---

2) Am Abend des 10. Septembers 2003 zeigte der WDR eine Diskussionsrunde mit dem Titel »Täuschung oder Wahrheit?«. Dabei stand Gerhard Wisnewski u.a. dem Investigativjournalisten Hans Leyendecker gegenüber, um über seine Thesen zum 11. September zu sprechen. Die Sendung ist als Reaktion vom WDR auf die Dokumentation von Gerhard Wisnewski und Willy Brunner vom 20.06.2003 zu verstehen, in der die alternativen Wirklichkeitskonstruktionen zu den Terroranschlägen in den USA vorgestellt wurden. Die Sendung hat zu heftigen Reaktionen der Medien hervorgerufen (siehe Kapitel zu Gerhard Wisnewski).

angeblich falschen Geschichtsbild der Skeptiker bewahren zu müssen, nutzten bekannte Medienvertreter die Möglichkeit, nicht nur die eigene Meinung zum 11. September zu vertreten, sondern zugleich gegen eine Entwicklung mobil zu machen, die schon einige Jahre zuvor begonnen hatte und mit dem 11. September immer klarer sichtbar wurde: der zunehmende Verlust der Deutungshoheit aufseiten der großen Medien. Viele Mediennutzer haben sich von den Leitmedien abgewendet und das Internet mit seinem gigantischen Informationspool als Ersatzmedium genutzt. Die Terroranschläge vom 11. September können als Paradigmenwechsel betrachtet werden, was die Informationsgewinnung der Mediennutzer angeht. Als Mathias Bröckers in seinem ersten Artikel bei *Telepolis* im Internet über die Hintergründe von 9/11 nachdachte und Alex Jones »Staatsterrorismus« ins Megaphon rief, war die Tür zur alternativen Lesart geöffnet und waren die etablierten Medien bereits von ihrer Interpretationshoheit zumindest von einem Teil der Mediennutzer in Sachen 9/11 entbunden worden. Sie bemerkten es nur nicht. Einzig durch eine frühzeitige, wahrhaft kritische Auseinandersetzung mit den im Internet geäußerten Theorien hätte sich der GAU für die Medien vermeiden lassen. Doch die großen Medien setzten auf ihre Reputation und Legitimation und bewiesen einen unerschütterlichen Glauben an ihre Deutungshoheit. Das Ergebnis ist bekannt.

Für den Umgang der Qualitätspresse mit den Skeptikern, aber auch für ihre bisweilen völlig unkritische Berichterstattung zum 11. September gibt es jedoch noch viele andere Gründe, die in dem Buch nur in Ansätzen angesprochen wurden konnten.

Unter anderem strukturelle Verwerfungen im journalistischen Feld und eine gesellschaftspolitisch zu undifferenziert voreingestellte Wirklichkeitskonstruktion bei scheinbar einem nicht geringen Teil der Medienschaffenden führten zu einem an Ignoranz kaum noch zu überbietendem Journalismus, ein Journalismus, der nur sichtbar machte, was er sichtbar machen wollte.

In einem anderen Zusammenhang hat der verstorbene Politiker und Kommunikationswissenschaftler Peter Glotz eines der Kernprobleme im Journalismus einmal pointiert auf den Punkt gebracht. Er schreibt:

> Viele Journalisten stellen nicht das zur Debatte, was die Gesellschaft bewegt, sondern das, was die Gesellschaft ihrer Meinung nach bewegen sollte. Ausdruck der Publizistenideologie ist die als Ethos kostümierte Auffassung, man dürfe doch X oder Y kein Podium bieten. Wem ich ein Podium biete, sagen viele Journalisten, entscheide ich selbst. Die Folge ist eine immer größer werdende Kluft zwischen öffentlicher und veröffentlichter Meinung.[3]

---

3) zitiert nach Arnim (s. Fn. 2): S. 201

In Sachen 9/11-Skeptiker haben die Leitmedien, aber auch nahezu eine gesamte Medienlandschaft auf fragwürdige Weise dokumentiert, wozu Medien in der Lage sind, wenn sie ihre Torwächter-Funktion ausspielen möchten. Doch geht es an dieser Stelle nicht primär um die Funktionsweisen der Medien. Die Vergegenwärtigung der Situation im journalistischen Feld sollte dazu dienen, den Blick für die Zukunft zu schärfen, sollte es zu weiteren Terroranschlägen kommen. Wird man dann Journalisten sehen, die es wagen, auch unerwünschte, unbequeme Lesarten der Öffentlichkeit zugänglich zu machen? Wird man es dann mit Medienschaffenden zu tun haben, die befreit von den Zwängen des journalistischen Feldes ihre Recherchen durchführen?

Mit aller Voraussicht nicht. Nach allem, was die Berichterstattung zum 11. September gezeigt hat, ist das Gegenteil zu erwarten. Je größer das Ausmaß eines Anschlags, umso geringer wird die Wahrscheinlichkeit, dass die Leitmedien die Presseerklärungen von Regierungen und Ermittlungsbehörden kritisch zu hinterfragen wagen. Man betrachte nur, was sich der mediale Mainstream im Zusammenhang mit den Terrorwarnungen in Deutschland im November und Dezember 2010 geleistet hat. Von Bomben, die keine waren, von einer angeblichen Stürmung des Reichstags durch Terroristen über fast-beinahe-irgendwie Explosionen auf Weihnachtsmärkten bis hin zu einem Innenminister, den Medien am liebsten heiliggesprochen hätten, reichte die wenig differenzierte Berichterstattung.

Nur ein Beispiel am Rande: In einem Artikel, der nahezu identisch sowohl in der *ZEIT* als auch im *Tagesspiegel* erschienen ist, heißt es im Lead:

> Der Innenminister gilt auch bei Gegnern als besonnen; als einer, der um sich selbst kein Aufheben macht. Wenn so einer warnt, dann hat die Botschaft eine besondere Wucht. [Und weiter:] Es war der Tag, an dem sich Thomas de Maizière an 80 Millionen Menschen wandte und ihnen mit ernster Stimme offenbarte, es sei nun die Zeit »für Sorgen und Wachsamkeit« […] Jetzt plötzlich hat der Kampf gegen den Terror ein Gesicht. Und zwar das von Thomas de Maizière […].[4]

Bereits die ersten Leserkommentare kritisieren den Artikel. »Abbe Faria« schreibt:

> **Beweihräucherung**
>
> Diese Beweihräucherung ist unerträglich … Wenn ich eine Lobhymne auf unseren Innenminister lesen will, dann lese ich die Publikationen des Ministeriums. Von einer Zeitung erwarte ich kritischere Töne. Zitat: »Wenn so

4) *http://www.zeit.de/politik/deutschland/2010-11/terrorwarnung-maiziere-sicherheit?page=1*

einer warnt, dann hat die Botschaft eine besondere Wucht.« Ist das so? Ich erlebe das jedenfalls anders. Mir fällt leider lediglich die Wucht auf, mit der die Medien (incl. DIE ZEIT) die Terrorpanikmache der Bundesregierung und der um neue Gesetze und Finanzmittel buhlenden »Sicherheitsorgane« der Republik unterstützt. Von der vierten Säule der Demokratie merkt man da leider überhaupt nichts.[5]

Artikel ähnlich diesem erschienen von München bis Hamburg und wieder zurück. Obwohl seit nahezu zehn Jahren unaufhörlich von alternativen Medien auf tiefenstrukturelle Aspekte im Terrorismus hingewiesen wird, obwohl mittlerweile selbst Schüler in einem kritischen Geschichtsunterricht über die Zusammenhängen von Deep Politics erfahren,[6] verhalten sich gestandene Journalisten so, als hätte es eine Strategie der Spannung, das Celler Loch, den Anschlag auf die Rainbow Warrior nie gegeben, sie blenden einfach aus, dass heute noch Opfer und Hinterbliebene von Terroranschlägen im Herzen eines demokratischen und rechtsstaatlichen Europas um Aufklärung kämpfen.[7]

Jedem Journalisten müssten diese Zusammenhänge als Grundmatrix dienen, wenn er sich mit den aktuellen Terror-Entwicklungen auseinandersetzt. Doch davon ist – von wenigen Ausnahmen abgesehen – keine Spur zu sehen.

Zurück zu 9/11: Wie wird es mit der Bewegung weitergehen? Wie werden sich die Medien verhalten, jetzt, wo der zehnte Jahrestag bevorsteht? Wird es erneut zu einem Stigmatisierungsjournalismus kommen?

Die großen Medien werden wahrscheinlich nicht noch einmal den Fehler begehen, ihre Kommunikationsstrategien von 2003 anzuwenden. Denn damit hatten sie keinen Erfolg, die Mediennutzer haben ihr Spiel durchschaut. Die etablierten Medien werden für ihre eigene Glaubwürdigkeit versuchen, eine versachlichte Debatte zu führen. In Ansätzen zeichnet sich diese Entwicklung schon seit 2006 ab. Doch wird der Wechsel auf die Sachebene dazu dienen, ergebnisoffen in die Kontroverse einzusteigen, oder wird man mit dem Ziel, mit den 9/11-Skeptikern diskutieren, ihre Thesen zu entkräften? Wahrscheinlich werden wir nach zehn Jahren 9/11 Truth Movement eine geteilte Medienlandschaft beobachten können. Einige Medien werden, einem seriösen Journalismus angemessen, mit den Skeptikern vernünftig in den Dialog treten, andere werden nur ihre Maske wechseln. Wenn sich diese Prog-

5) *http://www.zeit.de/politik/deutschland/2010-11/terrorwarnung-maiziere-sicherheit?page=2* [20.03.2011]

6) *http://www.verdeckte-kriegsfuehrung.de/* [20.03.2011] (siehe auch Kapitel Eine Schüler-AG und die Deutungsgeschichte des 11. Septembers)

7) *http://www.youtube.com/watch?v=8fFNsTgauCE* [20.03.2011]

nose nicht bewahrheitet, wenn die etablierten Medien erneut mit Diffamierung und Manipulation die Gegenöffentlichkeit attackieren, dann ist es noch schlechter um die Medien bestellt, als es in dem Buch beschrieben wird. Aber seien wir optimistisch.

Optimismus ist jedoch, was die Bewegung und ihr großes Ziel einer neuen unabhängigen Untersuchung angeht, kaum angebracht. Bei aller Sympathie für die Bewegung, realistisch betrachtet dürften die Zweifler ihr großes Ziel kaum erreichen (detaillierter wird sich hierzu in dem Kapitel *Kritik am 9/11 Truth Movement* geäußert). Unabhängig davon, wie viele Experten noch zu der Bewegung stoßen, unabhängig davon, wie groß die Bewegung noch wird, ihre Bestrebungen werden alleine schon daran scheitern, dass die verantwortlichen Entscheidungsträger auf US-Seiten niemals bereit sein werden, eine neue Untersuchung zu akzeptieren, und sollte es trotz aller Zweifel doch noch zu einer Untersuchung kommen, würden mit hoher Wahrscheinlichkeit Verantwortliche wieder tarnen, tricksen, täuschen. Alle angeblichen Beweise der Skeptiker sind genau genommen wertlos, solange sie nicht von Figuren, die in das institutionelle Gefüge der Macht eingebunden sind, anerkannt werden und durch diese entsprechend bewertet sowie mit dem Siegel der Legitimation versehen werden.

Kommen wir noch zur Wahrheitsfrage: Was ist nun die Wahrheit? Hat das 9/11 Truth Movement Recht? Oder sind es doch die großen Medien?

Offen gestanden: Ich weiß es nicht. Sowohl hinter der »legitimen« als auch der »illegitimen« Wahrheit stehen viele Fragezeichen.

Vielleicht gelingt es Skeptikern und Vertretern der großen Medien doch noch, ihre jeweilige Sicht einem kritischen Reflexionsprozess zu unterziehen, Fehler ohne Scham kenntlich zu machen und die jeweiligen Hürden, die offensichtlich einer dezidierten publizistischen Aufarbeitung im Wege stehen, umzustoßen.

Denn die kritische Bewertung von Terroranschlägen, unabhängig von den Verlautbarungen staatlicher Stellen, kann auf breiter Basis nur durch eine funktionierende Medienlandschaft, zu der auch das Internet mit seinen alternativen Berichterstattern zu zählen ist, gewährleistet werden. Medien müssen dringend damit anfangen, Terroranschläge, genauso wie die mit solchen Anschlägen einhergehenden politischen Entwicklungen, auch aus den unbequemen Perspektiven zu betrachten. Die Gesellschaft ist es zusammen mit den Medien den Opfern von Terroranschlägen schuldig, allen Hinweisen ohne Wenn und Aber nachzugehen, damit die wahren Täter genauso wie ihre Hintermänner nicht im Nebel der Verhältnisse verschwinden können und zwar unabhängig davon, ob die Terroristen von außen, von innen, oder aus beiden Richtungen kommen.